稳健经营

宋志平 ◎ 编著

中国财富出版社有限公司

图书在版编目（CIP）数据

稳健经营 / 宋志平编著 . —北京：中国财富出版社有限公司，2023.11（2024.7重印）
ISBN 978-7-5047-8013-3

Ⅰ . ①稳… Ⅱ . ①宋… Ⅲ . ①企业经营管理 Ⅳ . ① F272.3

中国国家版本馆 CIP 数据核字（2023）第 223253 号

策划编辑	杜 亮	责任编辑	郑晓雯	版权编辑	李 洋
责任印制	梁 凡	责任校对	卓闪闪	责任发行	董 倩

出版发行	中国财富出版社有限公司		
社　　址	北京市丰台区南四环西路 188 号 5 区 20 楼	邮政编码	100070
电　　话	010－52227588 转 2098（发行部）	010－52227588 转 321（总编室）	
	010－52227566（24 小时读者服务）	010－52227588 转 305（质检部）	
网　　址	http://www.cfpress.com.cn	排　　版	鼎央阁设计
经　　销	新华书店	印　　刷	宝蕾元仁浩（天津）印刷有限公司
书　　号	ISBN 978-7-5047-8013-3 / F · 3630		
开　　本	710mm×1000mm　1/16	版　　次	2024 年 3 月第 1 版
印　　张	22.5	印　　次	2024 年 7 月第 3 次印刷
字　　数	368 千字	定　　价	89.00 元

版权所有 · 侵权必究 · 印装差错 · 负责调换

推荐序

党的二十大报告中指出，高质量发展是全面建设社会主义现代化国家的首要任务，要构建高水平社会主义市场经济体制。企业是市场经济的主体，政府的责任是建立良好的营商环境，依法对市场进行监管。2023年是企业从困难中走出，走向全面复苏发展的关键之年，企业不仅要克服重重困难复苏发展，还要全力以赴地推动中国经济高质量发展。宋志平同志这本《稳健经营》的出版，对于当下的广大企业家和企业而言，恰逢其时。

宋志平同志曾经担任中国建材集团和国药集团两家中央企业的董事长，并带领这两家当时比较弱小的企业发展成世界500强企业；从中央企业董事长位置上离任后，担任中国上市公司协会会长和中国企业改革与发展研究会会长。这些年来，宋志平同志笔耕不辍，出版了多本企业经营管理方面的力作，经常应邀出席企业发展年会并发表演讲，以其丰富的经历和阅历、深厚的企业经营管理及创新发展的实践经验，受到广大读者和听众的广泛好评。宋志平同志也多次应邀出席中小企业发展高峰论坛并发表演讲，深受广大企业家的欢迎和喜爱，中国中小企业协会聘任宋志平同志为首批中小企业成长导师。

宋志平同志认为，在以前的粗放式高速增长的时代，比较

▶稳健经营

容易挣一些热钱、快钱、大钱。在当前高质量发展时期，企业必须加强科技创新，经营管理必须精细化，企业赚钱得靠技术创新和集约式经营。在企业经营管理上，要从过去所谓的跨越式发展转型为稳健型创新发展。

企业在经营中应该最关注哪些问题，应该抓住哪些核心，如何建立起核心竞争力与综合优势，如何做到稳中有进、迈向卓越、走向一流？宋志平同志在书中有着极其深刻的洞见与思考，对企业发展过程中的重点、痛点与难点都有深刻的剖析与论述，提出解决思路与方向。这对广大年轻企业家朋友来说，非常有参考价值。《稳健经营》这本书，可以单篇拿出来看，因为每篇都有独立完整且系统的思考，可以根据自己所需，有选择性地精读、研究、领悟，也可以按照全书的逻辑构架按顺序阅读，这样感受性会更强。

宋志平同志说，他把自己的经历和经验，尤其是过去的弯路及教训等提炼出来，给年轻一代企业家阅读，为他们插上路标，避免大家在同样的地方栽跟头。如今，企业和企业家遇到了新的挑战和困难，很多人觉得现在企业不如以前那么好做了，赚钱也不如以前那么容易了。老一辈企业家在这个时候应该站出来多给年轻企业家一些支持，抚慰他们的心灵，指导他们正确地看待困难，渡过难关。越是困难，越要看到光明，鼓起勇气，弘扬不认输的企业家精神。宋志平同志说，企业家是长跑运动员，不是短跑运动员，长跑是慢跑，要一步一步稳健地跑。这是现在企业家应有的心态。

中国中小企业贡献了80%的社会就业、60%的GDP、50%的税收，在扩大社会就业、发展经济、改善民生等方面发挥的作用是无可替代的，是建设社会主义现代化国家的重要力量。当前，我国的广大企业，无论是国有企业还是民营企业，无论是大企业还是中小企业，企业内部的改革和体制创新任务是繁重的，研发掌握先进的自主核心技术的任务是紧迫的，加快数字化改造、提高企业现代化管理水平的任务是艰巨的。祝愿广大企业家勇立改革和科技创新潮头，为把我国建设成社会主义现代化强国再立新功！

中国中小企业协会会长　李子彬
2023年9月25日

自序

《稳健经营》这本书主要涵盖了2021—2023年我的一些主要观点，共选取了50篇文章，来源于我发表的文章、参加活动的演讲和讲座交流等，是继《企业心语》《新机与新局》之后的又一本文集形式的书。

过去的3年，包括全球疫情不断反复的2021年、我国对疫情实施常态化防控的2022年、疫情防控转段后经济恢复发展的2023年，我们都是在艰辛中度过的，企业面临不少困难，但我国企业顶住压力，取得了不少成绩，也总结了不少经验，成绩来之不易，经验弥足珍贵。

作为中国上市公司协会和中国企业改革与发展研究会会长，我在这3年中也深入不少上市公司和央国企进行调研，为企业的经营发展建言献策；我也在清华、北大等高校与商学院的企业家学员们进行一些交流，为他们做一些指导。我感觉，虽然不像以前做央企领导者那样在企业一线亲力亲为了，但作为一名企业的老将，我有责任帮助企业家，尤其是年轻一代企业家，为他们出谋划策、观敌瞭阵。因此，这本书里既收录了我对资本市场和上市公司的观点，也收录了我对国企改革的一些建议，还有我对企业经营管理和创新发展的一些研究。应该说，书中所有观点都是来自实践，是有场景、动感的。这本书虽然是以文集形式呈现的，但无论从内容还是观点来看都是比较丰富的。

过去3年，既是抗击疫情的过程，也是企业进行高质量转型的过程，还是在三重压力下企业艰难复原发展的过程，因而书中主要内容就与攻坚克难、稳健经营、高质量发展息息相关，并鲜明地体现出企业在这些方面的收获和经验。虽然这些文字出自我之手，但所有经历过这段时光的企业人士，都会在文字中找到共鸣和心声。

"稳健经营"这个书名来自我2022年的一场新年演讲，因为在经济面临结构调整和抗击疫情的压力下，作为市场主体的企业必须稳中求进，做到先不败而后求胜，但对于经历了高速发展、仍在惯性思维中的中国企业家们来讲，做出这种心态的调整是很不容易的。因而，这本书的内容和观点集中在企业的稳健经营和高质量发展两大主题上，同时对有效创新和弘扬企业家精神也做了些论述。

党的十八大以来，在习近平新时代中国特色社会主义思想指引下，我国经济从高速增长进入到高质量发展阶段，我国企业也进入到向高端化、智能化、绿色化发展的新时期。在这个时期，我们要从过去追求速度和规模的粗放式增长方式转变为追求质量和效益的稳健经营的发展方式。

在当前的情况下，我觉得企业家的心态和状态十分重要。心态上，既要有一颗平常心，务实达观，也要有一颗进取心，稳中求进；状态上，不能选择躺平，而是要弘扬企业家精神，越挫越勇。其实企业家的使命就是解决困难。这本书也给大家介绍了一些解决困难的方法，相信对大家也会有用。

由于我本人长期在企业从事经营管理工作，书中的内容反映了我的这一特点，会对一些事情讲得具体些，而缺少系统性理论。另外，书中有个别内容在不同文章中重复提到，照顾到每篇文章逻辑的完整性，就都保留了下来。这可能是这本书的局限吧。我总说，我哪里会写书，这句话并不是我的谦逊之辞，而是我对自己的认知。我也常说，我的书不是写出来的，是做出来的，也是讲的这个道理，希望获得读者的理解。

这本书的整理过程中，中企研的李秀兰、李倩同志，中国财富出版社的杜亮同志等付出了辛苦努力，中国财富出版社对本书的编印也做了精心安排，在此对大家表示感谢。这本书还有一大亮点，就是中国中小企业协会会长李子彬同志写了推荐序。李会长曾任深圳市市长，后在国家发展改革委任副主任，退休后 65 岁时创立了中国中小企业协会，他做会长近 20 年，一直全身心地做中小企业的培育工作，为大家排忧解难，其中不少中小企业已发展成为绩优的上市公司。他为本书写序让我充满感激和敬意。最后，也要衷心感谢喜欢我的读者们，是大家的支持和鼓励使我完成了这本书的编写，谢谢大家！

2024 年 1 月

CONTENTS 目录

第一篇　资本的力量

01　资本的力量 / 003

02　推动我国境外上市公司健康发展 / 012

03　资本市场助推"新经济"赋能中国经济高质量发展 / 016

04　推动上市公司高质量发展 / 020

05　建设高质量上市公司，为中国式现代化做贡献 / 026

06　如何提高上市公司质量和价值创造能力 / 030

07　ESG与上市公司质量 / 038

08　立足新发展理念，推动上市公司高质量发展 / 043

09　强化公司治理，加快形成高质量发展新格局 / 048

10　推动上市公司高质量发展再上新台阶 / 052

第二篇　企业的改革

01　以深化改革的新步伐，迈向高质量发展、建设世界一流企业的新征程 / 061

02　中国式现代化与国企改革 / 069

03　国企改革与资本市场双向赋能相互成就 / 078

04　共同富裕和国企改革 / 085

05　共同富裕下的共享企业建设 / 089

06　让企业成为共享平台 / 095

07　如何提升企业的核心竞争力 / 098

08　加快建设世界一流企业 / 110

09　锚定高质量发展首要任务，加快建设世界一流企业 / 120

10　提升国有控股上市公司质量，为活跃资本市场做贡献 / 125

第三篇　从管理到经营

- 01　三精管理——做企业的硬功夫 / 135
- 02　管理也是硬道理 / 144
- 03　管理教育重要的是"知行合一" / 152
- 04　迈向公司治理新时代 / 159
- 05　从管理到经营 / 167
- 06　企业的并购与整合 / 175
- 07　做有效经营者的五个关键 / 180
- 08　变局下的经营之道 / 185
- 09　强化管理，稳健经营 / 203
- 10　如何破解行业内卷 / 211

第四篇　高质量发展

- 01　新赛季下的企业发展 / 217
- 02　低碳时代的企业战略调整 / 226
- 03　当"水泥"遇上"鼠标"——数实融合下的企业新机遇 / 231
- 04　培育我国企业的综合优势 / 239
- 05　跨越周期，构建新的竞争优势 / 243
- 06　迎接中国品牌新时代 / 249
- 07　怎样做专精特新企业 / 257
- 08　打造专精特新"小巨人" / 263
- 09　用新的增长极带动经济预期 / 269
- 10　努力建设制造强国 / 274

第五篇　创新与企业家精神

01　创新的逻辑 / 283

02　企业创新的五种模式 / 288

03　科技是企业创新的核心要素 / 294

04　科技创新的底层逻辑 / 297

05　以新质生产力赋能高质量发展 / 302

06　企业家和企业家精神 / 306

07　企业领导力建设 / 316

08　企业家的特质 / 327

09　克服焦虑，务实达观 / 333

10　拥有好心态、好状态，建设好生态 / 340

第一篇

资本的力量

01　资本的力量
02　推动我国境外上市公司健康发展
03　资本市场助推"新经济"赋能中国经济高质量发展
04　推动上市公司高质量发展
05　建设高质量上市公司，为中国式现代化做贡献
06　如何提高上市公司质量和价值创造能力
07　ESG 与上市公司质量
08　立足新发展理念，推动上市公司高质量发展
09　强化公司治理，加快形成高质量发展新格局
10　推动上市公司高质量发展再上新台阶

01
资本的力量[①]

无论看过去还是未来，在中国经济发展的过程中，资本、资本市场都是非常重要的因素。

资本市场30年来取得的成绩

谈到资本市场，我们就会想到资本市场的产生。17世纪初，世界上第一个以金融股票为主的证券交易所——阿姆斯特丹证券交易所挂牌，到现在已有400多年的历史。如果从1792年签订《梧桐树协议》算起，美国资本市场也有200多年的历史。截至2020年12月，我国资本市场只有30年的历史。

回顾我国资本市场这30年的过程，我们这一代人是亲历者也是见证者，很多事情回想起来仍历历在目。1986年11月，邓小平同志把上海飞乐音响股份一张50元面值的股票送给了时任纽交所董事长约翰·范尔霖，以此表达中国推进改革、对外开放的决心。1990年，上海证券交易所（简称"上交所"）和深圳证券交易所（简称"深交所"）相继开市。

在此之前，我们的资本市场经历了很长时间起起伏伏。资本市场的意义是什么呢？我想到两件事：一是把大家的钱汇集起来支持企业和经济的发展；二是通过资本市场让大家都有机会分享企业和经济发展的红利，比如最初煤

[①] 本文根据作者2021年1月6日在中国人民大学商学院年度金融论坛上所作的主题演讲整理。

矿企业发行的股票，包括一些公债也是如此。

我们要能理解资本市场的意义。这些年资本市场发展突飞猛进，大家有时会对资本市场不如意的地方提出意见，但放在历史的长河中去看，我们的资本市场只不过发展了30年。30年来，我国资本市场从无到有、从小到大、从弱到强，虽然还存在一些不足，但是取得了很好的成绩，我们用30年走过了其他发达国家上百年走过的道路。

2020年的世界500强企业中，我国有124家企业上榜，数量超过美国，排在首位。这124家企业里，A股上市公司有70多家，约占60%。这几年，高市值公司相继涌现。我国千亿级上市公司已有130多家，而2018年时只有60家，也就是说，2019年和2020年我国千亿级市值上市公司的数量翻了一番。我们要看到这些量的变化。这些千亿级上市公司有三个特点：一是处于高科技、新经济、创新的赛道，比如新能源、生物制药等；二是属于行业龙头或细分领域的头部企业；三是属于治理结构比较稳定的企业。这些企业都得到了市场的青睐。

中国人民大学原副校长、中国资本市场研究院院长吴晓求曾讲到中国资本市场的三座丰碑，1990年上交所、深交所开市是第一座丰碑，2005年股权分置改革是第二座丰碑，2019年科创板注册制改革是第三座丰碑。30年实现三级跳。

我们的资本市场发展既有轰轰烈烈的一面，也有有条不紊、稳步向前的一面。这几年主要推进了几件事。

◆ 市场化

2019年7月，科创板试点注册制正式实施，科创板首批公司上市；2020年8月，创业板注册制落地，紧接着新三板精选层设立，综合的多层次资本市场体系逐步建立起来，这些都是制度的创新。资本市场的制度创新迈开一小步，我们企业的创新就会迈开一大步，制度创新极大地鼓励了企业的创新。

2020年11月2日，中央全面深化改革委员会第十六次会议通过了《健全上市公司退市机制实施方案》。同年 12 月 31 日，沪深交易所发布了退市新规。退市也是一件非常重要的事情。资本市场一方面在推进注册制，另一方面在做常态化退市的安排，也就是说把入口和出口都疏通好，让市场流动起来，这都是市场化的改革。党的十九届五中全会提出，"十四五"时期资本市场的几项重要工作：一是全面实行股票发行注册制；二是建立常态化退市机制；三是提高直接融资的比重。这几项工作都非常重要。据了解，美国上市公司的半衰期是 10.5 年，也就是说，美国的上市公司每 10.5 年就有一半消失了，上得快，退得也快。留在资本市场的上市公司大多是一些优等生。我们不一定要追求这样的高比例退市，而是要应退尽退，建立常态化退市机制。有些上市公司不愿意退市，因为觉得上市不容易。可不吐故纳新怎么行？

说到市场化，2020 年新冠疫情最严重的时候，围绕春节要不要开市，投资者议论纷纷，最后还是如期开市，因为市场一定要按照市场规则去做。开市后市场很平稳。这件事情极大地鼓舞了我们，按照市场规律去做，要让市场说话。

◆ 法治化

这几年，一系列的法治化规定实施。2018 年 9 月，《上市公司治理准则》发布；2020 年 3 月，《中华人民共和国证券法》（2019 年 12 月 28 日第十三届全国人民代表大会常务委员会第十五次会议第二次修订，以下简称新《证券法》）出台；2020 年 11 月，《关于依法从严打击证券违法活动的若干意见》发布；2020 年 12 月，中华人民共和国第十三届全国人民代表大会常务委员会第二十四次会议通过《中华人民共和国刑法修正案（十一）》，自 2021 年 3 月 1 日起正式实施。"建制度、不干预、零容忍"，就是要把这些制度制定出来，有问题就处理，才能保持市场规范运行。

回想一下，20 年前美国发生了什么？世通和安然爆仓，后来《萨班斯法案》出台。"两康事件"为我国上市公司敲响了警钟。康美药业案的判决里会计事务所、独董都受罚，这是里程碑式的事件，充分体现了监管的零容

> 稳健经营

忍，既然定了制度，就要按照制度做。

如果没有法治化跟上，市场化是不太容易进行下去的。我常想这个问题，证券的市场化、资本的市场化是建立在法治化基础上的市场化，法治化做好了再尽可能地市场化，市场就会繁荣。

◆ 国际化

近年来，沪港通、深港通、沪伦通相继开通。2018 年 6 月，我国有 200 多家 A 股公司进入美国的明晟新兴市场指数；2019 年 6 月，国际知名指数编制公司富时罗素宣布将 A 股纳入全球股票指数体系中。这就是国际化的表现。

过去几年，我们在市场化、法治化、国际化方面做了许多工作，也正是因为这三方面的齐头并进，极大地鼓舞了资本市场，我们的资本市场发展稳中向好。我们关注资本市场，要做正确的事，要正确地做事，这样资本市场会越来越好。

资本对经济发展的意义

◆ 资本市场极大地支持了国有企业的市场化改革

这些年，我国国有企业的改革是成功的，有了快速的发展。2013 年我在成都参加《财富》全球论坛，那时史蒂芬·罗奇先生问我："中国的国有企业发展得这么好，是不是和你们以前的上市有关？"我说："罗奇先生，您的问题就是答案。中国的国有企业不是传统的国有企业，也不是计划经济的国有企业，中国的国有企业是经过上市改造的国有企业、是经过混合的国有企业。"2019 年，中央企业在上市公司的资产占中央企业总资产的 67%，上市公司为中央企业创造的利润占中央企业总利润的 87%。上市使得国有企业整体发生了变化，不光是引入了大量资金，更关键的是引入了市场化机制。

◆ **资本市场促进了民营企业的发展**

资本市场为民营企业的发展插上了腾飞的翅膀。像宁德时代、恒瑞医药、迈瑞医疗等企业，如果没有资本市场都不可能有今天这样的发展状态。截至 2020 年 12 月 31 日，我国民营上市公司有 2525 家，占上市公司总数的 60% 以上，民营企业的总市值已经达到 34 万亿元。

很多民营企业家说："宋总，如果没有资本市场我们做几亿元营业收入可以，要做到几千亿元、万亿元那是不可能的，只有在资本市场可以。"有时候他们让我谈谈上市的重要性，我说："不上市就好像在地上跑，高铁跑得再快，时速 350 公里可能就是上限了，而上市相当于飞机在天上飞，就算飞得不快，基本也能达到时速 500 公里。"

◆ **资本市场支持了科创事业**

从 2019 年 7 月科创板设立到 2020 年 12 月 31 日，共有 215 家企业在科创板上市。2020 年，A 股新增上市公司 396 家，其中科创板 145 家，从资本市场募集到的资金可以用来支持科创事业。

现在资本市场开始支持专精特新中小企业。胡润全球独角兽榜是一个创新的象征。独角兽企业是指成立 10 年以内、估值超过 10 亿美元的企业。2020 年全球独角兽榜上榜 586 家企业，美国企业有 233 家，中国企业有 227 家。中美两国的独角兽企业加起来约占全球独角兽企业的 78%，从创新与资本的结合来看，中美两个国家是走在全球最前面的。

中国 227 家独角兽企业都在哪些地方呢？北京、上海、杭州、深圳这 4 个城市约占 79%。我曾到过一些城市，有人说当地企业发展缺资金，我说其实缺的不是资金，而是资本。因此，我们要开展多层次的资本市场建设，不仅要增加上市公司数量，还要多设立私募基金等。2020 年 10 月，我到杭州参加第六届（2020）全球私募基金西湖峰会。杭州有一个基金小镇，小镇上汇集了几百家基金管理公司。有这么多基金管理人，创新的事业就容易和资本接轨，就容易打造独角兽企业。这些企业要先经过基金培育，培育后再去上市。美国今天高市值的公司大多是由基金培育过的，而基金需要先募集

> 稳健经营

资金，再投资给企业并辅以管理，最后退出企业的同时也有了高额的回报，这就是资本运营的过程。我们不要只重视资金，也要重视资本，这点非常重要。

资本市场的健康发展需要做好四方面工作

资本市场情况与以下四方面有关：一是经济基本面；二是监管水平；三是上市公司质量；四是投资者生态。我国资本市场有了过去30年的发展基础，有了这么多年来的经验，今天我们对资本市场的看法更加清晰，我们的步伐也更加坚定了。

◆ 我国经济前景可期

我国是2020年全球唯一实现经济正增长的主要经济体，进出口情况也令人振奋。截至2020年11月，我国贸易顺差3.22万亿元，11月当月贸易顺差达5071亿元，创30年来单月新高。为什么说是振奋人心呢？因为超乎大家的想象。我国经济在新冠疫情和中美贸易摩擦的双重影响和压力下，取得了这样的好成绩。全球需要中国这样的制造中心，供应大家的需求。

事实表明，我国经济有强大的韧性和活力。不管前方有什么困难，相信我们的经济一定会越来越好。2020年11月，我国签署了《区域全面经济伙伴关系协定》（RCEP）[①]，15个签署国覆盖全球约23亿人口，约占全球人口的30%；GDP总和超过25万亿美元；覆盖区域将成为世界最大的自由贸易区。

这些都是我们可以看到的发展大势。我国经济虽然也会面临一些困难和压力，虽然也会有一些曲折，但相信会一直向前发展。我做企业40年，40年里每年都有小困难，每几年有个大困难。但这些年一路走来，企业都在稳步发展。

---

① 2022年1月正式生效实施。

◆ 监管水平不断提升

时任国务院副总理提出"建制度、不干预、零容忍",监管就是依据这九个字的指导方针。前面讲到了市场化、法治化和国际化,还讲到了推行注册制、建立常态化退市机制和提高直接融资比重等。提高直接融资比重至关重要,我国是储蓄大国,储蓄率在 40% 以上。截至 2020 年年底,我国存款总额已超过人民币 218 万亿元,约合 33.6 万亿美元;而直接投资方面,已登记私募基金管理人 2.46 万家,已备案私募基金 9.68 万只,管理规模 15.97 万亿元。和有的国家相比,我国的储蓄额和储蓄比例较高,投资公司多,但投资额还不够高。我国提高直接融资的比重是有空间的。我们把一部分储蓄资金转为投资资金,有助于资本市场繁荣。

过去企业融资难、融资贵,也是因为千军万马都上了一座独木桥,都要到银行融资。这不光推高了融资成本,也给银行带来了风险,所以要特别强调加大直接融资。如果我们把直接融资和间接融资的比例调过来,企业的财务成本就会大大降低。

◆ 进一步提高上市公司的质量

2018 年中央经济工作会议指出,资本市场在金融运行中具有牵一发而动全身的作用,要通过深化改革,打造一个规范、透明、开放、有活力、有韧性的资本市场,提高上市公司质量。2019 年、2020 年连续 2 年的中央经济工作会议都强调了要提高上市公司质量。2020 年 10 月,国务院印发了《国务院关于进一步提高上市公司质量的意见》(国发〔2020〕14 号,以下简称14 号文)。2020 年 12 月,证监会推出了为期两年的公司治理专项行动,也是围绕着提高上市公司治理水平、提升上市公司质量展开的。

中国上市公司协会是证监会领导下的上市公司自律组织,14 号文中加上了"管理"职能,要求中国上市公司协会发挥对上市公司提高质量的自律和管理作用。过去,协会发挥自律作用,主要做培训工作;现在协会还要发挥管理作用,和上市公司做好沟通是我们的一项重要工作。中国上市公司协会积极发挥作用,不断加大培训力度,2019 年培训 6000 多名董事、监事

> 稳健经营

和高级管理人员，2020年线上培训了2万多名上市公司高管。我本人在新冠疫情前后去过多家上市公司进行调研，也和不少上市公司董事长进行了长谈。

▲ 主持2022金融街论坛年会"持续提高上市公司质量"分论坛

到底怎样提高上市公司质量？我认为，高质量上市公司至少有五个特征。

一是有规范的治理，这是前提。上市公司最大的着力点就是加强治理，要成为治理的优等生。良好的治理是企业长治久安的基础，好比盖房子，企业治理就是基础图纸，管理就相当于垒墙、装修、装窗户这些工作，如果治理不好，企业很容易坍塌。过去有些企业不重视治理文化，董事会形同虚设，独立董事是花瓶。在这样的企业里会出现大股东掏空企业等各种乱象，所以规范治理非常重要。二是突出主业。那些出了问题的上市公司，绝大多数是因为盲目投资、偏离主业，导致最后出现入不敷出、资不抵债、高比例质押等问题。三是有良好的业绩。上市公司要有好的效益和价值，这也非常重要。四是有核心竞争力，这样才能够持续发展。五是承担社会责任，包括对股民的责任、环保的责任，以及推动落实ESG，即关注环境、社会和治理。

◆ 投资者生态的改善

截至 2020 年 11 月，我国有投资者 1.76 亿户，其中 1.757 亿户是自然人账户，41.22 万户是非自然人账户的机构投资者。投资者中绝大多数是散户、个人投资者。

改善投资者生态要做好四件事：一是加大机构投资者比例，增加机构投资者家数；二是把散户的资金归集到机构投资者那里，因为机构投资者比较成熟；三是保护、爱护中小股民，增强中小股民的获得感；四是要引入新的中长期资金入市。

除了这四件事，整个社会包括舆论媒体都要积极正面地支持资本市场的发展，大家要用合力做好资本市场。资本市场是今后我国经济发展中重要的一张牌，是经济发展的底气和力量所在。

02
推动我国境外上市公司健康发展[①]

在新的时代背景下,以支持企业用好两个市场、两种资源为导向,助力企业合规稳健发展为目标,与全球投资者共享中国经济发展红利为愿景,中国上市公司协会境外上市公司分会成立。

境外分会成立后,将充分发挥连接上市公司、投资者、监管机构、交易所、中介机构等各方的桥梁作用,通过多层次、灵活性的市场化沟通交流机制,及时了解境外上市公司情况、面临的问题和诉求,传递正确的监管政策信息,引导境外上市公司以崭新的姿态和形象更好融入全球化,在新时代高质量服务新发展格局。

2023年,在党中央的坚强领导下,金融系统全面贯彻落实党的二十大精神,围绕重点领域研究制定了一揽子政策措施,我们取得了沉甸甸的收获。在新的时代背景下,以支持企业用好两个市场、两种资源为导向,助力企业合规稳健发展为目标,与全球投资者共享中国经济发展红利为愿景,我们共同见证资本市场首个属于境外上市公司群体的自律交流平台的成立。

境外上市是我国资本市场对外开放的重要组成部分

2023年10月举行的中央金融工作会议提出,更好发挥资本市场枢纽功

[①] 2024年1月10日,中国上市公司协会境外上市公司分会成立大会召开。本文改编自作者在会上的发言。

能，为新时代新征程推动金融高质量发展指明了前进方向、激发了信心动力。中国证监会坚定落实党中央国务院决策部署，立足于现行监管实践，着力提升透明度、规范化和便利化水平，以制度促规范、以规范促发展。

2023年以来，境内市场全面实行股票发行注册制顺利落地，境外上市备案制度平稳推进，创造了更透明、高效、可预期的制度环境。这些重大改革对规范上市行为、完善资本市场功能、保护全球投资者合法权益、实现金融强国的目标、更好地服务我国经济高质量发展都具有鲜明的时代意义。

境外上市是我国资本市场对外开放的重要组成部分，对支持企业融入全球化发展、建设更高水平开放型经济新体制、加快构建新发展格局产生了并持续产生着积极影响。在证监会的指导下，中国上市公司协会充分发挥自律组织作用，主动与境外上市公司建立联系，为境外企业做好支持与服务，促进资本市场各主体间的良性互动，稳定市场参与各方预期，推动形成政策完善及改革共识。

境外上市公司分会服务境外上市公司稳定运行

目前协会共有境外上市公司会员185家，其在美及在港总市值占当地中国境外上市公司总市值的近50%；涵盖了互联网、平台经济、新能源、生物医药等新经济领域的头部企业，呈现出注重研发投入和发明专利等科创代表性。在各方支持下，围绕监管动向及市场热点，境外分会在筹备的一年间，联合监管部门、地方政府、境外机构、主要境外交易所等相关方组织了10余场境外上市公司培训活动、新规解读专题培训，深入走访近百家企业开展调研工作，总计形成了近百期境外上市公司要闻观察和境外课题研究报告，通过座谈访谈、境外路演推介活动等与境内外投资者常态化双向沟通交流，服务境外上市公司在国际证券金融市场中稳定运行。

未来，中国上市公司协会将继续探索，在开展国际合作、服务会员企业"走出去"等方面，为境外上市公司提供高质量、更贴近会员需求的支持与服务。

> 稳健经营

◆ **搭建桥梁**

畅通境外上市公司与有关主管部门的沟通渠道，充分发挥覆盖全市场、贴近上市公司的优势，紧密跟踪境内外监管动态及境外上市公司舆情情况，及时向监管部门反映企业发展过程中亟待解决的问题，在重要政策法规出台期间发挥好自律组织的评估作用。

◆ **办好培训，正确传递监管要求**

做好重大法律法规政策宣传和解读培训，就境外风险合规管控、国际可持续披露标准、国际资本市场政策及发展趋势等热点话题回应公司关注、澄清市场误解，推动提升上市公司及相关主体规范运作水平，增强高管合规履职意识。

◆ **向全球投资者推介我国企业的高质量发展风貌**

我们发布的《中国上市公司共建"一带一路"白皮书2023》，入选了第三届"一带一路"国际合作高峰论坛务实合作项目清单，展示了上市公司群体"走出去"取得的成绩和贡献，特别是高质量助力资本市场改革开放中的引领作用。今后我们也将继续搭建好平台，通过举办境内外路演等特色活动，向世界讲好中国上市公司故事。

▲ 中国上市公司协会境外上市公司分会成立，更好服务境外上市公司会员

证监会领导同志在讲话中提到"凝聚合力，坚定推进高水平开放"，同时指出"境外上市公司及各相关机构要利用好自律组织的平台，牢固树立合规经营意识，坚守主责主业、守牢风险底线"。在新时代、新形势、新要求下，中国上市公司协会境外上市公司分会应运而生。境外分会成立后，将充分发挥连接上市公司、投资者、监管机构、交易所、中介机构等各方的桥梁作用，通过多层次、灵活性的市场化沟通交流机制，及时了解境外上市公司情况、面临的问题和诉求，传递正确的监管政策信息，引导境外上市公司以崭新的姿态和形象更好融入全球化，在新时代高质量服务新发展格局。

2024年是中华人民共和国成立75周年，是实施"十四五"规划的关键一年。新的一年里，随着中国改革开放的持续深化，我国资本市场不断健全法治制度、推动优化营商环境，境外上市公司深入参与全球市场，人才济济、锐意进取，具有独特优势，将扮演更重要的角色，但也面临着多方面的挑战和问题。

境外分会将以支持企业利用两个市场、两种资源，规范健康长远发展为宗旨，与境外上市公司群体一道，共面挑战、拥抱机遇，坚定高质量发展信心，做强产业链、增强竞争力。

展望2024年，我们有更多期待，对未来充满信心。中国上市公司协会将竭尽全力，把境外分会打造成真正属于境外上市公司群体的自律平台，成为境外上市公司之家。

03
资本市场助推"新经济"赋能中国经济高质量发展[①]

我国已进入高质量发展阶段,"新经济"的发展至关重要,是主要的发展动力。中国企业评价协会从2020年就开始发布"中国新经济企业500强"榜单和相关报告,总结展示当年的"新经济"发展情况和成果,意义重大。对于企业而言,能够入选"中国新经济企业500强",很有意义,表明企业与时代发展的脉搏同频共振,并且取得了一定的领先优势。从2022年的"中国新经济企业500强"榜单中,我们发现几个特点。

榜单中的上市公司数量占绝对优势

500家入榜企业中有468家境内外上市公司,充分说明上市公司在塑造未来经济发展潮流中乘风破浪,在经济向更高质量、更有效率、更加公平、更可持续方向发展的道路上,扮演着领路人的重要角色。目前,我国约有5000多万户企业,A股市场的上市公司在全国的企业中可以说是万里挑一,贡献了全国税收收入的1/4,营业总收入占全国GDP的一半以上。可以说,上市公司是国民经济的支柱,在经济发展新常态下是经济转型的先锋实践者,是推动经济高质量发展的重要力量。因此,在入榜企业中,

---

[①] 2023年3月30日,2022中国新经济企业500强发布会在北京举行,本文选自作者在会议上的致辞。

上市公司占比高，相较于非上市公司，上市公司拥有更加强大的资金优势、人才优势、技术优势，能够率先在"三新"经济领域开拓新蓝海，挖掘数字经济时代下企业发展的转折点与突破点。

榜单中民营企业表现十分亮眼

500家入榜企业中有407家民营企业，占比81.4%。在"三新"经济领域，民营企业通过不断提升创新能力、加快业务转型升级等方式，逐步树立起竞争优势。我国的基本经济制度是以公有制为主体、多种所有制经济共同发展，必须毫不动摇巩固和发展公有制经济，毫不动摇鼓励、支持、引导非公有制经济发展。"两个毫不动摇"为我们坚持国有经济为主导、支持和发展民营经济提供了根本遵循。国有企业与民营企业都是市场经济的微观主体，可以说是唇齿相依，携手推动了中国经济社会健康发展，实现了国民共进。在过去3年新冠疫情对经济冲击的情况下，"三新"经济展现出较强的抗冲击能力，呈现出蓬勃向上的发展态势，成为经济趋稳向好的有力支撑。2022年7月，国家统计局发布了上年度"三新"经济发展数据，2021年我国"三新"经济增加值同比增幅为16.6%，比同期国内生产总值（GDP）现价增速高3.8%，"三新"经济增速连续五年超过当年GDP增速，"三新"经济占GDP的比重也由2017年的15.7%上升至2021年的17.25%。"三新"经济的发展成果直观展示了我国经济发展的势头，反映了科技创新成果和经济发展质量。

"三新"经济快速发展是技术创新、经济结构调整和制度变革的共同结果。随着"三新"经济逐步趋于稳定成熟，技术、产业、模式更新迭代会更加迅速，为了在激烈的竞争中保持优势，不被淘汰，企业要做好以下两方面的工作。

◆ **加大资本市场对"三新"经济的支持**

资本是企业家用于创新的杠杆。多层次的资本市场是企业创新的基础。科创板设立以来，我国资本市场对创新加大投入，有力地支持了企业的

> 稳健经营

创新。我国还有20多万亿元规模的私募基金，推动了大量独角兽企业的成长。因此，企业创新要充分利用多层次的资本市场。2023年2月，证监会发布全面实行股票发行注册制相关制度规则，这一改革措施能让具有高成长性、高科技含量、高创新能力的优秀企业获得更包容的上市机会。"三新"经济的发展依赖于数字技术，而数字技术的应用或创新需要资本加持。在过去几年新三板、科创板和北交所的改革基础上，全面实行注册制改革涉及的范围更广、力度更大，公司能从中获得的支持也更多，一定要把握好政策机遇。

◆ 加大创新力度，提升企业核心竞争力

党的二十大报告提出，创新是第一动力，要加快实施创新驱动发展战略，加快实现高水平科技自立自强，推动制造业高端化、智能化、绿色化发展，推动战略性新兴产业融合集群发展，构建一批新的增长引擎，这为我国企业创新发展明确了目标和方向。我国经济从高速增长进入高质量发展阶段，从重视规模、速度到重视质量、效益。提升企业核心竞争力对增强我国经济实力、科技实力和国际竞争力具有重要意义。由于不确定性和技术、环境变化太快，今天企业核心竞争力变得动态化。同时，企业核心竞争力不再只靠某项单一的专长而获得，也靠企业的综合能力来支持。企业要通过提升战略引导力、创新动力、管理水平、机制活力和企业家精神等提升核心竞争力。今天，"新经济"成为拉动经济增长的重要力量，是加快建设专精特新和世界一流企业的新型赛道。"中国新经济企业500强"榜单中，许多是从专精特新中小企业发展起来的，也有不少企业有成为世界一流企业的潜力与实力。在新的历史时期，企业家要大力弘扬企业家精神，进一步激发市场活力，做深、做实主营主业，推动企业持续健康发展，在"三新"经济领域大展身手，创建越来越多的专精特新和世界一流企业。

加强不同属性、不同产业之间的合作交流

"三新"经济本身就是跨界融合的产物，与传统经济体系中的产业、业

态、商业模式有着不同程度、形式多样的关联。国资委提出要提升国有控股上市公司质量，鼓励国有企业与其他所有制企业加强各领域合作。在"三新"经济领域，国有企业健全激励机制，民营企业规范公司治理体系，双方进一步加强合作交流，彼此赋能，提升企业核心竞争力，共同实现跨越式发展。

榜单中有近300家企业是中国上市公司协会的会员，我感到非常骄傲，这说明中上协的会员单位在各行各业都是标杆领袖。中国上市公司协会下设有高端制造委员会、新能源与智能汽车委员会、信息与数字化专委会等多个与"三新"经济密切相关的行业委员会。今后，中国上市公司协会将会持续关注"三新"经济领域，加强与相关机构的合作与交流，进一步扩大上市公司在"新经济"领域的影响力，助推"新经济"全面赋能中国经济高质量发展。

04
推动上市公司高质量发展[①]

2020年是中国资本市场的而立之年。30年来春华秋实，上市公司工作取得了巨大的成就，但同时也存在着一些问题。2018年中央经济工作会议指出，资本市场在金融运行中具有牵一发而动全身的作用，要通过深化改革，打造一个规范、透明、开放、有活力、有韧性的资本市场，提高上市公司质量。提高上市公司质量已成为一个迫切需要解决的问题。证监会在2019年11月印发了《推动提高上市公司质量行动计划》。2020年3月起新《证券法》开始施行。2020年10月，国务院印发了《国务院关于进一步提高上市公司质量的意见》（以下简称《意见》），把提高上市公司质量作为上市公司的重中之重的工作来抓。《意见》里也专门讲到上市公司协会要在提高上市公司质量方面充分发挥自律管理作用。

深刻认识提高上市公司质量的重要意义

上市公司质量是资本市场可持续发展的基石。高质量的上市公司是贯彻新发展理念、构建新发展格局、推进高质量发展的重要主体。高质量的上市公司也是我国从容应对国内国际新冠疫情变化、恢复经济的生力军。

一方面，经过30年发展，我国上市公司数量迅速增加，质量稳步提高，A股市场已成为全球市值规模第二的股票市场。这30年来，上市公司从资

---
① 本文原载于《国资报告》2020年第12期。

本市场累计募集资金13.6万亿元，累计现金分红8.36万亿元，分红率达60%。仅2019年，我国上市公司分红就达1.36万亿元。一大批非常优秀的上市公司涌现，积极参与全球资源配置和国际竞争，在业绩、市值、分红等方面都做得很好。应该说，上市公司发展的30年创造出了全球瞩目的成绩。上市公司是我国企业的"优等生"，是我国经济的"压舱石"和"定盘星"。提高上市公司质量，做优做强上市公司对我国经济发展具有重大意义。

但从另一方面看，的确还存在着一些不尽如人意的地方，如公司治理有待进一步规范；信息披露质量、运营质量有待进一步提高；创新动力、发展活力有待进一步增强等。这些问题和我国经济高质量发展以及资本市场健康稳定发展不相适应，亟待改善和解决。

提高上市公司质量这项工作只有进行时，没有完成时。2005年，国务院批转证监会《关于提高上市公司质量的意见》，到2020年已经有15年。这15年里，我国围绕提高上市公司质量做了大量的工作。习近平总书记非常重视资本市场的健康发展和上市公司的高质量发展，强调要提高上市公司质量。党中央、国务院最近几年多次部署，证监会也把提高上市公司质量作为核心工作。可以看到，《意见》是在资本市场三十而立的关键时刻出台的，对于如何进一步规范市场、如何提高上市公司质量、如何让资本市场发挥活力等具有重要意义。

要抓好提高上市公司质量的重点工作

《意见》提出要加强资本市场基础制度建设，大力提高上市公司质量，并从提高上市公司治理水平、推动上市公司做优做强、健全退出机制、解决上市公司突出问题、提高违法违规成本、形成工作合力六个方面，提出了17条具体举措，既为上市公司整体质量的提升提供了方向性、引领性的制度安排，也提供了很有针对性的具体安排，找准了影响上市公司高质量发展的关键问题，回应了市场各方的关切，同时对上市公司提出了更高的要求。这些举措和建议正在稳步落实。

2020年11月2日，中央全面深化改革委员会第十六次会议审议通过了

> **稳健经营**

《健全上市公司退市机制实施方案》《关于依法从严打击证券违法活动的若干意见》。这是我国资本市场历史上第一次由中央层面制定出台关于资本市场基础制度建设的专门文件。注册制的全面推行和退市制度的完善将更好地把好上市公司的"入口"和"出口","零容忍"地从严打击证券违法活动,共同推动上市公司质量的全面提升。

上市公司要主动担起高质量发展的主体责任,认真贯彻落实《意见》的各项要求。上市公司要尊重资本市场规则,要保持为市场投资者创造价值的初心,要稳健经营、回报股东、创新发展,尽到应有的经济责任和社会责任,切实提高自身质量,用质量夯实资本市场改革发展的基础。

提高上市公司质量要注重治理质量、运营质量、创新质量三个维度,运营质量是做强,创新质量是做优,治理质量是上市公司做优做强的重要保障。三者要共同推进,形成上市公司提质增效的内生动力和市场文化。

治理质量是上市公司高质量发展的前提和保障。《意见》17条举措的前两条专门提出提高上市公司治理水平。上市公司规范的治理结构和良好的内部控制,公司信息真实、准确、完整、及时、公平的披露,独立董事、监事会作用以及各专门委员会职能的充分发挥,这些都是公司治理质量的范畴。大家要高度重视,不断优化完善公司治理结构,提高治理水平。

在运营质量方面,《意见》特别提出要推动上市公司做优做强,多方合力助推上市公司突出主业、做精专业、扎实经营、做优业绩,真正成为实体经济的"优等生"。公司的战略能力、管控能力、财务能力、市场能力、盈利能力等均是构成公司运营质量的基础。只有运营质量不断提高,才能为股民、股东创造良好回报,才能为市场稳健发展打下牢固的基础。

在创新质量方面,党的十九届五中全会报告提出,要坚持创新在现代化建设全局中的核心地位,把科技自立自强作为国家发展战略支撑。创新是一个国家发展的核心动力,也是上市公司高质量发展的重要特质和必然要求。我们目前正面临着大数据产业、5G等硬科技领域创新发展的风口,企业要积极有效地创新,不能以创新的名义进行重复投资和低效投资。

▲ 在线参加资本赋能企业高质量发展论坛，并作"资本市场和国企改革"主题演讲

国有上市公司要在上市公司质量提高中发挥引领和带头作用

这些年，我国国有企业之所以有这么大的进步，是因为我们的国有企业通过市场化改革成了有活力、有力量的国有企业。在市场化改革中，上市改制起到了关键作用，应该说，国有企业上市推动了国企改革，同时国企改革又有力地支持了资本市场。

截至 2020 年 11 月 8 日，我国共有国有上市公司 1151 家，其中，中央企业上市公司 394 家，地方国有企业上市公司 757 家，国有上市公司数量约占上市公司总数的 28%，而市值约占市场总市值的 44%。国有上市公司应该做提高上市公司质量的"排头兵"。

如何提高国有上市公司质量呢？我认为可以做好以下几方面。

◆ **加强国有上市公司的治理**

国务院《意见》中提到，科学界定国有控股上市公司治理相关方的权责，健全具有中国特色的国有控股上市公司治理机制。这为我们提高国有上市公

> 稳健经营

司的治理水平提供了指导方向。

一是进一步做好集团公司和上市公司"三分开",让上市公司独立运作。中国特色社会主义市场经济下,以国有企业为主体的上市公司和大量的民营企业上市公司共存,这是我们国家上市公司的基本特色。不管上市前是家族企业、民营企业,还是国有企业,上市后殊途同归,都成了多元化的股份制公司,都应该按照上市公司的规范和要求来做。上市公司是公众公司,要特别注意上市公司的独立性,遵从上市公司的有关规定;要引入独立董事,保护上市公司董事的独立性身份;控股股东要增强对上市公司公众化和独立性的意识。二是引入积极负责股东,解决一股独大的问题,减少大股东对上市公司的行政性干预以及对上市公司利益的侵害。三是按《中华人民共和国公司法》(以下简称《公司法》)规范运作,处理好股东会、董事会和经理层三者关系,明晰三者界限。确保董事会的独立性,保护董事的合法权益。

◆ **改革国有上市公司的机制**

一是推动管理层持股,大力开展股票增值权等激励计划,确保管理层利益和投资者利益同向。二是加大内部激励,推进员工持股、科技分红、超额利润分红等,调动骨干员工积极性。三是弘扬企业家精神,保护企业家干事创业的积极性,给予其应有的待遇和尊重。

◆ **提高国有上市公司的市值**

一是突出主业,瘦身健体。二是加大技术创新,业务转型。三是强化激励机制,吸引投资者投入。同时,《意见》也提到,鼓励和支持混合所有制改革试点企业上市,支持国有企业依托资本市场开展混合所有制改革。截至2020年11月8日,科创板共有191家上市公司,其中国有企业仅有11家。国有企业中有大量的创新企业,这些创新企业可引入股权基金,加大和民营资本的混改力度,同时也要加大在科创板上市的力度,培养新的增长点,为企业的整体转型升级奠定基础。

资本市场经历了30年的变化,今天来看,国有企业在推动中国资本市场的前进,同时资本市场也在促进国有企业的改革,无论是机制上,还是市场化上，在充分竞争领域里，都对国有企业有很大的促进。国家就国企改革制定了三年行动方案，就资本市场发布了进一步提高上市公司质量的意见。两个文件、两项行动关系密切，相互支持，相互促进，用改革促进上市公司质量的提高，用上市公司质量的提高来助力国企改革，为国企改革添砖加瓦。

资本市场与国企改革的良性互动，对市场的影响是积极而长远的。一方面，国有企业是我国资本市场的"定盘星"，国有上市公司的质量直接影响着上市公司的整体质量水平。当前中国经济正处于由投资驱动向创新驱动转变的关键阶段，国有企业是引领科技创新和经济转型的主要力量和引擎，资本市场积极支持国有企业创新转型的过程，本身也意味着资本市场服务实体经济的能力进一步提升。这对于资本市场长期健康发展是大有裨益的。

另一方面，国有企业依托资本市场开展混改、优化机制是激发国有企业活力的重要方式。同时，资本市场的融资功能、资本配置功能也是进一步推动国有企业快速发展的重要依托。资本市场需要更多优质国有企业的上市夯实基础，而国有企业更需要资本市场这个广阔的舞台进一步提升整体水平。所以说国企改革和提高上市公司质量可以相互成就，相得益彰。

05
建设高质量上市公司，为中国式现代化做贡献[①]

党的二十大报告描绘了建设中国式现代化的愿景，提出高质量发展是全面建设社会主义现代化国家的首要任务，强调要坚持以推动高质量发展为主题，把实施扩大内需战略同深化供给侧结构性改革有机结合起来，增强国内大循环内生动力和可靠性，提升国际循环质量和水平，加快建设现代化经济体系，着力提高全要素生产率，着力提升产业链供应链韧性和安全水平，着力推进城乡融合和区域协调发展，推动经济实现质的有效提升和量的合理增长。

党的二十大报告为上市公司在今后一段时间的发展指明了方向，是重要遵循。上市公司是中国企业的优秀代表，是经济的支柱力量，是实体经济的"基本盘"，是经济发展动能的"转换器"，是完善现代企业制度和履行社会责任的"先锋队"，是投资者分享经济增长红利的"新渠道"。走高质量发展之路，助力中国式现代化实现，上市公司责无旁贷。

我国上市公司发展现状

我国资本市场发展了30多年，其间经历了由小到大、从弱到强的过程，已成为全球第二大资本市场。这些年来，资本市场为我们国家经济发展做出

[①] 2022年11月16日，2022年搜狐财经峰会在北京举行。本文选自作者在会上所作的主题演讲。

了巨大贡献，有力地支持了国有企业的改革发展、民营企业的快速成长，也有力地支持了我国的科创事业。现在资本市场又通过深化新三板改革、设立北交所，大力支持中小企业，特别是专精特新"小巨人"企业创新发展。

近年来，上市公司整体经营业绩持续向好，在推动研发创新、优化资本结构等方面表现突出。2022年前三季度，境内上市公司共实现营业总收入52.37万亿元，同比增长8.51%，占GDP总额的60.18%；实现净利润4.75万亿元，同比增长2.46%。实体营收增速持续高于金融，第三季度非金融上市公司营收同比增长9%。

分行业看，19个国民经济门类行业中，11个行业前三季度营收同比增长，9个行业净利润同比增长，电力、热力、燃气及水生产和供应业，批发和零售业等行业第三季度净利润同比增长超40%。前期受新冠疫情影响较大的部分行业的经营状况有所改善，如住宿和餐饮业，农、林、牧、渔业需求回暖，第三季度净利润均由负转正。光伏、动力电池、新能源汽车等新兴产业业绩亮眼。

2022年前三季度，上市公司研发支出达0.94万亿元，同比增长20%。创业板、科创板、北交所上市公司研发投入不断加大，研发支出增速分别为32%、54%、43%，研发强度分别为4.59%、8.68%、4.30%。创新成果转化显著，创业板、科创板、北交所1777家上市公司中，720家前三季度营收、净利润同比双增长。

上市公司依托资本市场加快发展，截至2022年10月，上市公司累计募集资金总额为19.1万亿元，其中，IPO募资总额4.72万亿元，再融资募资总额14.38万亿元。在获得资金支持的同时，上市公司也重视投资者回报，上市公司累计现金分红总额10.65万亿元，股息率接近3%。

此外，上市公司积极承担自我规范、自我提高、自我完善的直接责任、第一责任，强化诚信契约精神，上市公司整体面貌发生积极变化，"晴雨表"功能得到更好发挥，有力地支持了资本市场健康稳定发展。

我们在看到上市公司取得巨大成就的同时，也要关注有些方面仍需努力持续提升。比如，公司治理水平有待更大的提升，创新能力总体仍不充分、不平衡，等等。

▶ 稳健经营

建设高质量上市公司

习近平总书记提出，要建设一个规范、透明、开放、有活力、有韧性的资本市场[①]。2021年，时任国务院副总理指出，坚持"建制度、不干预、零容忍"的方针[②]，加快发展资本市场。要增强资本市场枢纽功能，全面实行股票发行注册制，建立常态化退市机制，提高直接融资比重。

高质量的资本市场离不开高质量的上市公司，上市公司质量也是资本市场可持续发展的基石。因此，建设高质量上市公司意义深远。首先，建设高质量上市公司将强化上市公司的资本市场基石作用，进一步增强资本市场活力、韧性和竞争力，不断提高金融服务实体经济的能力，为发展现代产业体系提供有力保障，为中国经济行稳致远积蓄更强动能。其次，建设高质量上市公司将发挥示范作用，带动上下游关联企业提质增效，助力产业转型升级，推动市场主体质量整体提升，为经济高质量发展打好基础。最后，建设高质量上市公司有助于回报投资者和为股东创造价值，有助于增加社会财富和增加居民消费，对加快形成以国内大循环为主体、国内国际双循环相互促进的新发展格局具有重要意义。

近年来，相关方面针对建设高质量上市公司也开展了系列工作。

一是2018年9月证监会修订并发布了新的《上市公司治理准则》，对上市公司治理中面临的控制权稳定、独立董事履职、上市公司董监高评价与激励约束机制、强化信息披露等提出新要求。上市公司在公司治理中要贯彻落实新发展理念，强化上市公司在环境保护、社会责任等方面的引领作用。

二是2020年3月实施的新《证券法》设专章规定信息披露制度，从更加强调信息披露有效性、扩充义务人范围和具体披露事项、建立自愿信息披露制度、确立公开承诺披露制度、加强对上市公司收购的披露规范等多个方面，完善了上市公司信息披露基础性制度。

三是2020年10月国务院印发的《国务院关于进一步提高上市公司质量的意见》提出了包括提高上市公司治理水平、推动上市公司做优做强、健全

---

① 2019年2月，习近平总书记在主持中共中央政治局第十三次集体学习时指出。
② 2021年11月24日，《人民日报》刊发《必须实现高质量发展》。

上市公司退出机制、解决上市公司突出问题、提高上市公司及相关主体违法违规成本以及形成提高上市公司质量的工作合力6大方面、17项措施。

此外，2020年12月，证监会启动上市公司治理专项行动，推动上市公司治理水平全面提升，健全各司其职、各负其责、协调运作、有效制衡的上市公司治理结构。通过专项行动，上市公司治理内部规章制度基本完备，以公司章程、"三会"议事规则、信息披露管理制度、投资者关系管理制度等为基础的公司治理制度实现应建尽建。

应该说，通过这几年的努力，我国广大上市公司对建设高质量上市公司方面的认识更加深入，工作上取得了明显成效。我国上市公司群体质量有了普遍的提高。

党的二十大报告把高质量发展作为全面建设社会主义现代化国家的首要任务，擘画了中国式现代化新蓝图。经济高质量发展离不开广大上市公司的积极参与，而建设高质量上市公司更需要各方通力合作，形成合力，共同把我国上市公司质量推上新的台阶，通过提升上市公司发展质量，助力中国式现代化目标如期实现。

06

如何提高上市公司质量和价值创造能力[①]

过去40年中，我一直在企业里工作，做过18年上市公司的董事长，其中有5年任A股公司的董事长，有13年任H股公司的董事长，现在任中国上市公司协会会长。这两个角色让我在提高上市公司质量和价值创造能力方面，有一些自己的心得体会。我想围绕这个主题，和大家分享三部分内容。

发挥资本市场功能，助力企业高质量发展

我国资本市场只有33年的历史，但是这期间，资本市场从无到有、从小到大，发展至今已经有5000多家A股公司，这其实是不容易的。2022年全年，境内上市公司的营业收入占全国GDP的近60%。上市公司数量虽然不多，只占公司总数的万分之一，却是中国经济的半壁江山。

回过头来看，我国资本市场支持了国有企业和民营企业的发展，还支持了我们的科创事业，现在也在支持专精特新中小企业的发展。无论是国有企业的上市公司还是民营企业的上市公司，无论是大企业还是中小企业，其实这些年都是在资本市场的支持下发展壮大的。当然上市公司也回馈了资本市场，与投资者共享发展成果。比如分红这一项，近5年，沪深上市公司分红金额逐年增长，累计分红8.4万亿元；2023年全年现金分红总额2.13万亿元，再创历史新高；平均股息率达3.04%，与全球主要资本市场相比处于中

[①] 本文改编自作者在2024年度"第一期上市公司董事长、总经理"培训班上的讲座内容。

上游水平。

除此之外，资本市场在公司的规范治理和现代企业制度建设方面也做了很大的贡献。资本市场有透明、规范的管理体系，有利于解决过去国企政企不分、家族企业家族控制等问题，建立现代企业制度，推动中国的公司制改革。《公司法》1994年出台后，经多次修订和完善，一直伴随着资本市场的成长。现在社会各界都非常关心资本市场，上市公司作为资本市场的主体，还是要坚定信心，从自己做起，苦练内功，把公司的质量做好，从而助力整个资本市场。

做好资本市场，关键有四件事：一是经济基本面要好；二是监管政策要到位；三是提高上市公司质量；四是改善投资者生态。对于资本市场来说，投资者的预期和信心至关重要，要正视投资者对资本市场发展的意见与建议。一个市场的成熟与健全是需要过程的，要以实事求是的态度看待问题。

上市公司要按照党中央和证监会的要求，积极落实好提高上市公司质量的主体责任。为了解决大股东高比例质押等公司治理的问题，2020年，证监会提出开展为期2年的公司治理专项行动。2022年，证监会出台了《推动提高上市公司质量三年行动方案（2022—2025）》，从八个方面提出了一系列具体措施。现在我们正在加快落实。回想这些年，其实我们一直在围绕着提高治理水平和提高公司质量做工作。

如何提高上市公司质量

◆ 提高公司治理能力

公司设立之后，有独立的法人财产权，股东可以分红，但是不能干预公司、侵害公司利益，这就是公司治理的核心理念。过去这些年，有些公司在治理文化的理解上有缺失，出问题的个别公司，实际是在公司独立性上的认识还有待进一步提升。

《上市公司治理准则》中提出了关于控股股东、实际控制人与上市公司之间的"三分开、两独立"，我们一直在实行，然而过去个别企业并没有真正做到，比如，有的上市公司和控股股东之间的治理结构需要完善。

对上市公司来说，良好的股本结构是既不要一股独大，也不要股权过于分散。所谓"内部人控制"，在有的国家指的是管理层的控制，因为上市公司的股权高度分散，但中国上市公司的控股股东或第一大股东平均占有的股权在 40% 以上，所以我们所说的"防止内部人控制"，实际上是防止大股东超越股东的权利来干预公司、侵害公司的利益。

现在提倡要建设以投资者为本的资本市场，大股东当然也是投资者，但重点指的是保护中小股东的利益，要让社会股东，也就是广大的散户也能够获益。

◆ 提升企业核心竞争力

党的二十大报告提出，深化国资国企改革，提升企业核心竞争力。"民营经济 31 条"中也要求民营企业提升核心竞争力。

什么是核心竞争力？核心竞争力就是使企业在市场竞争中领先的能力。市场竞争实际上是优势竞争，如果企业有核心竞争力，在竞争中就会成功；如果失去了核心竞争力，就可能会失败。每家生存下来的企业都有核心竞争力，而有时候大家并没有认真去思考是哪一种核心竞争力起了作用。

提升企业核心竞争力，要树立四大核心理念，包括核心业务、核心专长、核心市场、核心客户。上市公司稳健经营发展尤其要重视做强主业。一些企业出了问题，不少是出在偏离主业、盲目扩张上。作为上市公司，一定要业务归核化，把公司的核心业务真正持续做好。

一些优秀企业的核心竞争力是比较明显的。比如茅台的核心竞争力，一是独特的品质，二是强大的品牌，三是忠诚的客户群，四是深入的文化渗透力，五是优异的价值创造力。茅台这家公司上市以来只融过一次资，分红有 2000 多亿元，市值超过 2 万亿元。茅台在产品市场做得很好，在资本市场也做得很好，两者互相配合，相得益彰。

通过这个案例，可以看到核心竞争力有几个方面的特点：第一，核心竞争力可能是企业长期打造形成的；第二，核心竞争力可能是几个专长组合而来的，有的企业"一招鲜吃遍天"，但是往往核心竞争力是由几方面组合而成的;第三,核心竞争力是很难被复制的;第四,企业即使有核心竞争力,也不是一劳永逸的,还要不断完善和巩固。企业要通过长期持续的投入和建设,根据自身的成长阶段、竞争对手的情况和市场的变化,育长板、补短板,强化组合能力,真正做到"人无我有,人有我新,人新我变"。

◆ **做好创新模式的选择**

企业需要创新,到底怎么创新,用什么样的模式创新,要做好选择。

第一,自主创新还是集成创新?

在企业里往往提倡要自主创新,自主创新指的是原始创新和独立创新,像华为做的鸿蒙系统和5G通信就是自主创新。华为2022年的研发投入约1640亿元,这不是一般企业能做到的。有实力的企业的大型研究院要做这种自主创新,解决"卡脖子"难题,但不是每家企业都能够有这么大的投入、用这么长的时间去做。和自主创新相对的是集成创新,就是有借鉴的部分,也有企业自己创新的部分,把它们组合起来,进行开放创新、合作创新,这是大部分企业选择的一种创新方式。像京东方做的液晶显示面板等就属于集成创新。

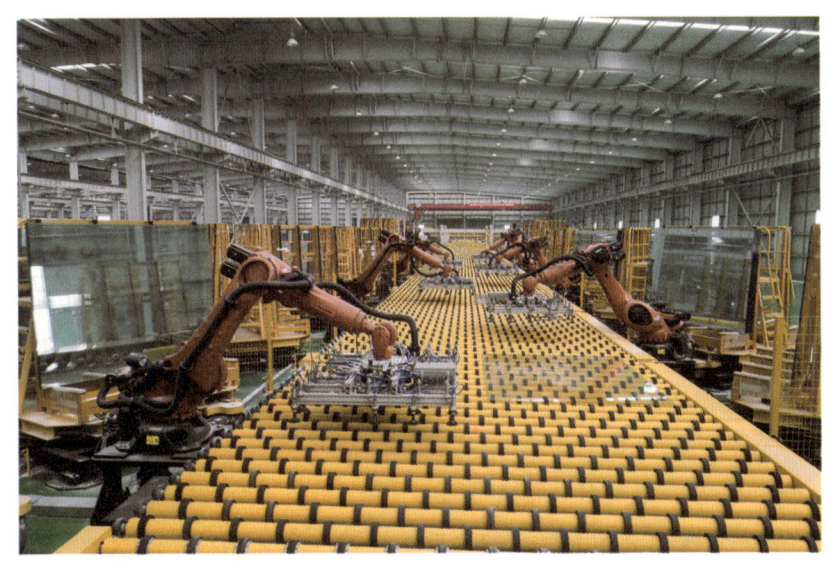

▲ 自主创新的光伏玻璃生产线

第二，持续性创新还是颠覆性创新？

大多数企业做的是持续性创新，也就是技术进步。比如，水泥在发明的时候就是用石灰石加粘土烧制而成的，这个工艺到现在仍在沿用。但是从最初的小立窑生产水泥到后来的湿法水泥，再到现在的新型干法水泥，技术始终在创新。以前一条年产 200 万吨的水泥生产线需要约 1.2 万人，现在同样产能的一条智能化水泥生产线大约只需要 30 多人。这些都属于持续性创新。和持续性创新相对的是颠覆性创新，像数码相机就把胶卷颠覆了，但并不是每个行业都有颠覆性创新，目前我们就很难找到颠覆水泥的产品。

IT 行业里的摩尔定律表明，每 18 个月产品就会更新迭代一次。今天其实各行各业都进入了"摩尔时代"，创新的速度加快了。企业应该注重颠覆性创新，否则就可能被颠覆。

第三，技术创新还是商业模式创新？

高科技很重要，但其实在企业里，中科技、低科技、零科技层面也都有创新。零科技创新是什么？就是商业模式创新，像麦当劳、肯德基等企业没太多技术，但是创造了巨大价值；京东、拼多多、滴滴等企业，实际上是通过平台加互联网的应用创造价值，都属于商业模式创新。

企业要研究这些创新模式，想想到底用哪种创新模式为好。

◆ 防范经营决策风险

做企业如果不注重风险，可能轰然倒下；如果不重视发展，则可能止步不前，这实际上是做企业的两难。作为决策者，要在这两难中进行选择。

美国畅销书作家吉姆·柯林斯在《再造卓越》这本书中总结了大企业倒下的过程：首先是狂妄自大，企业做成功了，有的人容易狂妄自大，之后就可能会盲目扩张、漠视危机，等危机真的来了，企业会寻求救命稻草，最后被人遗忘或濒临死亡。

面对风险，应该怎么去防范？我归纳了四条。第一条是做企业要有忧患意识。2018 年我去拜访任正非，他给了我一本书《下一个倒下的会不会是华为》，在华为如日中天的时候，他保持了这种忧患意识。第二条是突出主业，有取有舍。第三条是出现危机时不要掉以轻心，要抓住宝贵的时间全力应对。第四条是解决问题时要对症下药,不要病急乱投医。

◆ **回报股东**

什么样的公司是好的上市公司?投资有回报,产品有市场,企业有利润,员工有收入,政府有税收,环境有改善。创造效益是上市公司的经营基础,要做好上市公司,回报股东,归根结底还是要有良好的效益和长远的发展。做企业要重视短期利益和长期利益相结合。上市公司既要有良好的分红,又要重视公司的价值表现和可持续发展。

效益怎么产生?强化管理是抓手,管理出效益。我在调研一些公司时发现,它们的技术很好,但在管理上还有差距,上市以后要研究怎么加强管理,从而提高效益。

爱迪生是个大发明家,他认为做企业就是技术加资本,管理不重要,他也不会管理,创立了六七家小公司,不请职业经理人,自己干,结果公司效益不佳,不得不放弃自己对公司的掌控权。企业要做好管理,才能有良好的效益。

前不久我带着北大光华管理学院的 DBA 学员去日本访学,到丰田参观。丰田这家公司现在主要做的还是汽油车,而不是电动车。2023 年的汽车销量比 2022 年多了近百万辆。2018 年我也去过丰田,当年它的利润约 1155 亿元,2023 年的利润约 2200 亿元,销量增加,利润也增加,它靠的是什么?就是科学的管理。

宁德时代的动力电池做得好,也是靠极限制造的管理体系,把产品缺陷率控制在十亿分之一。2023 年前三季度,宁德时代创造了 300 多亿元的利润,管理同样发挥了非常重要的作用。

过去我在中国建材研究了一套管理方法,把带领干部员工长年实践和总结的成果归纳成"三精管理",主要内容是组织精健化、管理精细化和经营精益化,后来结合对其他企业的一些研究,进一步归纳成"三精十二化四十八法"。

▶稳健经营

提高上市公司的价值创造能力

上市公司质量的提升，最终体现在价值创造能力上，要提升投资者的获得感。

◆ 强调为股东创造价值

上市公司最初是从融资开始的，但不能忽视上市之后自身的价值表现，要注重股东回报。所谓"水可载舟，亦可覆舟"，投资者就是这个"水"。从宏观上讲，如果不重视投资者回报，整个资本市场的稳定健康发展会受到影响。从微观上讲，企业要转变观念，从过去重视融资转变为现在重视为股东创造价值。

近几年，我国千亿级上市公司快速涌现，但低市值上市公司仍比较普遍。冰冻三尺，非一日之寒，这种情况并不是一天形成的，这里面可能有各种原因，但和我们的企业领导者是不是重视市值也有关系，这是一件观念上的事情，要有所改变。

◆ 强调对管理层实施股权激励

过去我在做 H 股公司董事长的时候，每年参加路演，投资者经常会问到公司有没有激励机制，如果没有，可能就会影响投资者对公司股票的信心。因此，企业对管理层要有激励机制，让管理层和投资者利益同向，这件事非常重要。

◆ 强调对上市公司市值进行考核

过去国央企不考核市值，只考核利润，因为觉得市值始终处于波动状态，没法考核。这样企业的市值很难有好的表现。国务院国资委将进一步研究把市值管理纳入中央企业负责人业绩考核，引导中央企业负责人更加重视所控股上市公司的市场表现。这样做有利于提振投资者情绪和资本市场稳定发展。

◆ **强调加强和股东的沟通交流**

买了上市公司股票的投资者都是公司股东,一年下来企业应该给股东汇报业绩,要和股东多沟通,就算做得不好,丑媳妇也得见公婆,不能回避。企业都有做产品市场的经验,产品做得好、销售员介绍得好,就卖得多。资本市场也是一样的,通过召开业绩说明会、路演、反向路演等方式,多跟投资者沟通,投资者了解企业的最新发展,愿意投资,股价的表现就会更好。

◆ **强调要加大公司的创新力度**

30多年来,资本市场发生了很大的变化。过去是工业资本市场,利润乘市盈率等于市值,市盈率是银行利息的倒数,比如,5%的银行利息,市盈率就是20倍。今天是创新型资本市场,更重视企业的创新能力和未来成长性。所以对于企业来讲,尤其是一些传统的制造型企业,就要千方百计提高自己的创新能力和科技含量,比如加大战略性新兴产业投资力度,或者将一些有技术含量的业务引入上市公司,从而进一步提高公司价值。

07
ESG 与上市公司质量[①]

近年来，新冠疫情的肆虐、全球极端天气和各种自然灾害的频发，使人类社会治理能力受到前所未有的挑战。ESG 整合了环境、社会、治理多维因素，是衡量企业可持续发展能力与长期价值的理念和实践方式。社会各界越来越关注企业 ESG 表现、ESG 信息披露情况以及相关风险管理，并逐渐形成国际发展趋势。越来越多的市场主体在追求经济增长的同时，也在更多地思考如何利用产品、服务、品牌等优势，实现企业的社会价值。

中国上市公司总体发展良好

随着新旧动能转换，上市公司已经呈现出"百花齐放"的良好发展态势，特别是制造业等实体类上市公司，在"高附加值、高技术含量、高质量、强品牌"的"三高一强"方面有了长足进步。2021 年《财富》世界 500 强上榜的 143 家中国企业中，旗下控股上市公司的企业数量占比近九成，上市公司已经成为亿万企业主体中的"优等生""排头兵"。科创板、创业板成为创新创业和经济转型升级的重要力量，227 家专精特新中小企业借助资本市场实现了做优做强，有望成为各自领域的"隐形冠军"。

习近平总书记在 2021 年中国国际服务贸易交易会全球服务贸易峰会致

[①] 2021 年 9 月 24 日，由国务院国资委科创局、中国社会责任百人论坛 ESG 专委会承办的 ESG 中国论坛 2021 秋季峰会在第四届中国企业论坛上召开。本文选自作者在会上所作的主题演讲。

辞中表示，继续支持中小企业创新发展，深化新三板改革，设立北京证券交易所，打造服务创新型中小企业主阵地[①]。上市公司群体正迎来迈向高质量发展的重要机遇期。我国资本市场发展到现在只有 30 年。在这 30 年里，资本市场支持了国有企业的改革，支持了民营企业的发展，也支持了企业的创新创业，现在又在大力支持专精特新中小企业的发展。因此，资本市场是我国经济发展的一张王牌，也是底气所在，一定要把资本市场做好。

▲ 参加 ESG 中国论坛 2021 秋季峰会

全面提升上市公司质量是资本市场健康发展的基石和支柱

上市公司整体质量是衡量一个国家资本市场成熟与否、质量高低的重要标准。党中央、国务院非常关心资本市场的发展，关心上市公司质量的提高。2020 年 10 月，《国务院关于进一步提高上市公司质量的意见》（以下简称《意见》）正式印发，对提高上市公司质量进行了全面部署。尤其是在新发展

[①] 《习近平：深化新三板改革，设立北京证券交易所》，中国政府网，https：//www.gov.cn/xinwen/2021-09/02/content_5635043.htm。

▶稳健经营

格局下，上市公司更要主动承担坚持新发展理念、推动高质量发展的主体责任，认真贯彻落实《意见》的各项要求，提高治理水平，做优做强，不断提升自身发展质量。

提高上市公司质量有两项重要工作。一是要把上市公司做优做强，上市公司一定要提高自身的经济效益和市场价值。我们要研究资本市场的规律，一方面要把效益做好，另一方面也要关注企业的价值。二是要提高公司治理水平，而 ESG 又是上市公司综合治理水平的重要衡量标准，对上市公司来讲，我们要做好环境保护、社会责任和公司治理，这三者缺一不可。这么多年来，上市公司在公司治理方面做了大量工作，但还有不尽如人意的地方。近几年，证监会推出了上市公司治理专项行动，围绕提高上市公司质量和上市公司治理水平，对上市公司董事、监事和高级管理人员进行了多次培训，提高了这些"关键少数"对公司治理和 ESG 的认识水平。上市公司是资本市场的主体，上市公司董事、监事和高级管理人员等"关键少数"又是最重要的群体，他们对公司治理和 ESG 的认识处于何种水平非常重要。

英国、美国等对 ESG 信息披露都有强制要求，中国上市公司协会也在大力引导中国上市公司积极引入 ESG 报告。从上市公司质量方面讲，有两个报告很重要：一是财务报表；二是 ESG 报告。好的财务表现加上好的 ESG 工作水平，就基本等于一家有质量的上市公司。而仅仅有好的财务报表，但 ESG 做得差的公司，则不算是高质量的上市公司。

做好 ESG 对上市公司发展具有重要意义

近年来，上市公司是贯彻新发展理念、推动"五位一体"总体布局的先行者，积极服务供给侧改革、"一带一路"等国家战略，在经济转型和产业升级中释放新动能。2021 年是"十四五"开局之年，"十四五"规划和 2035 年远景目标纲要等文件明确了绿色、低碳的经济转型升级方案，各方对 ESG 等可持续发展理念更加关注。上市公司作为中国企业的优秀代表，也是中国经济的支柱力量，在碳达峰、碳中和工作中将发挥先锋队的作用。

ESG 从环境、社会、公司治理三方面反映了上市公司可持续发展的情况，反映了新时期上市公司质量层面的发展要求。一方面，ESG工作有利于公司改进运营质量、做优做强。通过改善ESG表现，能够提升投资者认可度，提升公司融资能力。部分实证研究也表明，长期而言，ESG表现好的公司股票价值和财务表现好于同行业公司，在公司的回报能力和长期价值上表现更佳。另一方面，上市公司做好ESG工作，有利于提升公司的长期风险防范能力，增强可持续发展能力。比如，环境保护可以增强公司环境管理和环境机遇把握的能力，降低公司在转型升级发展中的风险；社会责任可以提高公司对员工、消费者、供应商、债权人等利益相关方的管理能力，降低产品质量等社会负面事件的风险；而公司治理是上市公司高质量发展的前提和保障。

随着监管和市场的推动以及投资者对于ESG信息关注度的提升，上市公司ESG工作取得显著成效。

◆ 上市公司ESG信息披露更加规范

从实践层面，越来越多的上市公司积极践行可持续发展理念，加强ESG信息披露质量。近年来，主动进行ESG信息披露的A股上市公司数量和比例逐年增加，2009年到2021年披露ESG相关报告的A股上市公司从371家增长到1112家。这个数字和过去比是一个很大的进步，但是和上市公司总数相比，还是有差距。

从中国上市公司协会汇编的案例实践来看，大部分蓝筹股公司均构建了高层深度参与、横向协调、纵向联动的ESG管理组织体系。有的公司在探索信息披露方面把握行业企业的关键议题，更好地体现了公司的特色，提高了信息披露有效性和针对性；有的公司通过第三方鉴证等方式提高了ESG信息披露质量和透明度；还有部分公司在ESG披露基础上，探索尝试TCFD披露，积极应对气候变化带来的挑战。部分上市公司通过改善ESG管理水平、提高ESG信息披露质量和加强与评级机构沟通等方式，显著提高其ESG评级。

◆ 上市公司社会责任履行成效显著

近年来，上市公司纷纷设立扶贫项目，持续提升社会贡献。2018—2020年，上市公司在扶贫方面投入资金超过1亿元。2020年年初新冠疫情暴发

◆ 稳健经营

后，上市公司积极行动，主动担当作为。据不完全统计，2020年上半年共有近1200家上市公司为抗击疫情捐款捐物，合计超过60亿元。

◆ 上市公司治理状况整体有较大改善

随着法治环境的逐渐完善和监管力度的加强，目前上市公司治理状况已经得到较大改善。以公司章程、"三会"议事规则、信息披露和投资者关系管理制度等为基础的公司治理制度机制基本建立。"三会一层"等基本组织架构齐备，运行整体规范。累积投票制、征集投票权等制度基本建立，为中小投资者在参与重大事项决策等方面行使权利提供了制度保障，对中小股东合法权益的保护不断增强。上市公司投资者关系管理工作日趋深入，上市公司更加注重与投资者建立良性沟通。2020年度，98.44%的上市公司制定了投资者关系管理工作制度，3756家上市公司举办了年度报告业绩说明会，其中超过98%的说明会有公司董事长（总经理）参加。同时，上市公司现金分红水平逐年提升。A股上市公司现金分红创近年新高且连续4年分红总额突破万亿元，分红上市公司约占上市公司总数的70%，现金分红率稳定在30%以上，平均股息率在2%以上，与国际水平基本持平。

同时，我们要看到由于A股上市公司的突出特点是差异化和发展不均衡性，不同行业、规模和发展阶段的上市公司ESG表现和需求存在差异。如环境影响大的化工、能源、建筑、矿业等传统行业，在碳达峰、碳中和目标下面临更为紧迫的转型升级需求，对于ESG环境工作具有更强的动力，也意味着更大的经营成本和运营压力。

总体而言，ESG为企业发展提供了新的标准框架，企业除了提供富有价值的产品和服务，成为更高水平的价值创造者，还要重视对消费者利益的考量、对员工利益的保障、对合作伙伴的尊重，遵守商业道德规范，持续提高并完善公司治理水平，保护环境，加强对公益事业的投入。

中国上市公司协会是证监会领导下的上市公司自律组织，也是上市公司之家。协会高度重视上市公司ESG工作，通过倡导、培训、交流等工作，引导上市公司把推进ESG工作作为提升上市公司质量的重要抓手，不断提升信息披露质量，提升投资者认可度，推动企业长期价值的提升。

08
立足新发展理念，推动上市公司高质量发展[①]

党的二十大报告指出，必须完整、准确、全面贯彻新发展理念，加快构建新发展格局，着力推动高质量发展。在中国证监会的领导下，中国上市公司协会立足新发展理念，积极推动上市公司 ESG 相关工作，推动提高上市公司质量。我主要从做好 ESG 工作的意义、上市公司 ESG 工作进展和中国上市公司协会工作的角度跟大家进行交流。

做好 ESG 工作是促进上市公司高质量发展的重要举措

近几年，国际形势错综复杂，新冠疫情反复，经济下行压力加大。上市公司面临着前所未有的挑战，整体经营业绩仍保持增长态势，我国经济"基本盘"底色彰显。同时，新能源、高技术制造等展现经济新动能，数字化转型加速，金融服务实体经济功能不断深化，央企改革成效持续显现，上市公司高质量发展格局逐渐形成，资本市场生态进一步向好。

ESG 整合了环境、社会、治理多维因素，将投资决策标准和关注要素从传统的财务绩效为主扩展到可持续发展、公共利益和良好公司治理等领域，关注创新发展、低碳环境、共同富裕等议题，与我国可持续发展战略、"双碳"目标愿景以及全球发展观密切吻合，有助于兼顾发展的长短期目标，实现经济高质量发展。

[①] 2022 年 11 月 7 日，共建 ESG 生态 共促可持续发展——ESG 中国论坛 2022 冬季峰会在第五届中国企业论坛上召开。本文选自作者在会上所作的主旨演讲。

> 稳健经营

上市公司通过加强 ESG 能力建设，优化自身经营和发展战略，有利于改进公司的治理质量、运营质量和创新质量，促进技术革新，提高市场认可度，并降低公司在新发展格局下的市场风险和经营风险，从而推动上市公司质量提升。

从投资趋势来看，ESG 已经成为投资的主流标准之一。ESG 理念不断深入，越来越多的投资者，尤其是境外机构投资者更加关注企业 ESG 表现、信息披露以及相关风险管理情况。UN PRI（联合国责任投资原则组织）签署机构数量从 2006 年的 80 家增加至 2022 年 9 月的 5179 家，其中，中国境内签署机构增加至 112 家。另外，全球 ESG 基金的资管规模从 2019 年年末的 1.28 万亿美元增长至 2021 年年末的 2.74 万亿美元，我国 ESG 相关基金规模也超过 3000 亿元。随着资本市场对外开放步伐的加快，做好 ESG 工作将有助于上市公司得到境内外投资者认可，获得资本市场支持，进一步提升企业价值创造，加快做优做强的步伐。

上市公司对于 ESG 认识逐步深化，ESG 实践和信息披露水平明显提高

2022 年以来，相关政府部门、监管机构陆续出台 ESG 信息披露相关指引文件，不断强化企业 ESG 工作要求。2022 年 4 月，证监会发布《上市公司投资者关系管理工作指引》，要求在与投资者沟通内容中增加上市公司的环境、社会和治理信息。2022 年 5 月，国资委发布《提高央企控股上市公司质量工作方案》，要求推动更多央企控股上市公司披露 ESG 专项报告，力争到 2023 年相关专项报告披露"全覆盖"。

随着监管和市场的推动、投资者对于 ESG 关注度的提升，上市公司对于 ESG 的认识和内生动力也在不断加强。上市公司日益重视 ESG 相关工作，并采取了积极务实的举措，不断提升 ESG 实践和信息披露水平。为推动上市公司更好落实"双碳"目标，充分展现上市公司优秀实践做法，2022 年中国上市公司协会开展年度上市公司 ESG 优秀实践案例征集工作，各行业具有代表性的上市公司分享了关于 ESG 的最新实践情况、优秀经验与做法。

具体包括五个方面。

◆ 立足绿色发展理念，积极响应"双碳"目标

实践中，上市公司多措并举应对气候变化，推动温室气体减排。多家上市公司打造内部碳排放管理平台，监测管理碳排放情况，量化评估碳足迹。有的公司还建立自上而下的气候变化应对体系，提升气候风险管理能力。部分上市公司已经制定了具体的"双碳"目标或减碳承诺，明确碳排放强度下降比例、碳达峰时间点等，还有多家上市公司结合自身情况制定战略规划，并发布了相关行动计划。

◆ 不断建立健全 ESG 管理架构与制度体系，提高 ESG 管理水平

大部分规模以上公司均构建了高层深度参与、横向协调、纵向联动的 ESG 管理组织体系，在决策层面设立可持续发展委员会或 ESG 专门委员会，由董事长或总经理担任主任委员，在组织层面设立专门办公室或工作小组组织协调各部门、子公司的可持续发展工作。此外，部分公司制定完善了 ESG 相关规章制度、管理机制和流程，强化 ESG 制度基础，部分公司建立了 ESG 评价内部培训机制和考核机制，推动 ESG 工作落地。

◆ 积极推进 ESG 相关实践，促进高质量可持续发展

部分上市公司以科技创新助力环境保护与可持续发展，结合自身特点部署绿色发展模式，通过研发新产品、布局新能源等，推动绿色低碳高质量发展。有的上市公司踊跃投身生物多样性保护工作，还有大量上市公司响应国家号召，积极支持脱贫攻坚成果巩固，为乡村振兴建设积势蓄力。2021 年，超过 1650 家上市公司积极参与乡村振兴、脱贫攻坚，帮助农民群体增加收入、提升技能。另外，上市公司的投资回报意识不断增强，现金分红水平不断提高，并且越来越多的上市公司更加重视与投资者沟通，充分尊重和维护投资者的合法权益。有统计数据显示，含分红预案，2021 年度沪深市场上市公司分红总额约为 1.8 万亿元，较 2020 年度、2019 年度分别增长 24.48%、38.99%。

> 稳健经营

◆ **不断强化 ESG 信息披露工作，提高信息披露质量**

2011—2022 年，披露 ESG 相关报告的 A 股上市公司从 565 家增至超过 1400 家，ESG 信息披露的主动性逐年上升。多家上市公司连续 10 年及以上发布社会责任报告或可持续发展报告，积累了丰富的 ESG 信息披露经验。同时，ESG 信息披露形式也呈现多样化、国际化、电子化趋势，有效地扩大了信息披露的传播范围和影响力。披露内容方面，部分上市公司通过增加 ESG 定量信息提升披露水平，部分上市公司围绕行业关键议题展开描述，体现公司特色及所在领域突出成果，做到重点明确。

◆ **持续加强 ESG 对外交流学习，通过对标对表不断提升 ESG 工作质量**

部分上市公司全面梳理交易所和国际主流评级机构相关要求，结合公司情况分解指标并嵌入管理系统，实现多评价体系融会贯通。部分上市公司与境内外主要评级机构深入沟通，通过建立常态化沟通机制或积极参与问卷的方式，了解其核心关注点并获取改进建议。有的上市公司以 ESG 评级提升为导向形成改进项，为公司规划提供依据。当前国际主流 ESG 评级体系与中国所处的发展阶段、文化背景以及指标适用性存在较大差异，对中国上市公司的评价结果总体偏低，但仍有许多上市公司积极努力提升评级表现，与国际优秀同行公司对标，不断提升中国上市公司在国际资本市场的认可度。

中上协发挥自律管理作用，引导上市公司不断提升 ESG 管理水平

中国上市公司协会是证监会领导下的上市公司自律组织，也是上市公司之家。协会一直以来高度重视上市公司 ESG 工作，引导上市公司把推进 ESG 工作作为提升上市公司质量的重要抓手。

◆ **举办特色活动，搭建沟通平台**

协会 ESG 专业委员会于 2022 年 11 月 3 日正式成立，委员以上市公司

为主，还包括监管和专业机构人士，凝聚共识、形成合力。通过举办ESG主题沙龙、开展调查研究、倡导最佳实践等，搭建起监管机构、上市公司、投资机构、国内外评级机构等ESG各方主体的沟通交流平台，引导和支持上市公司ESG相关工作，推动形成具有中国特色、国际认同的ESG管理体系。

◆ **传播中国声音，讲好中国上市公司ESG故事**

协会充分利用贴近上市公司的优势，传播中国声音，讲好中国上市公司ESG故事，以加强境内外投资机构、评级机构等对上市公司的了解。2022年，协会汇编发布了《上市公司ESG优秀实践案例》，并联合主流财经媒体，通过官网、微信公众号等，加大对上市公司ESG实践案例的宣传，提升各方市场主体对中国上市公司的认识和理解，同时引导上市公司对标对表，不断提升ESG工作水平。

◆ **开展相关调研，发布相关研究成果**

2022年协会编写发布年度《中国上市公司ESG发展白皮书》《上市公司ESG分行业报告》等，为社会各界全面了解中国上市公司ESG发展情况提供参考，同时探索编写相关自律指南，为上市公司开展ESG工作提供参考。

证监会党委传达学习贯彻党的二十大精神会议上提出，要坚持将资本市场一般规律与中国市场的实际相结合，与中华优秀传统文化相结合，加快建设中国特色现代资本市场。我国上市公司ESG工作还处于起步发展阶段，各上市公司差异较大，发展不均衡特点突出，在推进相关工作过程中，一方面要体现中国特色元素，另一方面需要与国际接轨，面临很多困难和挑战。协会将继续发挥好自律管理的作用，集众智、聚群力，积极落实国家战略，推动上市公司参与到高质量发展的进程中。

09
强化公司治理，加快形成高质量发展新格局[①]

党的二十大报告提出，高质量发展是全面建设社会主义现代化国家的首要任务。推动高质量发展离不开高质量的上市公司群体，面对新形势新要求，证监会印发《推动提高上市公司质量三年行动方案（2022—2025）》，新一轮行动方案的核心在于"提质"，标志着推进上市公司高质量发展开启崭新的篇章。

上市公司治理成效明显，现代化治理体系已基本形成

经过多年的持续努力，上市公司治理工作取得了积极成效，成为国内各类企业的示范和样板。主要体现在以下方面。

◆ 上市公司治理制度已基本完备

我国现已形成以《公司法》、新《证券法》为基础，《上市公司治理准则》为核心，上市公司内部控制相关规定为延伸的较为全面的公司治理制度体系。各项制度设计既立足中国国情，又借鉴国际经验，为上市公司治理现代化提供了良好的制度基础。从实践情况来看，以公司章程、"三会"议事规则、信息披露管理制度、投资者关系管理制度等为基础的上市公司治理制度

[①] 2022年12月10日，中国公司治理50人论坛第三届主题论坛暨第十六届中国公司治理论坛——ESG与中国企业高质量发展研讨会以线上形式举办。本文选自作者在会上所作的演讲。

基本实现应建尽建。

◆ **上市公司组织架构不断健全**

证监会于2020年12月启动公司治理专项行动以来,"三会一层"已基本成为标配,而且职责明确、运行平稳,决策流程更加公开透明,会议的召集、召开和投票表决程序基本符合法律法规相关要求。根据2021年A股上市公司年报数据,上市公司董事会平均每年开会9.45次,股东大会平均每年开会3.34次,监事会平均每年开会6.91次,绝大部分上市公司的治理机构都能够有序运作。

◆ **上市公司分红水平稳步提高,机构投资者参与公司治理的意愿增强**

一方面,上市公司现金分红家数和规模逐年递增,已成为投资者分享经济增长红利的新渠道。据统计,连续10年分红的上市公司占比从4%提升至32%;A股上市公司现金分红总额由2012年的约6218亿元增长至2021年的约17979亿元,增幅高达189%。持续稳定、科学合理的分红机制对于资本市场稳定健康发展发挥了重要作用。另一方面,机构投资者数量逐年提升,且参与公司治理的意愿增强。机构投资者数量已从2014年的23.4万增长至2021年的47万;截至2020年年底,有700余家公司的董事会成员中有机构投资者提名的代表,机构投资者通过行使股东权利参与公司治理的积极性稳步提升。

充分发挥协会优势,打造上市公司自律管理主阵地

中国上市公司协会以"服务、自律、规范、提高"为宗旨,在反映上市公司诉求、改善独立董事履职生态、加强ESG治理工作、引导上市公司回报投资者等方面开展了系列工作,推动形成了上市公司高质量发展的生动局面。

> 稳健经营

◆ 充分发挥"贴近会员"的组织优势，及时反映上市公司实情及诉求

2022年以来，针对新冠疫情及经济下行压力对企业产生的负面影响，协会形成专题报告真实反映公司的突出问题和诉求，为监管部门提供参考。同时，协会发挥平台优势，围绕《公司法》修订、《上市公司监督管理条例》制定等，配合监管部门组织企业交流座谈会，帮助监管部门倾听企业真实声音，畅通政企沟通渠道。此外，协会持续跟踪境外企业动态，帮助境外上市公司会员及时了解国内外最新监管政策，引导境外上市公司规范发展。

▲ 与协会同事赴北交所进行交流

◆ 全力配合独立董事改革工作，推动建立归位尽责、权责匹配、履职有效的独立董事履职生态

一方面，撰写形成中国独立董事实践运行调研报告，多维度展示上市公司独立董事履职情况；梳理境外独立董事立法及司法实践形成报告，为境内独立董事制度改革提供参考；组织独董及专家学者座谈会，深入了解独立董事制度运行情况。另一方面，从服务会员、服务监管出发，协会开发上线独立董事人才信息库系统，目前已开发完成信息查询、上市公司与独立董事双

向选聘、独立董事履职学习交流等功能。此外，协会通过独立董事专业委员会这一平台，就独董履职边界、责权利和独董队伍建设等问题组织调研，为规范上市公司治理和独立董事制度提供参考。

◆ **引导上市公司完整、准确、全面贯彻新发展理念，推动 ESG 工作**

协会成立 ESG 专业委员会，凝聚各方合力，搭建起各方主体的交流平台。ESG 专业委员会的成立得到市场的广泛关注，举办了第一期 ESG 主题沙龙，反响非常热烈。协会还汇编发布了《上市公司 ESG 优秀实践案例》，发挥榜样和标杆的力量。此外，协会整合企业、研究机构、监管机构等多方力量，开展相关课题研究，编写自律指南和研究报告，今后将继续编写发布年度《中国上市公司 ESG 发展白皮书》《上市公司 ESG 分行业报告》等。

◆ **积极引导上市公司尊重投资者，鼓励上市公司在与社会的良性互动中实现更高质量的发展**

协会从 2017 年起每两年发布 A 股上市公司现金分红榜单，倡导现金分红最佳实践，发挥优秀公司引领作用。协会还将上市公司业绩说明会作为传递企业价值和投资者发现价值的重要桥梁。此外，协会以"投资者保护日"及"防非宣传月"为契机，组织召开《上市公司投资者关系管理工作指引》解读座谈会，为上市公司提升投资者关系管理水平提供了全方位的辅导和指引。

提高上市公司质量没有完成时。中国上市公司协会作为上市公司的全国性自律组织，将继续牢牢抓住"提高上市公司质量"这根主线，持续深耕会员服务，解决公司治理实际问题，推动构建一个结构更优、生态更好、整体质量再提升、与国民经济匹配性更强的上市公司群体。

10
推动上市公司高质量发展再上新台阶[①]

2023年是全面贯彻落实党的二十大精神的开局之年，我国资本市场改革发展也进入全面实行股票发行注册制的新时代。新形势下，加快建设中国特色现代资本市场，上市公司肩负着新使命，为实现高质量发展注入新动能。

提高上市公司质量是党中央、国务院作出的重大决策部署，是新时代加快完善社会主义市场经济体制的重要内容，也是推动资本市场健康发展的内在要求。

近年来，证监会、国资委等相关部门就推动提高上市公司质量推出了一系列重要举措。2022年，证监会出台了《推动提高上市公司质量三年行动方案（2022—2025）》，在八个方面作出部署，进一步优化上市公司结构，改善市场生态，推动上市公司整体质量迈上新的台阶。

国资委《提高央企控股上市公司质量工作方案》对国有控股上市公司提出"内强质地、外塑形象，争做资本市场主业突出、优强发展、治理完善、诚信经营的表率，让投资者走得近、听得懂、看得清、有信心"的总体建设目标，推动国有控股上市公司高质量发展迈上新台阶。

中国上市公司协会开展系列工作，促进提高上市公司质量

中国上市公司协会围绕有关要求和重点工作，充分发挥服务和自律管理

[①] 2023年5月27日，中国上市公司协会年会（理事会）暨2023中国上市公司峰会在北京召开。本文选自作者在会上所作的演讲。

作用，在促进提高上市公司质量方面开展了一系列工作。

▲ 2023 上市公司董事会秘书履职评价发布仪式

◆ **做好上市公司和证监会的沟通工作**

协会通过组织上市公司与监管部门面对面，充分反映企业诉求。先后邀请全国人大常委会法工委、财政部、商务部及证监会等有关部门，就上市公司"急难愁盼"问题进行多场座谈交流；为配合中宣部等部门做好新闻"打假治敲"专项工作，协会通过建机制、抓个案、强培训，努力维护上市公司合法权益。目前，部分问题已得到妥善解决，对危害上市公司声誉的相关违法违规行为形成了有效震慑。

◆ **做好企业的自律工作**

协会努力打造上市公司培训平台，为董事长、总经理培训赋能。2022年以来，累计上线520余门课程，覆盖20.9万人次。同时，协会全面深度参与了上市公司独立董事制度改革工作。协会以改革意见精神为指导，依托独董专委会，制定发布《上市公司独立董事职业道德规范》，塑造独立董事良好

> 稳健经营

职业形象，提高独立董事的价值感和荣誉感；建立独立董事履职评价指标体系，提高独立董事履职质效；开发上线独立董事信息库，畅通上市公司与独立董事双向选聘渠道，支持独立董事资格认定工作，助力完善独立董事履职生态。

◆ **做好上市公司间的交流工作**

协会相继开展ESG、乡村振兴、数字化转型等最佳实践创建活动，并推进董事会秘书履职评价工作，充分发挥优秀企业引领示范作用，开展董事会最佳实践创建活动。同时，协会聚焦新能源与智能汽车、高端制造、医疗健康、信息数字化等领域，设立13个行业、专业委员会，组织行业交流、行业研讨和产业对接，对行业发展建言献策，充分发挥了委员会的专业优势。为搭建上市公司互学互鉴交流平台，协会先后组织200多家上市公司走进中国联通、宁德时代、东方电气、铁建重工等会员企业，引导上市公司互学互鉴、共同提高。"走进上市公司"活动不仅为上市公司提供了相互交流学习的机会，也为相关行业上下游产业链搭建了对接平台，受到了会员单位的欢迎和肯定，很多公司都是董事长亲自参与活动。

◀ 与上市公司代表在《中上协会客厅》栏目共话企业的品牌和高质量发展

◆ 做好上市公司对外宣传工作

协会与权威媒体合作，打造《中上协会客厅》《封面人物》等系列品牌栏目，讲好上市公司故事，在《人民日报》、新华社及央视《新闻联播》等重要媒体、平台栏目中播出，通过权威媒体发声，努力实现"增信心、稳预期、惠发展"；定期公布上市公司年报、季报和行业报告等相关统计数据，持续做好正面宣传和舆论引导。

承担高质量发展重要责任，助力建设中国特色现代资本市场

在新时代、新形势、新要求下，协会将继续发挥好自律管理的作用，围绕推动提高上市公司质量的中心任务，不断优化服务方式，丰富服务内容，提升服务效能，和广大会员单位一起，凝心聚力，共同担负起持续提高上市公司质量的责任，为建设中国特色现代资本市场做出积极贡献。

◆ 加强培训，不断提升"关键少数"的规范意识和履职能力

对上市公司"关键少数"的培训服务是协会传递监管政策、规范上市公司运作水平和推动上市公司提高质量的重要途径。协会将继续以提高上市公司治理水平为目标，开展董监高专题培训，加强诚信道德教育，引导会员规范运作，提高会员服务和会员自律管理能力，通过"把政策送到家"，切实提高董监高履职能力、增强其合规意识，规范上市公司内控和信息披露行为。同时，以落实证监会《推动提高上市公司质量三年行动方案（2022—2025）》和国资委新一轮国有企业改革深化提升行动为契机，专题策划开展央企上市公司"关键少数"培训，服务好国有控股上市公司质量提升。

◆ "双轮驱动"提高上市公司治理水平

提升治理水平、促进规范运作，是提高上市公司质量的基础。要抓好信息披露和公司治理，通过"双轮驱动"真正把公司治理这项基础性工作抓起

> 稳健经营

来。上市公司是提高发展质量的"第一责任人"。作为"上市公司之家",协会将继续发挥组织优势,从加强治理、做实措施、强硬本领、反映诉求、广泛宣传五个方面入手,充分发挥自律管理作用,通过强化上市公司主体责任,激发内生动力,推动上市公司实现高质量发展。各行业的龙头企业、上市公司的优秀代表要积极发挥先进引领作用,带动上市公司治理水平整体提升。协会也将通过研究制订上市公司董监高执业标准,开展履职评价,倡导最佳实践等形式,持续促进提升上市公司董监高的规范意识和履职能力,推动上市公司不断优化完善公司治理。

◆ **积极反映会员诉求,不断优化企业营商环境**

协会是"上市公司之家",服务是协会的底色和基因。为及时有效反映会员诉求,协会已经建立起常态化的诉求反映机制和媒体敲诈举报通道,切实维护会员权益,持续优化企业营商环境和生态体系。同时,协会将充分发挥自身平台和渠道优势,深入了解上市公司需求,及时将企业发展过程中亟待解决的问题向监管部门反映;将监管要求及时向上市公司宣讲,做好重大法律法规政策宣传和解读培训工作,传递监管信息,推动提升上市公司及相关主体规范运作水平,把自律管理和深度服务联系起来,把自律引导寓于服务培训之中,让协会和上市公司共同成长。

▲ 圆桌对话环节围绕"引领上市公司高质量发展"深入交流、凝聚共识

党的二十大报告把高质量发展作为全面建设社会主义现代化国家的首要任务,擘画了中国式现代化的新蓝图,为我们下一步工作指明了方向。上市公司群体作为中国企业的优秀代表,肩负重任。接下来,中国上市公司协会将把推动提高上市公司质量放在更加突出的位置,团结带领全体上市公司一起,勇于担当、主动作为,坚定高质量发展信心,全力以赴推动上市公司高质量发展再上新台阶。

第二篇

企业的改革

01 以深化改革的新步伐,迈向高质量发展、建设世界一流企业的新征程
02 中国式现代化与国企改革
03 国企改革与资本市场双向赋能相互成就
04 共同富裕和国企改革
05 共同富裕下的共享企业建设
06 让企业成为共享平台
07 如何提升企业的核心竞争力
08 加快建设世界一流企业
09 锚定高质量发展首要任务,加快建设世界一流企业
10 提升国有控股上市公司质量,为活跃资本市场做贡献

01
以深化改革的新步伐，迈向高质量发展、建设世界一流企业的新征程[①]

我国经济已由高速增长阶段转向高质量发展阶段，正处在转变发展方式、优化经济结构、转换增长动力的攻关期。企业作为市场主体，是经济的力量载体，是经济活动的主要参与者、就业机会的主要提供者、技术进步的主要推动者，在国家发展中发挥着十分重要的作用，更要坚定不移地深化改革，走高质量发展道路。

党的十八大以来，习近平总书记统揽全局、高瞻远瞩，围绕企业高质量发展提出一系列新思想、新论断，作出一系列新部署、新要求。进入"十四五"时期，我国又踏上全面建设社会主义现代化国家、向第二个百年奋斗目标进军的新征程。习近平总书记指出："高质量发展是'十四五'乃至更长时期我国经济社会发展的主题。""新时代新阶段的发展必须贯彻新发展理念，必须是高质量发展。"高质量发展就是体现新发展理念的发展，是创新成为第一动力、协调成为内生特点、绿色成为普遍形态、开放成为必由之路、共享成为根本目的的发展。

近年来，面对新冠疫情的反复冲击、复杂多变的外部环境、日益激烈的国际竞争和转型升级的巨大挑战，在以习近平总书记为核心的党中央坚强领导下，我国广大企业，包括中央企业、地方国有企业和其他不同体制类型的企业，坚定不移纵深推进改革发展，不断在高质量发展新征程中迈出企业深

[①] 本文选自2022年9月微信公众号"中国企研"发布的作者署名文章。

▶ 稳健经营

化改革发展新步伐，实现向世界一流企业的进一步迈进。

纵观近年来的持续深化改革、转型升级、建设世界一流企业的实践，我国企业发展取得了历史性辉煌成就。

以高质量党建引领企业高质量发展

国有企业是中国特色社会主义的重要物质基础和政治基础，是我们党执政兴国的重要支柱和依靠力量，是中国特色社会主义经济的"顶梁柱"。我国国有企业以党对国有企业的全面领导为根本原则，坚定拥护"两个确立"，切实增强"四个意识"，坚定"四个自信"，做到"两个维护"，坚定不移贯彻落实好"两个一以贯之"的重要要求，建立起符合中国国情的中国特色现代国有企业制度，把党的领导融入企业治理各环节，把企业党组织内嵌到企业治理结构之中。国有企业全面完成"党建入章"，全面实现党委（党组）书记董事长"一肩挑"、党员总经理兼任副书记、专职副书记应配尽配进入董事会。国资委指导企业结合实际，制定党委（党组）前置研究讨论重大经营管理事项清单，充分发挥党委（党组）领导作用，尊重和支持董事会、经理层依法行使职权。通过深入推进中国特色现代企业制度建设，从理论和实践上探索形成了符合我国国情的现代企业治理模式，打造了党委领导和现代企业管理的公司治理双重优势，极大坚定了做强做优做大国有企业的制度自信。以党的政治建设为统领，大力推动习近平新时代中国特色社会主义思想大学习、大普及、大落实，持续深入贯彻落实习近平总书记在全国国有企业党的建设工作会议上的重要讲话精神，坚持一年一专题，压茬推进党建工作落实年等五个专项行动，推动国有企业党的领导、党的建设全面严起来、实起来、强起来，为企业高质量改革发展提供了坚强保证。

以深化改革为企业高质量发展增添新动能

党的十八大以来，以习近平同志为核心的党中央亲自谋划、部署和推动国有企业改革，更加注重改革的顶层设计以及改革的系统性、整体性、协同性，搭建形成以《关于深化国有企业改革的指导意见》为统领，以数十个配套文件为支撑的"1+N"政策体系，支撑新时代国有企业改革发展的落地。国企改革三年行动作为深化改革的时间表和施工图，推动和促进了国企改革全面深化，更是取得了一系列历史性成就。中国特色现代企业制度更加成熟。"两个一以贯之"在实践中更加深化、实化、细化，改革方向更加明确。截至 2021 年年底，全国国资系统监管企业资产总额达到 259.3 万亿元，比 2012 年年底增长 2.6 倍，年均增长 15.4%。2012—2021 年，全国国资系统监管企业累计实现增加值 111.4 万亿元，年均增长 9%，超过 GDP 年均增速 2.3 个百分点。2022 年上半年，中央企业效益增长好于预期，实现净利润 10857.5 亿元，同比增长 6.1%，56 家中央企业净利润实现两位数增长；营业收入利润率为 7.4%，总体保持在较高水平；累计上缴税费 1.5 万亿元，同比增长 14.4%，其中 33 家企业上缴税费增速超过 20%。国企改革三年行动主体任务基本完成。国有企业改革向纵深推进，有力提升高质量发展新动能，企业活力效率切实增强。

以科技创新加快打造高质量发展新优势

勇当原创技术策源地、现代产业链链长是国有企业的重大任务。我国广大企业积极落实国家科技创新战略，践行系统布局、整体推进科技体制改革，科技资源统筹配置进一步加强，科研项目和经费管理不断优化，成果转化制度逐步健全，科技奖励制度持续完善，企业科技创新骨干人才的积极性、主动性、创造性得到进一步激发。2021 年年底，我国中央企业拥有研发人员 107 万人，比 2012 年年底增长 53%；拥有两院院士 241 名，约占全国院士总数的 1/7。我国国家创新能力综合排名稳步提升，由 2012 年的世界第 34 位上升至 2021 年的第 12 位。我国中央企业聚焦自主可控，大力开展关键核心技术攻关，有效填补多领域空白，集成电路、5G 通信、高速铁路、大飞机、发动机、工业母机、能源电力等领域的"卡脖子"问题得到不同程度的缓解。我国取得以载人航天、探月工程、深海探测、北斗导航、5G 应用、国产航母等为代表的一批具有世界先进水平的重大成果，建成了港珠澳

> 稳健经营

大桥、白鹤滩水电站、"深海一号"大气田、"华龙一号"核电机组、石岛湾高温气冷堆核电站示范工程等一批标志性重大工程。我国广大企业深入推进高水平科技自立自强,以打造原创技术策源地的责任感、使命感,牢牢掌握发展主动权,充分发挥企业创新主体和产业龙头优势,全面提高自主创新能力,培育发展新动力,为经济社会发展做出新的历史性贡献。

以战略性重组和专业化整合,聚焦主责主业,促进实体经济发展

我国国有企业以深化供给侧结构性改革为主线,着力攻克制约企业高质量发展的短板弱项,以前所未有的力度深入推进战略性重组和专业化整合,更好地适应高质量发展。党的十八大以来,以中央企业为例,有26组47家中央企业实施战略性重组和专业化整合,新组建、接收企业9家,中央企业数量从10年前的117家调整至98家。深入开展"瘦身健体",加快处置不具备优势的非主营业务和低效无效资产,全面完成"僵尸企业"处置和特困企业治理,建立压减长效机制,累计减少法人占总户数的38.3%,管理层级全部压缩至5级以内。我国国有企业聚焦战略安全、产业引领、国计民生、公共服务等功能,调整存量结构,优化增量投向,充分增强国有经济竞争力、创新力、控制力、影响力、抗风险能力,有力促进了企业轻装上阵,更加聚焦主责主业发展实体经济,进一步筑牢企业高质量发展根基。

以国有资本布局的不断优化,持续提升资源配置效率

国有资本布局优化和结构调整是国资国企改革的"重头戏"。党的十八大以来,国资委积极推进布局结构优化调整。可以看到,近年来,中央企业的数量一直在动态调整,这体现了国有资本整体功能、资源配置效率和发展质量效益进一步提高。我国中央企业在船舶、钢铁、能源、建筑、水运、装备制造等领域打造了一批具有较强竞争力的行业领军企业,稀土、物流、通信铁塔、油气管网、电气装备等领域资源整合取得重要成果。中央企业在关系国计民生的重要行业和关键领域的控制力影响力显著增强。国有控股

上市公司改革不断深化，在深入实施国企改革三年行动、依法依规规范运作、推动资本市场健康稳定发展等方面做出了表率。截至2021年年底，国有控股上市公司共1317家，总市值33.54万亿元，占境内及港股上市公司的28.26%。2020年以来，中央企业上市公司贡献了中央企业系统约65%的营业收入和约80%的利润总额。

"两类公司"（国有资本投资公司和国有资本运营公司）是完善国有资产管理体制的重要内容。近10年来，国资委先后改组组建了中国国新、中国诚通两家国有资本运营公司，以及国投公司、招商局集团等19家国有资本投资公司试点企业，通过授权放权，推动"两类公司"在公司治理、组织架构、运营模式、经营机制、党的建设等方面进行了积极探索。2022年6月，中国宝武、国投公司、招商局、华润集团和中国建材正式转为国有资本投资公司，是国有企业监管方式从"管企业"到"管资本"转型的重要节点，进一步促进了国有资本合理流动和保值增值及提升国有资本控制力、影响力目标的实现。

以更好地融入服务国家战略，持续提升企业履行社会责任的能力

我国国有企业在关系国计民生、国民经济命脉的重要行业和关键领域发挥着基础保障作用，坚持以人民为中心的发展思想，切实服务国家重大战略和经济社会发展，积极承担社会责任。"十三五"时期，国有企业累计上缴税费17.6万亿元，约占同期全国税收收入的1/4。目前，中央企业在涉及国家安全和国计民生领域的营业收入占比超过70%。面对新冠疫情的冲击与挑战，国资央企坚决落实"疫情要防住、经济要稳住、发展要安全"的总体要求，千方百计稳生产、稳经营、稳投资、稳市场，全力以赴抗击疫情，在应急保供、医疗支援、复工复产、稳定产业链供应链等方面发挥了重要作用，同时，持续做好常态化疫情防控工作，落实国家助企纾困政策，通过降电价、降气价、降资费、降路费、降房租，有力缓解产业链中小企业经营压力、积极应对重大灾害事故、全力保障重大活动，在促进中国经济高质量发展中发挥了顶梁柱作用；国有企业深入乡村振兴，探索企业与乡村振兴共赢

▶ 稳健经营

的新模式，结合自身优势与实际，以新技术、新模式、新方法满足我国美丽乡村建设的新需求，全方位助力乡村振兴，2016年以来累计投入和引进帮扶资金近千亿元，定点帮扶的248个国家扶贫工作重点县全部脱贫摘帽，1.2万个各类扶贫点全部脱贫出列；在服务京津冀协同发展、长江经济带发展、粤港澳大湾区建设、长三角一体化发展、黄河流域生态保护和高质量发展等区域重大战略过程中，扎实推进央地合作，党的十八大以来签约项目3849个，参与雄安新区项目超过900个，有力促进区域间融合互动、融通互补；绿色发展方面，国有企业更加积极践行ESG理念，有序推进碳达峰、碳中和重点工作，推进绿色低碳技术研发和推广应用，建设绿色制造和服务体系，加强节能减排，走出绿色低碳转型高质量发展之路。

以更高水平对外开放，在践行"一带一路"倡议中发挥引领作用

构建新发展格局，注重畅通国内国际双循环，着力推进更高水平对外开放。我国积极拓展海外业务的企业统筹利用国内国际两个市场、两种资源，积极参与国际竞争，立足国内国际双循环相互促进的新发展格局，形成国际

▲ 在进博会参观

合作和竞争新优势；重视区域全面经济伙伴关系协定、中欧投资协定等重大机制，充分巩固和拓展我国对外开放优势，在积极倡导和推动多边合作、区域合作中，以开放的主动赢得发展的主动和国际竞争的主动，为构建人类命运共同体贡献力量。

习近平总书记提出共建"一带一路"倡议以来，我国企业深入推进高质量共建"一带一路"。党的十八大以来，中央企业海外资产近 8 万亿元，分布在全球 180 多个国家和地区，项目超过 8000 个，基本覆盖"一带一路"主要国家，在基础设施建设、能源资源开发、国际产能合作等领域承担打造了一大批具有示范性和带动性的重大项目和标志性工程，同时充分发挥引领作用，带动产业链上下游企业共同走出去。从经济开放的角度看，国有企业有力促进了我国经济更好融入世界经济发展。

作为人民和社会共同财富的守护者，更好地推动共同富裕

党的十八大以来，国资国企坚决贯彻落实习近平总书记的重要指示精神，贯彻落实党中央、国务院决策部署，全面履行经济责任、政治责任、社会责任，在守护发展人民共同财富当中更好地推动共同富裕。我国企业在改革发展过程中，坚持解放和发展生产力，不断增加全体人民的共同财富。截至 2021 年年底，中央企业资产总额达 75.6 万亿元，比 2012 年年底增长 141.1%，连续跨越了 40 万亿元、50 万亿元、60 万亿元、70 万亿元四个大关。2012—2021 年，中央企业累计实现利润总额达 15.7 万亿元，年均增长 8%。中央企业的发展壮大，为国民经济持续稳定增长、不断把"蛋糕"做大做好，做出了重要贡献；同时逐步将自身打造为财富共享平台，以内部机制使企业效益和员工利益呈正相关关系，坚持按劳分配为主体、多种分配方式并存，健全市场化激励约束机制，尊重员工劳动成果，合理提高员工收入待遇。我国广大企业更加注重弘扬企业家精神，支持企业家专注创新发展，做好经营发展，更好保障民生、服务社会，推动发展成果更多地惠及人民群众，在共同富裕中展现更大作为，更好发挥作用。

企业强则国家强，企业兴则国家兴。我国经济已经从高速增长进入高质量

▶ 稳健经营

发展阶段，从重视企业发展的规模、速度进入重视质量、效益的阶段。我国已具备建设世界一流企业的条件，我国企业在高质量党建、国企改革纵深推进、高水平科技自立自强、聚焦主责主业、国有资本布局优化、服务国家战略、履行社会责任、更高水平对外开放、促进共同富裕中所做出的突出贡献，充分展现了我国广大企业，特别是国有企业向世界一流企业迈进的扎实步伐。2022年我国进入世界500强榜单的企业有145家，数量继续位居各国之首，其中包括国有企业99家，这充分体现出我国建设世界一流企业的积极成效。我们要看到取得的成绩，也要充分认识到自身在科技创新、产业结构转型升级、产业链供应链核心竞争力、品牌建设等方面存在的不足，加快解决制约世界一流企业创建的短板弱项。我国广大企业要准确把握加快建设世界一流企业的新部署新要求，坚持质量第一、效益优先，坚持壮大实体经济，坚持以改革创新为根本动力，坚持市场化法治化国际化方向。一方面要在规模效益上创建世界一流企业，另一方面要在细分行业、专精特新的领域创建世界一流。

新征程上，我国企业要更加紧密地团结在以习近平总书记为核心的党中央周围，以习近平新时代中国特色社会主义思想为指导，深入贯彻落实党中央、国务院决策部署，坚持党对国有企业的全面领导，坚持稳中求进工作总基调，统筹做好稳增长、促发展、抓改革、强创新、严监管、防风险等各项工作，坚定不移做强做优做大国有企业，加快建设世界一流企业，为全面建设社会主义现代化国家、实现第二个百年奋斗目标和中华民族伟大复兴的中国梦做出更大贡献。

02
中国式现代化与国企改革[①]

党的二十大擘画了全面建成社会主义现代化强国、要以中国式现代化全面推进中华民族伟大复兴的宏伟蓝图。

在中国式现代化的进程里，国有企业发挥了重要作用。习近平总书记强调国有企业是中国特色社会主义的重要物质基础和政治基础，是党执政兴国的重要支柱和依靠力量。习近平总书记还提出了"六个力量"的论述，"要使国有企业成为党和国家最可信赖的依靠力量，成为坚决贯彻执行党中央决策部署的重要力量，成为贯彻新发展理念、全面深化改革的重要力量，成为实施'走出去'战略、'一带一路'建设等重大战略的重要力量，成为壮大综合国力、促进经济社会发展、保障和改善民生的重要力量，成为我们党赢得具有许多新的历史特点的伟大斗争胜利的重要力量"。我们要充分认识到国有企业对于中国式现代化的重要意义。

有的媒体、学者在讨论关于国有企业、民营企业的问题时会讲到"国进民退"或"民进国退"。事实上我们既不能搞"国进民退"，也不能搞"民进国退"，而要"国民共进"，坚持"两个毫不动摇"，这是中国的基本经济制度所决定的。既要有国有企业，也要有民营企业，不能厚此薄彼，应该支持它们共同发展。

今天的国有企业经历了多年的市场化改革、上市改造，很多成为混合所

[①] 本文选自作者于 2023 年 4 月 28 日在清华大学 2023 年启航基层校友论坛上的演讲。

▶稳健经营

有制企业，我们怎么理解国有企业？我想从三个方面和大家分享。一是这么多年来国企的改革取得了什么样的成就；二是党的二十大以后国企改革的新征程；三是关于国有企业和民营企业之间的关系，这对大家理解中国的社会主义基本经济制度、理解中国式现代化、理解国有企业和民营企业，都是有意义的。

国企改革的成就

国有企业能不能和市场结合？这曾经是世界难题。西方也有国有企业，当年法国左派搞过国有化运动，后来右派说国有企业效率低，然后又搞私有化运动。

到底国有企业能不能和市场结合，怎么结合，它的体制、制度、机制应该是什么样子的？这在改革初期我们很多人并不明白，只知道要进行市场化改革，建设社会主义市场经济。

国有企业和计划经济接轨是天然的，但国有企业和市场经济到底怎么接轨？国有经济和民营经济该怎么融合？是泾渭分明、水火不容吗？是产生所有制竞争吗？这些问题是国有企业改革中需要面对的问题。

我们经历了40多年的改革，最开始是放权让利。因为当时是计划经济，国家统购统销，放权让利是给企业一部分销售权，可以按照市场价格销售，这样企业能有效益。

之后推行承包制，所有权和经营权分离，所有权是国家的，把经营权交给企业，这是当时做的一项很大的改革，是了不起的事情。

后来开始搞市场经济，提出现代企业制度，企业作为市场经济的主体。现代企业制度包括4句话16个字：产权清晰、权责明确、政企分开、管理科学，其中的核心是政企分开。

我那时候在北新建材做董事长，北新建材原来叫北京新型建筑材料总厂，后来改制成立了北新建材集团有限公司，我从厂长成为董事长，公司有了法人财产权。1994年《公司法》正式施行，依据《公司法》来治理公司，这其实是一个很大的变化。之后我们推动了公司上市，把企业的好资产剥离出来，包装起来到深交所、上交所上市，募集资金解决国有企业"钱从哪里来"的问题。因为面对改革，当时很多企业不能适应，难以生存。那时候北新建材所在的整个工业区里，大概只有北新建材等少数几家企业活了下来，北新建材通过成功上市，募集了8亿元资金，支撑企业活了下来。

后面做了什么？抓大放小，地方上有的国有企业进行改制。这是一场改革，其实也是民营企业发展的基础，不少民营企业是由国有企业转制而成的。再后来开始实施董事会改革、薪酬制度改革等，这么一路改革过来。但是，随着国际市场的变化，随着社会主义市场经济的发展，当时有的国有企业还不能完全适应市场要求。

党的十八大以后，国企改革进入新阶段，这一轮改革更加注重改革的系统性、整体性和协同性，不是"八仙过海""摸着石头过河"，而是加强顶层设计，同时发挥企业基层首创精神。党的十八届三中全会审议通过了《中共中央关于全面深化改革若干重大问题的决定》（以下简称《决定》），为贯彻落实《决定》精神，中共中央、国务院印发了《关于深化国有企业改革的指导意见》，强调了国有资产监管机构以管资本为主、推进混合所有制改革等重要改革内容。此后一系列配套文件陆续出台，构成了国企改革的主体框架和四梁八柱。

在"1+N"系列文件指导下，国资国企先后开展了"十项改革试点""国有资本投资、运营公司试点"等一系列改革试点，实施"双百行动""区域性综改试验""科改示范行动"等专项行动，充分发挥突破示范带动作用，国企改革取得了新的重大进展。

2022年，我国国有企业实现营业收入82.6万亿元，超过了GDP的一半，利润总额4.31万亿元，其中，中央企业实现营业收入39.4万亿元，同比增长9.1%。从这些数字看，这些年由于改革，国有企业的综合实力不断增强，为我国经济持续稳定增长做出了重要贡献。

国企改革三年行动的发布加快了"1+N"的工作步伐。三年来，各方面共同努力完成了国企改革三年行动的主要目标任务，取得了一系列重大成果，推动国资国企领域发生了全局性、根本性和转折性变化。

一是中国特色现代企业制度更加成熟定型。中国特色现代企业制度，

▶ 稳健经营

"特"就特在把党的领导融入公司治理各环节，把企业党组织内嵌到公司治理结构之中。2016年10月10日，在全国国有企业党的建设工作会议上，习近平总书记的重要讲话一锤定音，提出"两个一以贯之"，即"坚持党对国有企业的领导是重大政治原则，必须一以贯之；建立现代企业制度是国有企业改革的方向，也必须一以贯之"。

我们要全面落实"两个一以贯之"要求，推动国有企业加强党的领导与完善公司治理相统一。比如，坚持和完善"双向进入、交叉任职"领导体制，符合条件的党委（党组）班子成员可以通过法定程序进入董事会、监事会、经理层，董事会、监事会、经理层成员中符合条件的党员可以依照有关规定和程序进入党委（党组）。企业要厘清各治理主体边界，明确界定各治理主体的权责定位。党委（党组）把方向、管大局、保落实，董事会定战略、作决策、防风险，经理层谋经营、抓落实、强管理。

二是国有经济布局结构实现整体性优化。通过国企改革，现在是以企业为主体、市场为导向，有进有退、有所为有所不为，把国有资本放在国家真正需要的地方。推动国有资本向关系国家安全、国民经济命脉的重要行业和关键领域集中，向提供公共服务、应急能力建设和公益性等关系国计民生的重要行业和关键领域集中，向前瞻性战略性新兴产业集中。目前，中央企业涉及国家安全、国民经济命脉和国计民生领域的营业收入占其总营业收入的比重超过70%。

三是国有企业科技创新体制机制不断完善。国有企业特别是中央企业是重大创新的承担者和引领者，要打造原创技术"策源地"和现代产业链"链长"，要在应对"卡脖子"问题上一马当先。这些年，中央企业加大在科技创新方面的投入，尤其是对战略性新兴产业的投资力度持续加大。2022年，中央企业研发投入经费超1万亿元，工业企业研发投入强度超3%，重点企业研发投入强度超5.6%。

四是市场化经营机制取得大范围、深层次突破。国企改革有"三件法宝"，一是党的领导，二是企业家精神，三是经营机制，缺一不可。过去有的国有企业做得不好，缺少机制是一个重要原因，干多干少一个样，干和不干一个样，所以员工做事的积极性不高。这几年，通过推进三项制度改革、市场化用工机制，开展科技分红、员工持股、限制性股票计划、跟投等中长期激励等，大大激发了企业活力和创新动力。

▲ 郑煤机通过系列改革创新，走出了特色发展之路

国有企业改革新征程

党的二十大强调，深化国资国企改革，加快国有经济布局优化和结构调整，推动国有资本和国有企业做强做优做大，提升企业核心竞争力；完善中国特色现代企业制度，弘扬企业家精神，加快建设世界一流企业。习近平总书记在《求是》发表的署名文章《当前经济工作的几个重大问题》中，对国有企业下一步改革也有非常清晰的阐述，强调"国企改革三年行动已见成效，要根据形势变化，以提高核心竞争力和增强核心功能为重点，谋划新一轮深化国有企业改革行动方案"。

我理解，下一步国企改革的工作可关注以下几点。

一是提高核心竞争力和增强核心功能。核心竞争力指一家企业在市场中确实比其他企业具有竞争优势，它并不是只靠某项单一的专长而获得，而

> 稳健经营

是靠企业的综合能力来支持。国资委提出提高企业核心竞争力就要聚焦加快解决科技、效率、人才、品牌等方面的突出问题，加强深化改革，加大创新力度，加快补短锻长，结合企业特点塑造独特竞争优势。增强核心功能则要聚焦发展实体经济，把主业的饭碗端牢，以市场化方式推进战略性重组，加快企业间同质业务整合，分步骤、有计划地加快调整优化国有经济布局结构，聚焦国计民生重点领域提升国有经济比重，在战略性新兴领域加快构建新的增长引擎，深化产业链生态圈战略合作，更好发挥国有经济整体功能作用。

二是健全以管资本为主的国资管理体制。现在的体制是国资委以管资本为主。国资委下面有三类公司：投资公司、运营公司和产业集团。它们是国资委管的一级公司，国资委主要管股权。再下面是作为竞争主体、经营主体的平台企业，开展市场化运营，如果在充分竞争领域就可以推进混合所有制。

这三类公司的设计非常巧妙，解决了国有经济和市场怎么融合的问题，通过这三级结构——第一级管资本，第二级管股权，第三级管市场竞争。比如中国建材集团就属于第二级，中国建材集团旗下的企业是第三级，在市场上参与竞争。

三是以市场化方式推进国有企业整合重组。这几年国有企业大规模推进战略性重组和专业化整合，过去10年间，中央企业从117家调整到了98家。过去3年，有4组7家中央企业、116组347家省属国有企业以市场化的方式实施了战略性重组。像宝钢重组了武钢、马钢、太钢、重钢、昆钢等一些钢铁公司，实现"亿吨宝武"的历史性跨越，并带动我国钢铁产业集中度提升，形成了从联合到整合再到融合的一套成熟做法。

宝武领导曾经讲过一段话：没有联合重组，就形成不了建设世界一流企业所需要的经营规模和竞争优势；没有重组后的整合融合，就不可能全面提升管理效率、经营效益和企业的市场影响力、控制力。

四是完善中国特色国有企业现代公司治理。现在全国各层级3.8万户国有企业实现董事会应建尽建，实现外部董事占多数的比例达99.9%。下一步还要继续强化董事会建设，继续完善国有企业的现代公司治理。

▲ 中国宝武宝钢股份湛江钢铁，致力于打造世界最高效率的绿色碳钢制造基地

五是真正按市场化机制运营。从外部来讲，国有企业按照市场化机制和民营企业公平竞争。从内部来讲，是把经营机制引进来，解决活力问题。企业一定要有机制，没有机制不行。

我当年在北新建材当厂长，企业处于非常困难的局面，员工也失去了工作的积极性。我问这些员工："你们怎么不好好干？"他们说："宋厂长，我们好几年没涨过工资，没分过房子了。"我说："你们好好干，涨点工资算什么呢？"后来我就在办公楼上挂了两个气球，一个写着"工资年年涨"，另一个写着"房子年年盖"。我当厂长 10 年，不断激发大家干事的积极性，每年都盖房子，每年都涨工资，这家企业一直做得很好。

当时北新建材最大的一个设备是从德国引进的，设计能力是年产 2000 万平方米，我当厂长之前每年实际产量连一半都没有，因为员工没有积极性和责任心。有一天我在办公室，员工们把我叫去点火，说这个炉子一天到晚灭，新厂长点火说不定就不灭了。我拿着火把扔到炉子里去，然后说了一句话："其实我最想点燃的是你们心中的火。"如果员工心中的火不会灭，这么大的炉子怎么能灭？

> 稳健经营

我当厂长后的一年，这个炉子就没有灭过，员工们说宋厂长真神，我说："不是我神，是你们有了责任感。"我当厂长第二年，产量超过2000万平方米。我经常回想往事，我当厂长前这个工厂每况愈下，我为什么能把这个工厂搞好？后来想明白了，因为我懂得人心。

企业管理归根结底就是调动员工的积极性，点燃员工心中的火。心中有火，事就好办；心中没火，说破天也不行。

六是加快建设世界一流企业。关于世界一流企业，中央提了4句话16个字：产品卓越、品牌卓著、创新领先、治理现代。怎么做到这些？国资委召开的国有企业创建世界一流示范企业推进会上指出重点在5种能力上狠下功夫，即科技创新能力、价值创造能力、公司治理能力、资源整合能力、品牌引领能力。

两个毫不动摇和国民共进

我国的基本经济制度是以公有制为主体，多种所有制经济共同发展，"两个毫不动摇"为我们坚持国有经济为主导、支持和发展民营经济提供了根本遵循，我们要国民共进，共同发展。

2014年我写了一本书《国民共进》，厉以宁教授作了序。他在序言中对中国的企业形态进行了这样的阐述："在一定时间内，国有企业、混合所有制企业、民营企业将会三足鼎立，支撑着中国经济。但各自占国内生产总值的比例将会有所增减，这是正常的。"

国有企业和民营企业在市场上需要公平竞争，不能有所有制的歧视。国有企业和民营企业在产业链上互相补充，协同共生，每一个"链长"中央企业的背后，都有成千上万民营企业的共同参与，所谓"大河有水小河满，大河无水小河干"。这几年我看各个城市凡是国有企业和民营企业做得都好的，城市发展得都非常好。

国有企业和民营企业在充分竞争领域可以推行混合所有制，国有企业的实力加上民营企业的活力等于企业的竞争力。中国建材2006年开始进行大规模混改，混改了上千家水泥企业，国药集团混改了600多家医药企业。混改不是国有企业吃掉民营企业，而是国有企业和民营企业一起改革，使市场更健康、更稳定，最终国有企业和民营企业实现双赢和多赢，这就是国民共进。

2019亚布力中国企业家论坛第十五届夏季高峰会在天津开幕，参会的有两千多名民营企业家，我在主题演讲中呼吁："国企民企一家亲，试看天下谁能敌？"国有企业和民营企业要团结起来，比如很多中央企业和地方国有企业对受新冠疫情严重冲击的服务业小微企业和个体工商户积极减免国有房屋租金，取得良好成效。国有企业有经济责任，也有社会责任、政治责任。今天我们在支持民营企业的时候，对国有企业也要公平公正。我们不能断章取义，诱发国有企业和民营企业的矛盾，不能去分化国有企业和民营企业，而应该积极正面地鼓励它们融合、合作，互利共赢。

03
国企改革与资本市场双向赋能相互成就[①]

党的十八大以来，总书记就国企改革和资本市场发表了一系列重要论述。国有企业是中国特色社会主义的重要物质基础和政治基础，是党执政兴国的重要支柱和依靠力量，必须做强做优做大。资本市场在金融运行中具有牵一发而动全身的作用，要通过深化改革，打造一个规范、透明、开放、有活力、有韧性的资本市场，提高上市公司质量。

当前国有企业和资本市场都进入了追求更高质量发展的新阶段，将国有企业和资本市场高质量发展相统一，实现两者双向赋能的共建格局，对于国有企业和资本市场都具有重要意义。

资本市场支持了国有企业的改革发展

◆ 资本市场支持了国有企业的发展

回顾我过去40年来参与国企改革的经历，印象最深刻的是北新建材在深交所上市。改革初期，当时企业最难受的是缺少资金。1990—1991年，沪深两交易所分别开始营业。1993年我在北新建材做厂长，1994年即推动公司上市，募集资金2.6亿元。今天看，这笔资金不多，但当时确实解决了北新建材发展最难的资金问题，后来通过增发在资本市场募集8亿元，推动北

[①] 本文原载于《国资报告》2022年第8期，有改动。

新建材一路发展起来。

2002年，我到中国建材工作，当时公司非常困难。2006年，我推动中国建材股份在香港H股上市，募集20多亿港元，后来增发到70多亿港元，这些资金推动了中国建材在水泥行业的重组。2009年6月，我到国药集团工作，同年9月推动国药控股在香港H股上市，募集60亿港元，推动国药在医药分销领域的重组。由此我们可以看出，资本市场支持了国企改革，如果没有资本市场的支持，北新建材、中国建材和国药集团可能不会是现在的样子。

◆ **资本市场促进了国有企业的改革**

20世纪90年代，国有企业为了获得资金支持，尝试进入资本市场，部分全资、独资的国有企业向股权多元化的上市公司转变。1994年中央提出开展现代企业制度试点，目标是"产权清晰、权责明确、政企分开、管理科学"。过去由于一些国有企业存在认识和理念上的局限性，真正做到政企分开比较难，上市以后就相对容易实现了。《上市公司治理准则》规定控股股东、实际控制人与上市公司应实行"三分开、两独立"。上市公司成为独立的市场主体，进入一个新的参照系。恰恰是这样的参照系，使得国有企业发生了深刻的变化，引入了市场机制和规范治理，现代企业制度真正落地。今天我国的国有企业不是西方想象中的国有企业，也不是计划经济时代的国有企业，大多是经过市场化改革的国有企业，是经过上市化改造的国有企业，是推行混合所有制后的国有企业。

混合所有制经济是我国基本经济制度的重要实现形式。国有经济在充分竞争的市场经济中，如何更好地参与市场竞争受到关注。在混合所有制经济里，国有资本以股权的形式、企业以有限公司的形式公平参与市场竞争。国有企业上市后，接受公众股东的市场监督，提高了企业的活力和竞争力。

上市公司已成为混合所有制改革的主要载体。《国务院关于进一步提高上市公司质量的意见》中提出，支持国有企业依托资本市场开展混合所有制改革，鼓励和支持混合所有制改革试点企业上市。2013年以来，国有企业改制重组引入各类社会资本超过2.5万亿元，一大批企业以混促改，完善公司

> 稳健经营

治理，提高规范运作水平，深度转换机制，活力和效率显著提高。国企改革三年行动支持国有企业集团公司对国有股权比例低于 50% 且其他所有制股东能够有效参与公司治理的国有相对控股混合所有制企业，实施更加市场化的差异化管控。这些具体措施进一步加大了国有控股上市公司市场化改革的力度。

国有控股上市公司是推动资本市场健康发展的重要力量

上市公司是资本市场的基石，而国有控股上市公司作为上市公司的排头兵，覆盖国民经济 18 个门类行业、72 个大类行业，从高端装备制造到涉及国计民生的基础性、资源性行业，都发挥着支柱作用，为我国经济的发展做出了重大贡献。

截至 2022 年 6 月 30 日，境内国有控股上市公司总数为 1315 家，占境内上市公司总数的 27.22%。从市值来看，国有控股上市公司总市值 37.9 万亿元。市值前 100 的上市公司中，国有控股上市公司有 51 家。从业绩来看，根据 2021 年年报数据，国有控股上市公司实现营业总收入 44.1 万亿元，占同期全国规模以上工业企业营收的 34.5%；实现利润总额 4.98 万亿元，占同期全国规模以上工业企业利润总额的 57.2%。从分红来看，2021 年国有控股上市公司累计现金分红预案总额近 1 万亿元，占全部上市公司分红预案总额的近 2/3。国有控股上市公司连续多年成为境内资本市场现金分红的主力，用实际行动回报投资者。虽然国有控股上市公司数量不及上市公司总量的一半，但从总市值、总利润、分红的贡献看，国有控股上市公司对上市公司整体质量的影响都是重要和深远的，是中国资本市场高质量发展的"压舱石"和"稳定器"。

国资委召开的提高央企控股上市公司质量工作推进会上指出，提高央企控股上市公司质量是国有企业高质量发展的内在需要，是深化国企改革的重要抓手，也是助力资本市场稳定健康发展的坚实保障。

深化国有控股上市公司改革

近年来，国有控股上市公司改革发展取得了显著成绩，发挥了重要引领示范作用。党的领导全面加强，股权结构不断优化，资产质量持续提升，价值创造能力和合规经营水平不断提高。国企改革三年行动对深化国有控股上市公司改革、提高公司规范运作水平提出了明确要求。深化国有控股上市公司改革对国有企业和资本市场的健康发展都具有重要的现实意义，具体可从以下几方面入手。

◆ 做强做精主责主业

我们注意到个别上市公司违背经济规律，盲目铺摊子、乱投资，业务多而不精，规模大而不强，有的更因过度多元化、金融化导致主业空心化、脱实向虚，面临较大风险，给股东利益和市场稳定性带来不利影响。长期以来，国资委对于国有企业主责主业进行了严格要求，一些业务过于综合的国有控股上市公司要进一步进行突出主业的战略调整。

聚焦主责主业，增强核心竞争力。企业的人力、财力、精力等各项能力都是有限的，多数企业的成功是依托专业化经营。如果画一个十字，从横向来讲，企业的业务不能太多，要聚焦主业；从纵向来讲，产业链不宜过长，要深耕主业。面对内外部环境的不确定性，国有控股上市公司经营要更加稳健，围绕核心业务、核心专长、核心市场、核心客户，增强核心竞争力，打造行业龙头。

学会细分市场，做各自赛道的冠军。没有落后的行业，只有落后的技术和落后的企业。在经济下行的情况下，在竞争激烈的过剩行业里，企业可通过市场细分创造新的竞争优势，成为细分领域的头部企业。

加大整合力度，优化上市平台布局。国有企业可将现有未上市的优质资产有计划地注入上市公司，同时通过资产重组、股权置换等多种方式，加大专业化整合力度，剥离非主业、非优势业务，解决同业竞争，形成做强做优一批、调整盘活一批、培育储备一批的梯次发展格局。

▶ 稳健经营

◆ 提高公司治理水平

近些年，国有控股上市公司治理水平取得长足进步，但仍需要进一步巩固提高，要按照证监会的要求，以国有控股上市公司为突破口，带动公司治理水平整体提升。这当中，除了依靠监管机构和相关部门的外部推动，更需要上市公司自身的努力。

维护上市公司独立性，调整优化股权结构。公司拥有独立的法人财产权，股东的责权利是有限的。良好的股本结构既不能一股独大，也不能股权过于分散。国企改革三年行动支持和鼓励国有股东持股比例高于 50% 的国有控股上市公司，引入持股 5% 及以上的战略投资者作为积极股东。国有控股上市公司要特别强调独立性，股权结构不断优化，大股东尽职尽责，不得损害公司利益。

健全公司治理机制，做好党委会和"三会一层"有效衔接。国有控股上市公司要全面贯彻"两个一以贯之"，充分发挥党委把方向、管大局、保落实重要作用，把加强党的领导和完善公司治理统一起来，明确党委会、股东会、董事会、监事会、经理层行权规则。全方位加强独立董事队伍建设，切实提高独立董事履职能力，充分发挥其专业性。

完善 ESG 工作机制，提升 ESG 绩效。国资委发布的《提高央企控股上市公司质量工作方案》提出，推动更多央企控股上市公司披露 ESG 专项报告。国有控股上市公司一方面要重视 ESG 的信息披露工作，树立主动披露意识；另一方面要推动 ESG 与企业经营深度融合，建立健全 ESG 内部制度体系和管理架构，持续加强 ESG 能力建设。

◆ 提升创新发展能力

多层次资本市场为大量科技企业提供了宝贵的创业资金，成为支持我国科技创新的重要平台。国有控股上市公司要充分利用好资本市场的各类工具，发挥领头羊作用，打通科技成果向生产力转化的"最后一公里"，推动科技、资本和产业高水平循环。

进行有效的、有目的的和有质量的创新。创新往往伴随着风险，优秀的企业会尽量平抑减少风险。企业是一个营利组织，受到一定的商业约束，在创新过程中要坚持市场规律，坚持效益导向，深入研究思考，提高创新的质量和效果。

加大创新投入，强化实验室建设。我国企业从模仿创新进入自主创新和集成创新阶段，不少技术和产品由"跟跑"变为"并跑"，甚至是"领跑"，但仍需在产业链供应链的"卡脉子"环节取得突破。国有控股上市公司要加大研发投入，加强基础研究，建造实验室和研究中心，进行关键核心技术攻关，打造原创技术"策源地"和现代产业链"链长"。

改革激励机制，培育一流创新人才队伍。今天的新经济和高科技时代，企业要发展不能只看到土地、厂房、设备、产品、现金，最重要的是看到活生生的人。要调动人力资本的积极性和创造性，关键在于健全激励机制，通过设立科技型企业股权分红、员工持股、上市公司股权激励、超额利润分享、骨干跟投等中长期激励计划，吸引和留住人才，打造高素质、专业化的优秀人才队伍。

◆ 增强风险防控能力

近年来，个别上市公司及大股东通过表内外、场内外、本外币等方式盲目融资加大杠杆，步入困局，教训深刻。国有控股上市公司要强化风险意识，提升应对危机的能力。

充分认识风险客观性，防范化解重大风险。企业无论大小，在经营过程中必然会遇到各种风险，有效的风险管控体系能帮助企业积极化解风险，将损失降到最低。国有控股上市公司要构建风险管控机制，研究风险、识别风险、防范风险、抵御风险，建好风险防火墙，实现风险可控可承担。

坚持依法合规经营，提高信息披露质量。国有控股上市公司要强化合规管理和内部监督，持续提升诚信经营的能力和水平，严禁财务造假、违规运作和内幕交易，做到依法依规履行信息披露义务，以投资者需求为导向，优化披露内容，真实、准确、完整、及时、公平披露信息。

合理利用财务杠杆，确保现金流稳定。企业稳健的基础是财务稳健，而财务稳健的核心是现金流充沛。企业要量入为出，归集资金使用，压缩企业

> 稳健经营

的"两金",即企业库存资金和应收账款,重视企业经营活动现金流,追求有利润的收入、有现金流的利润。

◆ 促进市场价值实现

上市公司不能只重视产品的客户,也要与投资的客户交流,研究资本市场和公司发展的内在规律,以提高上市公司质量为抓手,为投资者创造价值。

深化提质增效,夯实价值创造基础。国有控股上市公司要苦练改革"内功",在高标准完成三年行动各项任务中促进价值创造,对标同行业一流企业,实现稳产增收、降本节支、管理提升,不断提高盈利能力和经营效率。探索将价值实现因素纳入绩效评价体系,依法合规、科学合理推动市场价值实现。

做好业绩说明会,强化投资者关系管理。国有控股上市公司要通过召开高质量的业绩说明会、路演、反路演等多种途径,积极倾听投资者声音;通过股份回购等方式,提升投资者对公司发展的信心。

树立回报股东的理念,共享企业发展成果。国有控股上市公司要坚持长期稳定的分红,给予投资者合理的回报,为投资者提供分享企业收益的机会,尤其要让中小股东有获得感,做一个让投资者信任、让社会认可和尊重的上市公司。

中流击水当奋楫,国企改革三年行动已经进入全面收官的关键阶段。截至2022年6月,中央企业和地方省级层面的改革任务举措完成率均超过95%,三年行动的主体任务基本完成,国企改革的许多领域都取得了决定性的成果。下一步,我们要把深化国有控股上市公司改革作为重要抓手,助力推动上市公司争做深入实施国企改革三年行动、依法依规规范运作和推动资本市场健康稳定发展的表率,利用资本市场汇集支持国有企业深化改革的资金,以国有企业深入改革的红利回报广大投资者,为我国经济和社会发展打下更加坚实的基础。

04
共同富裕和国企改革[①]

党的十八届五中全会提出了"创新、协调、绿色、开放、共享"的发展理念。总书记指出:"共享理念实质就是坚持以人民为中心的发展思想,体现的是逐步实现共同富裕的要求。"实现共同富裕要在分配上下功夫,扩大中等收入群体比重,增加低收入群体收入,合理调节高收入,形成中间大、两头小的橄榄型收入分配结构。

共同富裕使国企改革有了新的内涵

企业是社会主义市场经济的主体,是创造财富之源。近年来,我国国有企业不断深化改革,在逐步实现高质量发展的过程中创造了大量的财富。现在来看,共同富裕使国企改革有了新的内涵,那就是由激励机制上升为共享机制。我们要让企业成为共享的平台,成为共同富裕的理想基石。国有企业着力推进中长期激励机制的改革,通过科技型企业股权分红、员工持股、上市公司股权激励、超额利润分享、骨干跟投等,让人力资本与金融资本分配共享,让员工不仅获得工资和奖金,还能享受企业创造的财富,增强员工对企业的归属感,提升向心力和凝聚力。通过企业共享机制,进

[①] 2022年1月28日,由中国企业改革与发展研究会、清华大学中国现代国有企业研究院主办,深圳国资国企改革创新研究院、吉林大学中国国有经济研究中心协办的"2021国企改革十件大事"发布会在京召开。本文选自作者在会上所作的主旨演讲。

> 稳健经营

一步打造橄榄型收入分配结构，使中产阶层占整个社会的大多数，这样的社会构成能使整个社会处于比较稳定的结构，更有利于我国经济实现稳健发展。

▲"2021 国企改革十件大事发布会"回顾过往，盘点成绩，展望未来

企业开展共享机制的最佳实践

　　海康威视是在机制改革方面做得比较好的中央企业代表。2021 年，公司前三季度营业收入 556 亿元，归属股东净利润 110 亿元，同比增长 30% 以上。海康威视成立初期引入员工持股，上市之后实施了五期限制性股票计划，同时针对新业务探索了跟投与股票增值权相结合的新模式，充分利用市场机制。海康威视一直做得非常好，是中央企业开展共享机制实践的一个榜样。

　　中国建材旗下的合肥水泥研究设计院有限公司（以下简称合肥院）2000 年进行了股份制改造，2003 年进一步规范化，2010 年对 6 家分公司进行了业务整合和重组改制。这 6 家公司的股权结构是 7:3，合肥院持约 70% 的股份，技术和业务骨干持 30% 左右的股份。合肥院是国资委的双百试点单位，2021 年实现利润 5 亿多元，发展得非常好。

地方国有企业机制改革做得好的代表是烟台万华，这家公司是员工持股的国有上市公司，烟台国资委持 21.6% 的股份，员工持 20% 的股份，另外还有科技分红等激励计划。2021 年前三季度公司营业收入 1073 亿元、利润 192 亿元，实现了快速发展。

我们从以上三个案例可以看出，共享机制不是让干部员工把所有者的财富分走了，而是通过共享机制，让企业发展得更好更快、竞争力更强。好企业大多是有共享机制的。我们可以总结这些最佳实践案例，让不同类型的企业在实践中能够参考运用。

建设共享企业让社会更美好

我读过两本书。一本是世界经济论坛创始人施瓦布写的《利益相关者》，从中国的语境来说，利益相关者讲的就是共享。施瓦布先生认为，当代有两种资本主义，一种是美国和其他许多西方国家占主导地位的股东至上的资本主义；另一种是国家资本主义，像新加坡、越南等是国家资本主义。他认为这两种资本主义都突出效率，但同时都带来了贫富两极分化和环境恶化的问题，所以提出一种新的制度——利益相关者资本主义。在这个制度下，人类和地球为自然利益相关者，政府、公民社会、企业和国际社会为关键利益相关者。今天的世界正在面临分裂的问题，国与国之间，或者是国家内部的贫富差距也引起了分裂。他认为针对这些分裂，可能要从中国儒家文化的和谐精神中找到解决方案。总书记提出"构建人类命运共同体"，提出新发展理念，包括共同富裕等，也是想解决这样的问题。

还有一本是《共赢——觉醒商业的实践》。书中提出"觉醒商业""觉醒企业""觉醒企业家"。"觉醒企业"有三重底线，第一重底线是环境保护，第二重底线是社会责任，第三重底线是利益相关者利益。企业不再是简单的股东至上、为股东争取利益，而是要处理好企业客户、供应商、银行、社

> 稳健经营

区、投资者、员工、环境等利益相关者的利益。20世纪70年代，诺贝尔经济学奖得主弗里德曼最早提出"企业以股东为中心"的原则，他认为企业唯一的社会责任就是增加利润。从那时到21世纪初，美国商业组织"商业圆桌会议"每年开一次会，多家企业CEO参会，他们提出企业唯一的目的是股东利益最大化，即股东至上主义。2019年，"商业圆桌会议"修订了这条原则，认为企业的目的是让社会更美好。也就是说，不只是强调股东的利益，也要强调员工的利益，要关心利益相关者的利益。从全球来讲，这是一个很大的变化。

作为企业来讲，我们要为股东创造效益，但这不是唯一的目的。尤其在高科技、新经济时代，人力资本也是企业重要的资本，有时甚至比金融资本更重要。国有企业在改革过程中，如果不重视人力资本，就会发生人才流失等情况。国有企业要想成为原创技术策源地，发挥创新引领作用，就得有大量优秀的人才。人才是企业发展的核心，应该平衡好人力资本与金融资本这两个方面。企业的目的是创造一个更美好的社会，让员工真正成为主人翁，国有企业才可能成为实现共同富裕理想的基石。

05
共同富裕下的共享企业建设[①]

共同富裕是社会主义的本质要求，也是人类的共同理想。改革开放以后，我国经过了"让一部分人先富起来"的阶段，形成了今天的经济实力。党的十八大以后，我们加快推进扶贫事业，全面建成了小康社会。现在我们进入一个新的阶段，在这个新的阶段里，我们把共同富裕的实质性进展作为其中的重要内容。

共同富裕的核心是共享

共同富裕的核心为什么是共享呢？因为只有共享的理念，才能够有助于我们实现共同富裕。过去发展是靠金融资本，现在是靠"人力资本＋金融资本"，这两种资本都非常重要。过去我们将人力资本称为"劳动者"，现在叫"知识工作者"，人力资本成了社会中非常重要的资本。所以我们不光要让金融资本参与分配，也要让人力资本参与分配。

从共同富裕的一个现实要求——打造橄榄型的收入分配结构来看，我们也需要让人力资本参与财富分配。所谓橄榄型，就是中间粗两边细，扩大中等收入群体比重。这些年，从全球来看，财富的两极分化比较严重。瑞士信贷发布的《2021年全球财富报告》中指出，到2020年年底，全球最富有的10%的人群拥有全球82%的财富，其中最富有的1%的人群拥有45%的财

[①] 2021年11月20日，作者受邀参加第五届《清华管理评论》管理创新高峰论坛暨《清华管理评论》创刊10周年庆典，并作主题演讲。本文为演讲节选。

▶稳健经营

富,而处于全球财富底层的 50% 的人群拥有的财富占比不足 1%。这就是今天我们面临的问题。处于全球财富金字塔顶尖的这 1% 的人群,他们的财富主要是怎么创造的?主要是以资本来创造的。而处于全球财富底层的这 50% 的低收入人群,他们基本上没有资本收入,这就是现状。所以,今天如果要创造一个共享社会的话,很重要的就是要把人力资本放进来参与分配,否则并不容易做到。

▲ 在第五届《清华管理评论》管理创新高峰论坛上探讨共享企业建设

共享企业是实现共同富裕的基石

在整个财富创造过程中,企业发挥着重要作用。2020 年我国企业的收入占全社会 GDP 的比重超过 90%,企业研发费用占全社会总研发费用的比重超过 75%。要想做大蛋糕,首先企业要快速发展。在这个过程中,企业的积极性应该怎么来激发?这是关键的问题。

企业的目的到底是什么?这么多年来,围绕着企业的目的,我们有过很多讨论,结论也一直在变化。美国有一个大企业组成的"商业圆桌会议",在 20 世纪 70 年代成立,20 世纪 90 年代提出企业的目的是要让股东利益最大化，并不断重申这一原则。这对全球的企业影响很大，对我们中国企业的影响也很大。

但到2019年，"商业圆桌会议"修改了这一原则，他们认为企业的目的应该是让社会更美好，企业要注重利益相关者的利益，就是包括企业所有者、员工、客户、供应商、银行、社区等在内的利益相关者的利益。而其中员工的利益是非常重要的。也就是说，我们办好企业的目的发生了重大的改变。做企业不仅要照顾股东的利益，也要照顾到管理者、技术人员和员工的利益。

西方人现在讲得比较多的是"觉醒商业""觉醒企业""觉醒企业家"。为什么叫"觉醒"呢？就是说不能只想到股东利益，而要想到利益相关者的利益。"觉醒企业"在我们中国当前的语境下，可以称共享企业，就是让所有者、员工及其他利益相关者都能够共享企业的财富。

我认为共同富裕的核心是共享，在中国社会里，其实共享可以通过企业这个平台去落实。企业要建设成什么样的企业？要建设成共享企业，这是一个大的逻辑。

共享机制是共享企业的活力

共享企业怎么共享呢？共同富裕提出之后，社会上也有一些误解，比如，是不是要"杀富济贫"，是不是要搞新的公私合营，是不是又回到"大锅饭"的年代？过去我们计划经济搞"大锅饭"、平均主义，使得社会没有活力，干多干少一个样，干和不干一个样。今天我们讲的共享，有没有一个办法，既能解决平均主义这种养懒人的制度问题，又能让劳动者分到该分的利益，让社会更加公平，打造企业里的橄榄型收入分配结构，在初次分配时就能够实现共同富裕的目标？有没有这样一个办法，既能够照顾到效率，又能够照顾到公平？我觉得是有的，这就是机制，就是企业的内部机制。

内部机制是什么？内部机制就是企业的效益和员工的利益之间的正相关关系。企业的效益好，员工们的利益就多；企业的效益差，员工们的利益

> 稳健经营

就少。

其实说到机制,这并不是一个新的名词。早在清朝的时候,晋商就有很好的机制。比如山西平遥票号,它设立了银股和身股,银股就是金融资本,是东家;身股就是人力资本,是掌柜、账房先生和伙计们。年底分红的时候,银股分50%;身股里,掌柜和账房先生相当于管理骨干和技术人员,分25%,伙计们就是广大员工分25%。依靠这样的分配机制,形成了一些很强大的晋商,发展非常之好。

改革开放以后,国有企业的改革始终围绕着如何能够有一个让员工有积极性、创造性的机制而展开。最初的放权让利也好,承包制也好,其实根本的想法都是打破"大锅饭",解决干多干少一个样、干和不干一个样的问题,激发干部、员工的积极性。以前的"劳动、分配、人事"三项制度改革,也是围绕着这个核心而进行的。当然今天看,我们还在做,说明这不容易实现。但是除了三项制度改革,今天最重要的是建立中长期的激励机制,就是企业要有中长期的激励计划,激发员工积极性和企业活力,比如科技型企业股权分红、员工持股、上市公司股权激励、超额利润分享、骨干跟投等。这些是现在我们在国企改革三年行动里,围绕着把市场机制引入到企业中所进行的工作,取得了很好的效果。

在企业的机制改革方面,我想给大家举几个例子。

华为是大家都熟知的企业。华为发展很快,自主创新也做得很好。这个企业究竟是怎么发展起来的呢?基于两点,一是企业家精神,有任正非这样的一个带头人。二是华为经常讲的"财散人聚"的机制,华为全员持股,任正非只持不到1%的股。2018年我曾经与任正非深谈过一次,谈到华为的机制问题。他常讲,分好钱就能够挣更多的钱。华为这家企业发展得很好,机制起了很大的作用。

地方国有企业里也有很好的例子,比如烟台万华。2018年6月,习近平总书记专门视察了万华,讲了一段话,高屋建瓴,非常精辟,总书记说:"谁说国企搞不好?要搞好就一定要改革,抱残守缺不行,改革能成功,就能变成现代企业。"万华这家企业,2021年上半年做到了135亿元的净利润,估算下来,全年有800多亿元的收入,号称"中国的巴斯夫"。它如何从一家小的人造革企业发展成为"中国的巴斯夫"呢？我问过万华的董事长廖增太。他说，其实就是因为机制。万华有两个机制，一个是科技分红，技术人员创造了财富，可以获得其中的15%作为奖励，而且一分就是5年，这是很有力度的。另一个是员工持股，员工持股20%。所以，万华的技术创新做得非常好。很多化工产业的新产品，万华都能够做得出来，而且产品附加值也比较高。

▲ 万华化学（烟台）产业园

中央企业中做得好的代表是海康威视。它过去是一个研究所，18年前搬到了杭州，杭州市场经济比较发达，那个时候就推行了15%的员工持股。后来公司上了市，上市之后又做了四期的限制性股票计划，分给骨干和员工，同时在创新业务里推行了跟投。现在，海康威视每年有100多亿元的利润，市值也有3000亿元左右。

举这些例子想说明什么呢？实际上我们在做企业的过程中，如果有一个正确合理的机制，企业能快速发展，金融资本的所有者可以获得很好的回报，同时，公司的管理层、骨干和员工，大家也能够分享企业的财富。像这样的一种机制，就可以打造共享企业。

有时候，所有者可能会有一种误会：如果将企业利益分享给员工，会不会把自己的钱分给他们呢？其实不然，因为共享企业有好的社会环境，获得社会支持，有很好的员工的积极性，那么企业的创新能力、竞争力和效益就会更好。我们发现，在中国的好企业中绝大多数都是机制好的企业。

长期来看，企业要做好，靠的是"精神+机制"，企业里边既得有精神文化，又得有机制、有物质激励，这是根上的事。员工到企业来工作，是有一定物质需求的。我们到底怎么"分饼"，怎么把"饼"做大？"分饼"是一个机制问题，有一个好的机制，"饼"就会做大，做大"饼"之后，每一个"分饼"的，包括所有者、员工，分得的份额又会更大，这就是底层逻辑。

以上是我关于共享企业的一些基本想法。希望我们的企业家能够有情怀，在这个时刻要处理好多赢和共赢的问题，不光是考虑到自己，也要考虑到社会，考虑到广大员工。其实，共享对每一个企业家、每一个所有者来讲，都会是更好的选择。这就是我们讲的，企业的目的是让社会更美好。

06
让企业成为共享平台[①]

党的二十大阐述了关于共同富裕的思想，并把逐步实现全体人民的共同富裕写入了党章。共同富裕是中国式现代化五大特征和本质要求之一。

共享机制的缘起与思考

社会财富分配中包括初次分配、再分配、三次分配。初次分配主要是企业里的工资收入等；再分配是转移分配，如税收等；三次分配是道德分配。共同富裕解决两极分化，让社会更公平，共同富裕的关键是要打造橄榄型收入分配结构。

要打造橄榄型收入分配结构，就要从初次分配做起。企业的初次分配既关系到企业，也关系到社会，这是一个大逻辑。然而，在初次分配中，过去出现了什么问题，有没有什么不合理的地方，这是我们要研究的。

过去分配不合理的地方，主要表现在单方面股东利益最大化，这确实带来了效率，也带来了繁荣，但也形成了贫富两极分化和环境的恶化。为此，我们需要新的发展理念来解决这个问题。在新的发展理念中，我们提出了共享理念。

在企业里，我们同样面临公平和正义的问题。我经过这些年的研究、思考与实践，写了《共享机制》这本书。

---

① 本文根据 2023 年 4 月作者在第七届中国企业领袖读享盛典上所作的"让企业成为共享平台"主旨演讲整理。

▶ 稳健经营

企业有机制才能做好

2023年4月，习近平总书记在《求是》发表的文章《当前经济工作的几个重大问题》中指出，"要坚持分类改革方向，处理好国企经济责任和社会责任关系，健全以管资本为主的国资管理体制，发挥国有资本投资运营公司作用，以市场化方式推进国企整合重组，打造一批创新型国有企业。要完善中国特色国有企业现代公司治理，真正按市场化机制运营，加快建设世界一流企业"。什么才是真正按市场化机制运营呢？我理解有两点很重要：一是各类企业在市场中都要公平竞争，切实落实"两个毫不动摇"；二是在企业内部要按照市场化机制来分配。从内到外，都要真正地按照市场化机制运营。

什么是机制？机制就是企业效益与员工利益之间的关系，有关系就有机制，没有关系就没有机制。企业改革需要做的事很多，但伤其十指不如断其一指，这一指就是机制。做企业有机制不需要神仙，没有机制神仙也做不好，话糙理不糙，这是我切身实践和观察得出的结论。这几年，我们在企业内部机制改革中推出了科技型企业股权分红、员工持股、上市公司股权激励、超额利润分享、骨干跟投等中长期激励计划。现在这种改革方案还在持续推进。

从"激励"到"共享"的升华

《共享机制》这本书最初的书名打算用《激励机制》，为什么后面改成了《共享机制》呢？

因为我对人在企业里应该处于什么地位的认识发生了变化。在工业时代，企业把人当成劳动力。而在今天，任正非说华为是知本主义。也就是说，今天企业的干部、员工拥有了知识、技能、经验、能力等，这些都是资本要素，他们应该参与分配，而且这些分配是他们应该得到的。我们是社会主义国家，做企业应该有更崇高的理想抱负。讲这个不是说要搞平均主义、"吃大锅饭"，而是承认员工的知识、技能等是资本，应该参与分配。

我在中央企业工作了40年，最早提出一个概念叫"央企市营"，也就是中央企业也要进行市场化经营，后来我也率先在企业实施了混合所有制改革。中国建材和国药集团便是靠混合所有制发展起来的。

2019年秋天，我写了一篇文章叫《机制改革，推开国企改革最后一扇门》。那是一篇系统地讲机制的文章，但那时我用的还是"激励机制"。这几年通过学习新的发展理念，我认为"共享机制"更好。基于此，我把《激励机制》改为了《共享机制》。

有思想才能真正被尊重

企业经管书一般有三种：

第一种是学者写的书。比如黄卫伟老师写的《管理政策》就是一本很好的书。

第二种是经管作家写的书。比如吉姆·柯林斯写的《基业长青》《从优秀到卓越》《再造卓越》《飞轮效应》等书，有一些观点，也有大量的案例。

第三种是企业家写的或亲述的书。比如艾柯卡、稻盛和夫、松下幸之助等写的书。国内企业家写的也有，比如曹德旺的《心若菩提》、刘永好的《焕新》、李东生的《万物生生》、雷军的《一往无前》《小米创业思考》，这些都是企业家推出的书。

施瓦布写了一本书叫《利益相关者》，其中有一段话写得非常好：当代世界已经分裂，要解决这个问题，我们也许能从中国儒家文化追求和谐的思想里找到答案。

过去中国企业大多向西方学习，学管理、学技术，分配领域里也学了西方的股东至上。但今天要解决好企业分配问题，我觉得真正的答案在我们中国的文化里，所以我们要一起来学习和挖掘中华民族灿烂的精神文化，结合现代经济管理理论，找到一条通路。

我们中国发展速度快，财富创造多，正在走向世界舞台中央，但是有思想才能真正被尊重。对我们来讲，在创造物质财富的同时，也要创造精神财富，要研究一些企业里的深层次问题，在企业的效率和公平方面贡献出我们的解决方案。

07
如何提升企业的核心竞争力[①]

企业是一个市场竞争的主体,但企业靠什么竞争呢?企业的生命力就是核心竞争力。一家企业能不能生存下去,能不能发展起来取决于有没有核心竞争力。

核心竞争力是什么

每家企业能生存到今天都有自己的核心竞争力,只是有时候并没有完全意识到。由于没有意识到,就可能没有着力去培育它,导致企业在竞争的时候,就可能丢失或丧失核心竞争力,在其他方面下了很大的功夫却败下阵来,所以核心竞争力对企业来讲特别重要。

党的二十大报告明确提出,深化国资国企改革,加快国有经济布局优化和结构调整,推动国有资本和国有企业做强做优做大,提升企业核心竞争力。提升核心竞争力是对企业的要求,其实这不只适用于国有企业,对其他类型的企业也适用。

今天所有的企业竞争都围绕着如何创造自身的优势。企业到底用什么竞争?是用优势竞争。迈克尔·波特的《竞争优势》《竞争战略》《国家竞争优势》中,提出了著名的三大通用竞争战略,到今天大多数企业还在用。

一是低成本战略。规模大,成本低,这是成本领先原则。

[①] 本文选自 2023 年 5 月 30 日作者参加第二届潍坊专精特新企业峰会所作的演讲。

二是差异化战略。虽然成本比别人高，售卖价格贵一点，但是产品有特色，有自己的核心专长，这是差异化战略。

三是集中化战略。企业将主要的经营活动都集中于某一个行业、某一个专业、某一项技术，这样可以将所有的资源都集中起来，更有利于研发新产品，或者是打开新的销售渠道。

1990年，美国有两位学者在《哈佛商业评论》上写了一篇文章，提出了核心竞争力的观点。什么叫核心竞争力？核心竞争力是企业组织中的集合性知识，尤其是关于如何协调多样化生产经营技术和有机结合多种技术流的知识，形成比竞争对手既快速又低成本的竞争优势。从这个定义来看，核心竞争力有三个特点：一是应该能为企业提供进入不同市场的潜力；二是对最终产品的顾客价值贡献巨大；三是难以被竞争对手模仿和复制。

20世纪90年代，我在北新建材当厂长，同时在华中科技大学读管理工程博士。北新建材是一家建筑材料行业的企业，是国有企业，要想生存下来挺艰难的。当时我就想，北新建材的核心竞争力到底是什么？北新建材的核心竞争力怎样形成？所以我选的博士论文题目就是如何提升核心竞争力。我对核心竞争力下了一个定义：核心竞争力是通过企业家创造性的资源组合而形成的企业独特的、能持续为企业带来竞争优势的能力。我强调了四点。

一是企业家。我认为核心竞争力源于企业家，企业家的认知至关重要。

二是资源组合。其实核心竞争力不光是某个单一的专长，而是一个优势的组合。

三是独特性。这个独特性指的是企业自己的特点，别人很难复制。

四是持续性的竞争优势。核心竞争力是一个长期的、持续性的竞争优势。

这些观点源于我在北新建材工作中做的提炼和归纳。我再给大家举几个例子，就更加清晰了。

◆ 北新建材：石膏板的"核心"是质量和品牌

北新建材的石膏板不是一个高科技产品，并没有很高的科技含量，但是在全国的市场占有率能达到67%。2022年房地产市场下行，但北新建材依

> 稳健经营

然有 200 亿元的营业收入、32 亿元的净利润，和历史最高利润 35 亿元相比，效益还是比较稳定的。为什么在这种困难的情况下北新建材还能够做得很好，靠的是什么呢？

一是产品质量特别好。这么多年来，北新建材永远把产品质量放在第一位。

二是品牌特别好。比如龙牌石膏板的品牌非常知名。

三是服务特别好。北新建材的服务好，就使得客户的黏性很强。

所以，核心竞争力可能源自技术优势，也可能源自资源优势、管理优势和市场优势。当然绝大部分的核心竞争力是源自技术优势，但是对一些企业来讲不见得都是技术优势，而是综合优势。

◆ **中国巨石：差异化和低成本结合，国内和国际双循环市场布局**

中国巨石是一家上市公司，地处浙江桐乡，主营业务是做玻璃纤维。2022 年国际市场压力很大，但中国巨石的效益依然很好，净利润达 66 亿元。靠的是什么？这家企业很有特点，不是单一地走差异化或低成本路线，而是综合起来，在过去形成的成本优势的基础上，逐步差异化、高端化。

▲ 中国巨石玻璃纤维生产线

2021年，中国巨石遇到了很大的困难，因为贸易保护，欧美等地增加关税，产品基本无法出口，那怎么办呢？中国巨石在美国南卡罗来纳州和埃及都建了工厂，分别覆盖整个美国和欧洲市场。2022年，中国巨石这两座工厂均实现了较好的盈利。中国巨石研究并解决了这些问题，才形成了自身在国际市场上的核心竞争力。

◆ **中材国际：技术一流，深耕核心市场**

中材国际是做水泥成套装备的，在全世界的市场占有率达到70%。这几年中国企业进入国外市场是有难度的，但中材国际2022年的归母净利润同比增长21%，2023年第一季度订单是2022年同期的几倍。遇到困难中材国际能够逆势而上，也是凭借核心竞争力。

在技术研发方面，过去中国企业偏好买装备，技术开发是短板，有些设备就遇到了"卡脖子"的问题。但是中国建材水泥装备在全球具有竞争力，因为中国建材有4家大设计院转成的工程公司，过去这些年做了上千套水泥设备，应用场景多，所以在水泥装备上有技术积累和竞争优势。

在市场方面如何应对呢？2022年中材国际主要集中在三个市场：东非和中非市场、中东市场、东南亚市场。之前中材国际在全球七个大区开发市场，现在就在这三个区域集中做。

所以，即使企业外部环境很困难，但如果企业有核心竞争力，认真发挥自己的长处，还是能够渡过难关，反败为胜，逆势上扬。

◆ **湘钢：把差异化做到极致**

我去过湘钢调研。湘钢的所在地既没有铁矿砂，也没有焦煤，是一座内陆城市，不靠海边，也没有运输优势。1958年建成的钢厂，现在生产规模达到年产钢1600万吨。湘钢不做普通建筑钢，主要是做硅钢等高端的钢板，走了一条差异化的道路。

我也去看了湘钢旗下的电缆厂。过去这家电缆厂的规模很大，但后来竞争失败，被湘钢收购。这家电缆厂也是采用差异化的经营理念，专门做特种电缆，现在也是200家"创建世界一流专精特新示范企业"之一。最近湘钢

▶ 稳健经营

又收购了一座水泵厂，未来要做特种泵。湘钢并没有特别的优势，就是在战略选择上做专精特新，做出了差异化。

其实市场上竞争激烈的是大路货，想竞争必须走低成本的路线，如果没有特别大的规模就很难办。对于很多没有那么大规模的企业，还是要研究专精特新，走差异化路线，在这方面，湘钢就是成功的典范。

◆ 茅台集团："四个核心势能"和"五大核心竞争力"

茅台集团的丁雄军董事长曾提出茅台靠的是"四个核心势能""五大核心竞争力"。茅台拥有不可复制的地理环境、独一无二的微生物菌落群、传承千年的传统工法、长期贮存的优质基酒资源所组成的"四个核心势能"，是"茅台之所以为茅台"的本和道，塑造了茅台的品牌、品质、生态、创新、文创"五大核心竞争力"。现在茅台也在探索转型，打造茅台冰激凌等周边产品，靠近年轻人，扩大客户群体。

▲ 参加茅台集团 2023 年战略研讨会

◆ 广新集团：不懂不投，不混不投，不控不投

广新集团是广东省的一家国有企业，过去做外贸，现在成功转型为

以制造业为主体、以市场化为导向、以混合所有制为特色、以资本运营为优势的国有资本投资公司，拥有了独特的核心竞争优势。2022年广新集团的营业收入达1370多亿元。

▲ 参观广新控股所属企业的生产车间

广新集团实施横向同心圆式产业扩张为主、纵向全产业链式产业延伸为辅的投资方向，按照"投资一批、建设一批、谋划一批、储备一批"的思路，构建投资能力体系，坚持三个原则。

一是不懂不投。如果不懂某个行业就不去乱投资。

二是不混不投。如果不混改也不投资，只有混改才能找到优秀的企业家和好的机制。

三是不控不投。广新集团的成长方式是参考了中国建材和国药集团，靠混合所有制快速发展起来的。中国建材的国有资本占比为25%，社会资本占比为75%；国药集团的国有资本占比为35%，社会资本占比为65%，这两家企业也是采取了逐级控股的方式。

◆ **潍柴动力：企业家精神也是核心竞争力**

2022年我到潍柴动力考察，它的柴油机本体热效率超过52%，天然气发动机本体热效率超过54%，打破了世界纪录。潍柴动力的核心竞争力有四

> 稳健经营

点：一是创新；二是管理，潍柴动力获得了"中国质量奖"，开发了一种质量管理模式叫 WOS；三是市场开拓，潍柴动力在全球开拓市场；四是企业家精神。国有企业有没有企业家？有的，谭旭光就是有企业家精神的国有企业家，这也是潍柴动力的核心竞争力。

◆ **兰石集团：品牌、创新与韧性能够跨越生死**

我在甘肃参观了兰石集团，这家企业主营石油钻采机械、炼油化工设备及通用机械设备制造。中国石化和中国石油的很多成套装备是从兰石集团采购的。兰石集团几经生死，这几年逐渐发展壮大起来。我问兰石集团的董事长，这么多年来能够支持企业成长的主要原因是什么，核心竞争力是什么。他讲到三点：一是品牌；二是创新；三是韧性。其实兰石集团倒下好多次，但又都站起来了。企业能活到今天，坚韧不拔的精神发挥了非常重要的作用。

企业的核心竞争力并不神秘，是使企业在市场竞争中保持领先的能力，其构成部分包括：知识、技能、技术系统、管理系统、价值观等。核心竞争力有四大特征：一是企业核心竞争力是企业长期打造形成的；二是企业核心竞争力是几个专长的组合；三是企业核心竞争力别人很难复制；四是企业核心竞争力要不断巩固完善和提升。

如何形成企业的核心竞争力

◆ **企业要树立四大核心理念**

企业要形成自身的核心竞争力，首要的是要树立四大核心理念，就是要回答四个问题：有没有核心业务？有没有核心专长？核心市场究竟在哪儿？有没有核心客户？

第一，核心业务是核心竞争力的基础。

企业的核心业务有三种选择：专业化、相关多元、多元化。企业早期都是专业化发展，随着经济逐步发展，很多企业选择去做多元化。后来随着市场竞争加剧，不少企业又开始重归专业化。

我本人是专业主义者，希望能够把某一个专业做好。比如北新建材做石膏板已经做了40多年，中国巨石做玻璃纤维也做了四五十年。这两家企业都做成了隐形冠军，每年有两三百亿元的营业收入。

中国建材是一家相关多元的企业，业务包括水泥、玻璃、新材料、国际工程等。什么叫相关多元？就是业务之间有关联性，要么在技术上有关联，要么在产业链上有关联，要么在市场上有关联。国药集团也是相关多元的企业，业务包括化药、中药、生物制药、医疗器械和医药分销等。产业集团公司一般来讲都会相关多元发展。

有没有多元化的企业？也有。比如韩国的现代和中国的华润就是走多元化的道路。华润旗下有6大业务领域、25个业务单元，都做得很好。但是这些做多元化的公司往往规模比较大，还需要有长期的历史传承，基本属于投资集团，而不是产业集团。

我赞成中小企业走专业化的道路。如果规模变大，容易撞到天花板，可以考虑做相关多元。一般来讲，我建议做3个左右业务。根据长期的实践，我划定了一张焦圈图：横向业务不要超过3个；纵向在产业链上也不要超过3个。我不太赞同从田间到餐桌，种小麦的就种小麦，做面粉的好好做面粉，做面包的好好做面包。

不管是专业化、相关多元还是多元化，都要突出主业，把主业做强，千万不要偏离主业，盲目扩张。

第二，核心专长是企业核心竞争力的本质。

企业的核心专长包括技术、管理和服务等。一般来讲，我们讲的核心专长主要是指技术上的专长，用创新来打造专长。党的二十大报告讲到，科技是第一生产力，人才是第一资源，创新是第一动力。

电动汽车就是创新，因为它和汽油车不一样，汽油车的组合是汽油箱、发动机等。电动车是电池、电机和电控等，是完全不同的组合。

新组合在什么地方发生？发生在企业里，所以企业是创新的主体。企业中谁来做这个工作？企业家。企业家是创新的领导者。企业家靠什么创新？靠资本，这揭示了资本在创新里的用途，企业家如果没有资本，就很难创新。

创新模式的选择也非常重要，需要考虑下面几个问题。

选择自主创新还是集成式创新？

自主创新是独立的、原始的创新，但自主创新的投入比较大，时间比较长。做一款新药一般需要大约10年时间和大约10亿美元的投入，现在行业内也有人说做一款新药平均需要26亿美元的投入。自主创新往往是大企业、大学或国家的实验室、研究机构去做。

中小企业大部分是做集成创新，把借鉴的技术和自己创造的技术结合起来。现在的电动车大部分用的是集成创新的思路做出来的，原理都一样，差别可能是电池型号、电机、电控或设计款式不同。

选择持续性创新还是颠覆性创新？

企业的很多创新是建立在技术的不断改进上，产品本质不一定有多大的变化。但如果这个产品不被市场需要了，技术再好都没用。

一般来说，行业里每15～20年会有一次颠覆性创新，不过也有例外，汽车行业、胶卷行业的颠覆性创新就用了上百年。现在有些行业的颠覆性创新频率加快了。根据摩尔定律，在IT领域，产品技术每18个月就会更新迭代一次。是做持续性创新还是做颠覆性创新，已成为不少企业和企业家面临的问题。

像水泥这个行业目前就不太容易被颠覆，为什么？因为水泥的性价比高，石灰加黏土做成的胶凝材料，很难被取代。而且水泥还有良好的特性，加水可以流动，流动后固化，这样可以用于隧道、桥梁的建设，所以水泥企业应该做的是持续性创新。

而有些行业就发生了颠覆，比如数码相机颠覆了胶片技术。在这样的行业中，企业只有不断创新才能掌握主动，如果不研究颠覆性创新就可能会被颠覆。

目前也有不少企业处于两难的状态，既要做持续性创新又得做颠覆性创新。现在的汽车厂商就是这样，赚钱还得靠传统汽车，但如果不做电动车就可能被颠覆。怎么办呢？我认为颠覆性创新也要做，但是不建议让做汽油车的人去做电动车，因为汽油车的逻辑和电动车的逻辑完全不同，企业要找新的团队去做颠覆性创新。电动车是电子产品，汽油车是机械产品，如果小米等互联网公司要做汽油车，消费者可能不太理解，因为没有几十年的积累做不好，但在电动车方面这些企业就有优势。

选择技术创新还是商业模式创新？

高科技很重要，但不是每个企业都能做，对于有些企业来说，我国消费者众多，先通过建立平台等方式发展起来赚到钱再去做高科技也不迟。其实企业里的高科技、中科技、低科技、零科技都可以创新。什么叫零科技创新呢？就是商业模式的创新，德鲁克在《创新与企业家精神》里面讲到商业模式的创新。像肯德基和麦当劳这两家企业虽然没有什么高科技，却创造了巨大的财富。今天的京东、淘宝、滴滴出行等虽然也没有什么高科技，却同样创造了很大的价值。这些都属于商业模式的创新。

第三，核心竞争力着眼于开发和巩固核心市场。

做企业要明白自己的核心市场究竟在哪儿。我主张三分天下，在一个区域内形成一个核心市场，或在一个行业内形成一个核心市场。企业在推进全球化战略的过程中，也要慢慢形成一些核心市场。比如非洲某一个国家是核心市场，企业就要在这个市场集中巩固发展，精耕细作。

第四，核心竞争力的最终目的是形成核心客户。

前面讲到茅台，茅台做到如今的行业龙头位置只用了十几年的时间，构成其强大竞争力的重要原因之一就是数量庞大的核心客户。

做企业始终要有以客户为中心的思想，理解客户的需求，客户是第一位的。销售员每天都见客户，但如果董事长忘了客户，这家企业也不会长久。

有人经常问我做企业到底有没有诀窍，我说就是平时经常讲的"质量第一，安全第一，客户第一"。如果企业按照这些来做正常来讲不会出大问题，假如丢掉了一个或者多个，企业可能就做不好。

◆ **强化管理**

改革开放初期，中国企业和西方企业的差距比较明显，那时候我们非常认真地学习企业管理。这些年，我们比较关注的是"创新+资本"。美国培育发展了大量的高科技企业，正是因为"创新+资本"，德国和日本则是用"技术+管理"的方式把产品做到极致。回过头来，我们企业必须把两方面

> 稳健经营

都得抓起来。因为如果我们不重视"创新+资本",速度就跟不上;不重视"技术+管理",产品就做不好。这两方面要齐头并进。

做好企业有几件事很重要:第一件事是把产品做出来,这和产品创新有关;第二件事是能量产、规模化地生产;第三件事是合格率要提高;第四件事是成本要降下来;第五件事是把产品卖出去,做好服务。这一系列的工作里,管理是基础。

◆ 做好品牌建设

企业有好的品牌非常重要。改革开放初期,我们用市场换资本,用市场换技术。但是后来发现有项工作做得不够好,那就是品牌建设。过去有不少制造业企业做没有品牌的代工。

施振荣曾提出"微笑曲线",一个嘴角是研发,另一个嘴角是市场,中间的最低点是代工制造。在整个产业链的利益分配上,如果只重视制造,忽视品牌和研发,就只能挣代工的钱。以手机为例,手机的出货量这么大,但代工生产一部手机能赚多少钱?相比整体价值会很少,大部分都被品牌商赚走了。以前我国的汽车市场基本都是国外品牌,2022年中国品牌乘用车市场份额超过50%,这是令人振奋的好消息。

◆ 共享机制

任正非讲过,在企业里分好钱,企业一大半问题就解决好了。今天我们做企业,不仅要重视金融资本,也要重视人力资本,让人力资本和金融资本共享企业创造的财富,企业才能发展好。企业做得更大了,金融资本所有者和人力资本所有者都会有更多的回报。

如何持续提升企业的核心竞争力

环境在变化,技术也在变化,核心竞争力不是一劳永逸的。企业有了核心竞争力后怎么去提升呢?

第一,全力维护核心竞争力。

维护核心竞争力并不只是"一把手"的工程，而是企业全员的工程。每个人都要明白企业靠什么生存，要特别地来维护它。比如一家饭馆的招牌菜就不能出现任何闪失。

第二，加大对核心竞争力的投入。

企业发展要有投入，对于核心竞争力更要投入。假如技术是企业的核心竞争力，那么在研发上就要持续加大投入。技术发展如此之快，企业要不断地投入，真正做到"人无我有，人有我新，人新我变"，形成牢固的护城河和壁垒。

第三，不断完善核心竞争力组合。

企业需要关注构成自身核心竞争力的要素是否过时，是否需要更新，比如过去是由三个部分组合构成企业核心竞争力，后来这个组合过时了，这时候就要根据自己的成长、竞争对手的情况和市场的变化育长板、补短板，构建新组合。今天的企业都面临压力，为什么？因为变化太快了。企业要用发展的眼光、持续的创新来维持企业的动态优势，用无数的动态优势来形成企业的可持续优势。这是今天我们要关注的事情。

08
加快建设世界一流企业[①]

党的十九大报告提出培育具有全球竞争力的世界一流企业。中央深改委第二十四次会议审议通过《关于加快建设世界一流企业的指导意见》，列出世界一流的特征是产品卓越、品牌卓著、创新领先和治理现代。也就是说，我们不仅提出了世界一流的概念，还提出了世界一流的主要内涵。

▲ 与中国人民大学商学院的专家学者进行对话互动

---

① 2022年7月27日，中国人民大学85周年校庆系列活动：踔厉前行·领创未来——对话知名企业家系列活动在线举办。本文根据作者现场演讲及对话内容编辑整理。

提出世界一流的重要意义

我国经济正在转型，从高速增长进入高质量发展阶段。我国企业面临的不仅有规模问题，还有质量问题。以规模而言，2021年世界500强企业中，中国企业数量远远高于美国企业数量。世界500强的主要指标是销售收入，而世界一流是综合性指标。从重视速度、规模的增长到重视质量和效益，这样的转变对我们来讲有重要意义。

提出世界一流，也是我国企业参与国际竞争的需要。我国是制造大国，正在迈向制造强国。世界一流的大部分企业属于实体经济和制造业，像产品卓越更多指的是大型制造业企业。在这方面，我们还有一定差距，要在国际竞争中取胜，就需要企业快速成长，需要一大批世界一流企业带动整个产业发展。从大的意义上来讲，建设世界一流企业确实是当前一项非常重要的任务。

客观来讲，今天我们已具备建设世界一流企业的条件。20年前，中央企业中只有五六家跻身世界500强。20年后的今天，我国涌现出了这么多世界500强企业，已经具备了规模条件。

从制造业来讲，这些年我国制造业快速发展。一些省份在"十四五"规划中把制造业的比重调整到30%左右，希望制造业增加值在GDP中能够保持相当的比例。这意味着，我国不能像有些国家一样把服务业比重提高到百分之七八十，这既不符合我们的国情，也不符合国际竞争的大趋势。我们还是要把制造业做好，因为这是经济发展的一个重要基础。

同时，我们也要看到，这些年我国企业在创新能力上有非常大的提升，过去是"跟跑"，现在是"并跑"，有不少企业已经进入"领跑"。在这样的环境下，我们具备了建设世界一流企业的条件。

中央提出加快建设世界一流企业，国内很多高校，包括很多企业、机构都积极投入世界一流的研究中。我们不仅要研究世界一流的内涵、标准、目标，还要在全世界范围内遴选世界一流的样板，所以世界一流不仅是一个理论问题，也是一个实践问题。

2022年7月，国务院国资委召开地方国资委负责人年中工作视频会议，

> 稳健经营

强调要准确把握加快建设世界一流企业的新部署新要求，提出几个坚持：坚持质量第一、效益优先，坚持壮大实体经济，坚持以改革创新为根本动力，坚持市场化法治化国际化方向，努力走出一条具有中国特色的世界一流企业创建之路。

世界一流的核心内容

我参加了一些关于世界一流的交流会，结合国资委会议精神，围绕产品卓越、品牌卓著、创新领先和治理现代这几个核心内容谈谈个人的一些体会。

◆ 产品卓越

做企业归根结底是向社会贡献产品，产品决定了企业的层次。世界一流企业的产品一定是一流的、卓越的。怎样才能做到产品卓越呢？有几点特别重要。

第一，坚持做强主业。

世界一流企业应该是主业突出的企业，把产品做好，做到极致。奉行专业主义、务实主义、长期主义，这些很重要，也就是说要务实、长期地做下去，扎扎实实、心无旁骛地做强主业。

第二，强化管理，提升质量，发扬工匠精神。

管理是企业永恒的主题。如果想把产品做好，既要加大"创新+资本"的投入力度，还要加强"技术+管理"，打造企业综合竞争优势。

再有就是要提升质量，其实做产品的核心还是要把质量做好。质量不是简单的"严"和"宽"的问题，仅靠最后的质量检验员检验是行不通的，要进行全过程全员参与的质量控制。从 TQC 到 ISO 9000，再到现在的卓越绩效评价体系等，这些国际先进的质量方法和质量标准的引入，让企业的质量管理有了一套操作方法。北新建材 2009 年引入了卓越绩效评价体系，2019 年获得"全国质量奖"。北新建材的石膏板在大家看来可能是普通产品，但质量一直做得非常好，在全国市场占有率达 67%。

再谈谈工匠精神。我们不论做什么,都要聚精会神、扎扎实实地做。我常讲要学会深度学习、深度工作、深度思考。其实工匠精神就是要深度工作,埋头苦干,认真把产品做好。无论是德国还是日本,这些制造业强国都有一大批工匠,传承和发扬工匠精神。

第三,大力推进智能化改造。

智能化不仅降低了成本,更重要的是能够提高作业的精准度,提升产品质量。

像美的这家公司主营业务是家用电器,后来收购了德国的库卡(KUKA)机器人有限公司。美的工厂中,每万名工人配套使用工业机器人的数量有400多个,未来两年内打算提高到700个。

机器的操控更加精准,比如精细的机床加工能力,以前我们讲五轴机床、七轴机床,现在是九轴机床,借助智能化的技术可以进行更精密的加工,追求"精准、精密、精致"。

在产品卓越方面,我认为需要把几件事结合起来:一要有很好的管理方法,突出管理的作用;二要有工匠精神,依靠人来把产品做好,人要聚精会神;三要合理运用智能化的工具。企业里要重视自动化和智能化,同时,对人的管理、工匠精神这两方面也要加大关注度。

◆ 品牌卓著

市场是什么呢?其实就是品牌。我结合汽车行业,谈谈对品牌的认识和感想。

过去这几年,带着对世界一流的思考,我参观考察了一些国内外的汽车企业,国外企业诸如日本丰田、德国奔驰等,国内企业诸如一汽、北汽、上汽、广汽、比亚迪等,还有一些新势力的汽车公司。为什么我会经常去考察汽车企业?因为汽车工业是制造业的代表之一。从某种程度来看,汽车工业的发展可以反映出一个国家制造业的水平。

回望历史,在第一轮开放汽车市场的时候,我国汽车企业主要是和国际知名品牌的汽车企业合资,可以说,生产的汽车是"万国汽车",街上行驶的车辆不少是外国品牌。随着我国制造业整体水平的提高,国内汽车行业也

> 稳健经营

快速发展，而且质量水平越来越高。和国外知名汽车企业相比，我国汽车企业在制造、设备等硬件方面，包括在自动化和智能化的水平上，已经毫不逊色。2021年我去广汽埃安的汽车生产线参观，这条智能化生产线是2017年建设的，车辆组装都是智能化、自动化的，给我留下了深刻的印象。据说日本车企的技术员看了也很惊讶。

这几年我们在提高国产汽车品牌的市场占有率上卓有成效。现在国产汽车不仅内部的机械、电控等做得很好，外观的设计能力也很强。未来我们尤其要在新能源汽车这条赛道实现品牌国产化。

▲ 在中国一汽参观，红旗轿车是中国民族汽车高端品牌代表

改革开放40多年来，我们经历了合资、代工，现在进入品牌时代。企业必须重视品牌工作，在做好品牌上下大功夫。

第一，要树立品牌意识，坚定品牌信心。

如今，年轻一代热衷于国潮，说明大家有了自信心，不再迷信洋品牌。这也是一个拐点。过去我们缺少知名品牌，是因为产品质量与世界一流相比有一定差距。现在我们很多产品的质量称得上是一流，因此，我们应该树立自信心，主动适应新的变化。

第二，要研究国际品牌的规律。

以手表为例，其实我们的手表质量做得不错，日本做得也很好，但还是做不过瑞士。我曾专门为品牌去过瑞士企业调研，瑞士人跟我讲，品牌工作是"一把手"工程，不是依赖一名销售员或一位品牌专家，而是企业"一把手"要特别重视。

第三，要加强品牌宣传，加大品牌投入。

品牌建设不是一日之功。要做品牌卓著的企业，就需要加大在品牌上的投入。其实品牌也有投入产出，它和企业的其他投入，如研发投入、生产投入等，是同等重要的。

◆ 创新领先

20年前创新是个新名词，现在创新已经是耳熟能详但又对企业至关重要的内容。我理解，创新应从以下几方面入手。

第一，大力开展自主创新和集成创新。

改革开放初期，我们主要是模仿创新，讲得比较多的是引进、消化、吸收、再创新。当年日本也是以模仿创新为主的一套工业体系，受益于这样的创新体系，我们得到了第一阶段的长足发展。但到了今天这样一个时代，部分企业从跟跑、并跑到领跑了，就不能再简单地走过去模仿创新的那条路，而是要大力开展自主创新和集成创新。模仿创新只能产出二流、三流的产品，只有自主创新和集成创新才能产出一流的产品。

第二，加大研发投入，强化实验室等基础建设。

全球很多大企业都有相当强大的实验室，具备较好的研发条件。我们不少企业过去喜欢建生产线，制造能力很强，但在投资实验室这些基础建设方面做得还不够。这几年中国建材推出了电视、手机上用的电子薄玻璃，打破了过去日美企业的垄断。我们能把它自主研发出来，靠的就是有世界一流的玻璃实验室，所有的配方、工艺条件都是通过这个实验室完成的。

企业要创新，得有手段、标准、方法。首先，要在实验室里进行研发，而不只是在生产线上创新。今天，企业加大投入建设世界一流的实验室，未来才有可能做出更好的产品。

在医药行业，生物制药也好，化药也好，过去我们和西方确实有差距，但这些年，我们的医药企业经历了快速发展、大规模整合，有了像国药集团

> 稳健经营

这样的大企业，同时又有资本市场的支持。比如恒瑞医药借力资本市场，成为千亿级市值的上市公司，可以有更多资金用于新药研发。

国药中生用 98 天的时间就成功研制出新冠疫苗，也是因为十几年前就在疫苗研制、生物制药等方面开始大规模投入。现在在血液制品、疫苗等生物制品方面，我们的装备、技术能力等，在国际上也处于领先水平。这两年生物制药行业发展速度加快，可能再过三五年，中国的新药在资本市场的支持下，相信也会发展到一个新的高度。

第三，加强人才培养，推行激励机制。

企业要设计科学有效的激励机制，让创新人员有良好的待遇，这样才能打造一流的创新人才队伍。

◆ 治理现代

经过 40 多年的改革开放，不管是中央企业、地方国有企业还是民营企业，中国企业的整体管理水平有了显著提升，也培养了大量管理人才。在看到成绩的同时，我们也应该认识到，我国公司治理水平还有进步的空间。

这几年，根据证监会的要求，中国上市公司协会一项重要的工作就是提高上市公司治理水平。当然，公司治理不只是上市公司的问题，所有公司都要重视提高治理水平。

第一，积极承担社会责任。

衡量一家公司的情况，一是看财务报表，二是看社会责任报告，这两者都非常重要。中国有句古语"义利相兼，以义为先"，在企业这个层面，不仅要重视提高经济效益，还要尽可能优先考虑社会效益，积极承担社会责任。

第二，建立激励机制。

国企改革三年行动提出健全市场化经营机制。企业可推行科技型企业股权分红、员工持股、上市公司股权激励、超额利润分享、跟投等激励机制。通过这些机制，让企业的效益和员工的利益之间有一个正相关的关系。也就是说，在企业里不仅要看到所有者的利益，也要看到人力资本这项重要的生产要素，要给予员工相对合理的报酬，真正让企业成为共同富裕理想的基石。

今天做企业，必须解决机制的问题。国有企业、民营企业在这一点上是一样的。华为在重压下还能众志成城，创造优异的业绩，与其"财散人聚"的机制密切相关。华为的发展历程中，这种分享、共享的机制确实发挥了很大作用，充分调动员工的积极性，让员工从"要我做"变成"我要做"。

第三，重视企业家精神。

市场活力来自于人，特别是来自于企业家，来自于企业家精神。这反映了企业家在我们经济生活中的重要作用。习近平总书记在 2020 年 7 月 21 日主持召开了企业家座谈会，在会上对企业家精神做了新的诠释，强调要弘扬企业家精神，并提出五点希望。

一是爱国情怀。企业营销无国界，企业家有祖国。爱国是近代以来我国优秀企业家的光荣传统。从清末民初的张謇，到抗战时期的卢作孚、陈嘉庚，再到新中国成立后的荣毅仁、王光英，等等，都是爱国企业家的典范。

二是勇于创新。熊彼特讲，企业家是创新并承担一定的风险。德鲁克讲，企业家是创新并创造了财富，同时规避风险，主要特征是发现机遇。他们的表述有些不同，但有一点是相通的——创新是企业家的主要特质，企业家带领企业创新和发展。

三是诚信守法。市场经济是信用经济，也是法治经济，诚信是企业家经营企业十分重要的基础。

四是承担社会责任。企业家不仅要会赚钱，还要知道赚了钱该怎么用，积极履行社会责任，从而得到社会的尊重。

五是拓展国际视野。企业家不仅要做好国内市场，还要做好国际市场。不仅产品要"走出去"，企业也要"走出去"。

关于世界一流的三个命题

最后，简要总结一下什么是世界一流，为什么做世界一流，怎么做世界一流。

◆ 什么是世界一流

"世界一流"是一个比较系统，和我们过去讲的"做强做优做大"不完

▶ 稳健经营

全一样。另外，它是动态的，不是永恒的。企业今天可能是一流的，如果没进步，明天可能就是二流的。

从全世界遴选一流样本，一流有什么特征？在国内谁是一流？国内一流的能不能达到世界一流？我们要进行这些方面的比较。比如在汽车行业，丰田公司算不算世界一流？我们能不能和它对标？比如在化工行业，我们讲万华是"中国的巴斯夫"，拿它与德国巴斯夫作比较，那巴斯夫是不是世界一流？再说手机行业，三星和苹果算不算世界一流？

我们要去研究世界一流的一些特征、指数，再和它们去对标。国内也有做得非常好的、具备世界一流水平的企业。比如，中国中车制造的高铁是公认的世界一流，宁德时代生产的电池是世界一流，潍柴动力的柴油发动机也做到了世界一流。由此可以看到，我们现在已经有了一些具备世界一流水平的企业，要进行深度挖掘和整理，同时让大家学习对标，创造出更多的世界一流。

◆ 为什么要做世界一流

为什么是今天做，而不是昨天做，明天做？其实世界一流的提出，不是说我们已经有了很多世界一流企业，而是提供了这样一个标杆，提供了这样一个可量化的参照系，对所有中国企业都具有广泛而重大的意义。

有的企业现在可能不是一流的，而是二流的、三流的，或者不见得每个领域都能进入世界一流，但是起码我们知道了世界一流是什么样的，就能有一个追求目标，知道怎么去向世界一流看齐。企业把自己的每个方面与世界一流的要素作比较，可能发现某一个或几个方面存在差距。找到差距并不丢人，因为找到差距，我们就知道该怎么做了，就向世界一流又走近了一步。大企业要加快建设世界一流，中小企业虽然规模较小，但仍然可以通过世界一流的标准来提高自己的水平。

◆ 怎么做世界一流

做世界500强也好，做世界一流也好，都有它的内在逻辑。企业要做世界一流，到底哪些东西是最重要的？我认为有几个关键点。

一是有清晰的战略和目标。中国建材集团过去定下了成为全球规模最大的建材企业的目标，而要做成规模最大的建材企业，就不能只在装饰材料行业深耕，还要进军水泥行业。这就是先定目标，然后缺什么找什么，按照这样的思维方式把事做成。

二是重视整合。企业不能仅靠自己创造资源，最重要的是要学会整合资源。无论是中国建材集团的发展，还是国药集团的发展，都采用了大规模整合资源的方法。

三是加大创新力度，打造核心竞争力。其实企业的竞争归根结底是靠核心竞争力，企业没有核心竞争力是很难长久发展下去的。中国建材集团和国药集团都是把创新放在非常重要的位置。

四是强化管理。管理是企业的基本功。无论有什么样的高科技，什么样的新商业模式，如果因为管理而导致产品的质量不好，成本降不下来，企业到最后可能都会失败。

五是重视价值观。员工、团队、企业的价值观很重要，因为企业是靠价值观把大家凝聚在一起的。

09
锚定高质量发展首要任务，加快建设世界一流企业[①]

党的二十大指出高质量发展是全面建设社会主义现代化国家的首要任务。而企业高质量发展的背后，离不开改革的不断深化。

国有企业改革是我国经济体制改革的重要环节。党的十八大以来，国企改革取得了重大进展。这一轮改革更加注重改革的系统性、整体性、协同性，加强顶层设计，同时发挥企业基层首创精神。国企改革三年行动主要目标任务已经完成。国有企业与市场经济融合更加深入，展现出新气象，形成一批活力竞相迸发、动力更加充沛的现代新国企。

当前，世纪疫情冲击下，百年变局加速演进，外部环境复杂严峻。作为"国之大者"，国资国企必须坚定扛起新的历史使命和重大责任，牢牢把握"坚定不移做强做优做大国有资本和国有企业，提升企业核心竞争力、增强核心功能，着力建设现代新国企"的目标，更加注重高质量发展、持续深化改革、科技创新和党建引领。

在这种背景下，围绕锚定高质量发展首要任务，加快建设世界一流企业，我想谈四个方面的内容。

[①] 本文刊载于《企业改革与发展》2023年2月创刊号。

深化国企改革，增强企业发展活力

党的二十大报告提出"深化国资国企改革，加快国有经济布局优化和结构调整，推动国有资本和国有企业做强做优做大，提升企业核心竞争力"。这为国资国企改革发展指明了方向。

国企改革永远在路上。改革使企业焕发活力、更有竞争力，企业要想进一步发展，仍然需要改革。国有企业要持续用好改革的"关键一招"，加快推动高质量发展。

推动企业深化改革，增强发展活力，首先需要完善中国特色现代企业制度。其中重点是厘清各治理主体边界，明确界定各治理主体的权责定位。党委（党组）在企业发挥领导作用，把方向、管大局、保落实；董事会定战略、作决策、防风险；经理层谋经营、抓落实、强管理。企业要完善股东会、董事会、监事会、经理层的行权规则，做好所有权和经营权、决策权和执行权的分离，促进"三会一层"有效履职。

国有控股上市公司可以作为完善中国特色现代企业制度的突破口，带动公司治理水平整体提升。国有股东持股比例高于50%的国有控股上市公司，可以引入持股5%及以上的战略投资者作为积极股东参与公司治理，使公司加强内部制衡，公开透明地经营。

其次需要健全市场化经营机制，这是企业改革中深层次的问题。改革实际上就是要焕发员工的积极性和创造热情，而机制创新是带来活力的关键所在。机制就是企业效益和员工利益之间的有机关系。在如今的新经济和高科技时代，要重视各类资源要素作用的发挥。调动人力资本的积极性和创造性，关键在于健全激励机制，要通过实行科技型企业股权分红、员工持股、上市公司股权激励、超额利润分享、跟投等中长期激励计划，吸引和留住人才，不断壮大高素质、专业化的优秀人才队伍。

做强做精主责主业，提升企业核心竞争力

我国进入高质量发展阶段，要推动经济实现质的有效提升和量的合理增

> 稳健经营

长，企业的定位目标也要发生转变，从过去强调跨越式成长、强调大和强，到现在强调做强做优做大。

世界一流概念的提出对我国经济发展和企业成长具有重要意义，为企业提供了一个标杆、一个可量化的参照系，其核心是产品卓越、品牌卓著、创新领先和治理现代。我们要认真研究世界一流的内涵、标准、目标，同时深度挖掘和整理国内具备世界一流水平的企业案例，让大家学习对标，从而创造出更多的世界一流。想要在国际竞争中取胜，就需要企业快速成长，需要一大批世界一流企业带动整个产业发展。

2018年以来，国务院国资委遴选基础条件较好、主营业务突出、竞争优势明显的11家中央企业，开展了创建世界一流示范企业工作。这些企业全面对标世界一流企业，在深化改革、自主创新、品牌传播和开放合作方面充分发挥示范引领作用，提升了中央企业乃至国有企业整体的国际竞争力。现在国资国企要进一步深化世界一流创建示范、管理提升、价值创造和品牌引领"四个专项行动"，大力弘扬企业家精神，加快向世界一流迈进。

其实，世界一流不一定局限在世界500强等一些大规模企业，当然这些企业可能为多数，一些隐形冠军也可考虑纳入世界一流的行列。像中国建材旗下的中国巨石，公司主营业务是玻璃纤维，产品质量、技术非常好，销往世界各地，全球市场占有率约30%，每年有几百亿元收入。包括一些大的民企，只要具备条件，都可建成世界一流企业。当然关于企业的大小、发展的快慢，也要量力而行。大企业定位世界一流，中小微企业则可以围绕着专精特新，目标是做"小巨人"、单项冠军和隐形冠军。

不管世界一流还是专精特新，都要突出企业的技术、质量、管理、效益，扎扎实实、心无旁骛地做强主业。企业的人力、财力、物力等各种能力都是有限的，大多成功的企业都是长期恪守主业、进行专业化经营的企业。今天面对内外环境的不确定性，企业经营要更加稳健，围绕核心业务、核心专长、核心市场、核心客户，构筑核心竞争力。

近年来，在国务院国资委的正确领导下，国有企业进一步强化突出实业、聚焦主业，深入推进战略性重组和专业化整合，持续瘦身健体、提质增效，坚决防范化解重大风险，取得了显著的成绩。

进行有效、有目的和有质量的创新

创新是"第一动力",是未来增长的新引擎。党的二十大报告指出,加快实施创新驱动发展战略,加快实现高水平科技自立自强,推动制造业高端化、智能化、绿色化发展,推动战略性新兴产业融合集群发展。这为我国企业创新发展明确了目标和方向。

创新往往伴随着风险,优秀的企业会尽量平抑和减少风险。企业是营利组织,受到一定的商业约束,在创新过程中要遵循市场规律,坚持效益导向,深入研究思考,提高创新的质量和效果。

目前,我国企业不少技术和产品已经由"跟跑"变为"并跑",甚至"领跑",但仍需要在产业链供应链的"卡脖子"环节取得突破。科技竞争时代,关键核心技术是要不来、买不来、讨不来的。我国企业特别是国有企业要加大研发投入,加强基础研究,建造国际一流的实验室和研发中心,进行关键核心技术攻关。像中国建材这些年开发超薄电子触控玻璃、中性硼硅药用玻璃、碳纤维等新材料都是靠自主创新。

但是企业也很难做到一个产品完全是独门绝活、关着门做出来的,所以企业还是要广泛开展产学研的合作,进行开放式创新、集成创新和协同创新,吸纳海内外资源为我所用,取得"1+1＞2"的效果。

创新要立足解决企业的问题。高科技固然重要,但在企业里也要重视中科技、低科技、零科技创新。所谓零科技创新,就是商业模式创新,能够创造巨大价值,也是重要的创新方式。另外,我们讲要重视颠覆性创新,其实企业里大量的是持续性创新,持续性创新也非常重要。企业的创新,关键看需要解决的问题是什么,针对不同的问题,可以选择适合的创新模式。

发挥资本市场作用,服务实体经济

资本市场是连接经济和金融的枢纽,在支持实体经济高质量发展方面发挥着重要作用。我国资本市场发展32年,其间经历了由小到大、从弱到强的过程,已成为全球第二大资本市场。这些年,资本市场有力地支持了脱贫

▶稳健经营

攻坚、科技创新、绿色发展、乡村振兴、制造强国等国家重大战略、经济社会发展的重点领域和薄弱环节，有力支持了国企、民企等各类企业的发展。

党的十八大以来，资本市场全面深化改革持续向纵深发展，资本市场基础制度不断完善，新《证券法》颁布、全面实行股票发行注册制启动实施、常态化退市格局基本形成、对外开放广度和深度不断增强等，为我国企业提供了持续优化的上市平台。

我们在看到资本市场取得巨大成绩的同时，也要关注有些方面仍需努力改善。高质量的资本市场离不开高质量的上市公司，上市公司质量是资本市场可持续发展的基石。全面提升上市公司质量，要在公司治理、做强主业、创新发展、防范风险、回报股东五方面发力，做优做强上市公司，提升上市公司的综合效益和市场价值。

建设中国特色现代资本市场，是中国式现代化的应有之义，是走好中国特色金融发展之路的内在要求。下一步我们要紧紧围绕"打造一个规范、透明、开放、有活力、有韧性的资本市场"这个总目标，坚持市场化法治化国际化方向，坚持"建制度、不干预、零容忍"，推动资本市场制度完善、结构优化和生态改善，完善多层次资本市场体系，进一步增强资本市场活力、韧性和竞争力，不断提高金融服务实体经济的能力，畅通"科技—产业—金融"良性循环，为发展现代产业体系提供有力保障，为中国经济行稳致远积蓄更强动能。

新征程上，我们要把思想和行动统一到党的二十大作出的重大决策部署上来，坚定不移地走高质量发展之路，让企业发展活力充分涌动，塑造发展新动能、新优势。国有企业要坚定不移持续深化改革，把改革、创新、经营、发展等方面有机结合起来，进一步做强做优做大国有资本和国有企业，提升核心竞争力，增强核心功能，加快建设世界一流企业，充分发挥国有经济主导作用和战略支撑作用，为全面建设社会主义现代化国家、推进中华民族伟大复兴做出新的更大贡献。

10
提升国有控股上市公司质量，为活跃资本市场做贡献[①]

国有企业是中国特色社会主义经济的"顶梁柱"，是中国资本市场发展的重要见证者和参与者，两者相互成就，共同成长。近期召开的中央政治局会议对资本市场工作做出重要部署，明确提出"要活跃资本市场，提振投资者信心"，证监会等相关部委也做出了相应的决策部署和制度安排。随着股票发行全面注册制的实施，资本市场全面深化改革进一步深入，将为国有企业走稳走好高质量发展之路提供更坚定的支持。而推动资本市场健康发展，既是国有企业的社会责任，也是使命所系。以国有控股上市公司为代表的国有企业，要内强质地、外塑形象，争做资本市场主业突出、优强发展、治理完善、诚信经营的表率，为实现高质量发展注入新动能。

国有企业与资本市场相互赋能

改革开放以来，资本市场为国有企业改革发展提供了强有力的支持。1994年，中央开始进行现代企业制度试点，围绕"产权清晰、权责明确、政企分开、管理科学"的目标，将国有企业推向资本市场，为后续发展获得资金保障。经过一系列改革，国有企业实现了股权结构由国有独资向多元化的转变，控股股东、实际控制人和上市公司实现了"三分开、两独立"，成为

[①] 本文原载于2023年9月1日出版的《国资报告》。

> 稳健经营

独立的市场主体，按照市场化机制参与竞争，按照现代企业制度要求不断提升规范治理水平。

党的十八届三中全会提出"积极发展混合所有制经济"，为国有企业改革注入了新的动力。混合所有制经济是我国基本经济制度的重要实现形式，上市公司是混合所有制改革的主要载体。《国务院关于进一步提高上市公司质量的意见》《国企改革三年行动方案（2020—2022年）》等文件支持对国有相对控股混合所有制企业实施更加市场化的差异化管控。这些具体措施进一步加大了国有控股上市公司市场化改革的力度，一大批企业以混促改，完善公司治理，提高规范运作水平，深度转换机制，活力和效率显著提高。

在资本市场助推国有企业改革发展的同时，国有企业的发展也为资本市场平稳运行做出了贡献。据统计，截至2023年8月18日，境内国有控股上市公司总数为1391家，占全市场上市公司总数的26.38%，总市值为381316.74亿元，占A股总市值的46.92%。在当天市值排名前100的公司中，61%为国有控股上市公司。在市值超万亿元的5家上市公司中，前4家是国有控股上市公司。

作为我国上市公司群体的排头兵，国有控股上市公司覆盖了国民经济71个大类行业，涉及国计民生的各个方面，在国民经济发展中起着基础性、主干性、支撑性和引领性作用。在经营绩效方面，2022年，379家央企控股上市公司共实现营收24.69万亿元，净利润1.30万亿元，同比增速分别达10.4%、4.8%，营收、净利润分别占全部上市公司的34.5%、23.0%。在回报投资者方面，央企控股上市公司2022年分红总额1.06万亿元，占全市场的比重为49.85%。进行现金分红的国有控股上市公司有927家，数量不及全部分红公司的三成，但贡献分红总额近七成（1.47万亿元）。国有控股上市公司已经成为分享经营成果、积极回馈投资者的标杆，在资本市场发挥了良好的示范作用。

随着《推动提高上市公司质量三年行动方案（2022—2025）》的出台以及新一轮国企改革深化提升行动的启动，国有控股上市公司质量将迈上新的台阶，为资本市场稳定健康发展夯实基础。

建设高质量的上市公司

2023年，国务院国资委的领导同志提出，推动国有企业在服务国家战略功能作用上取得明显成效，在真正按市场化机制运营上取得明显成效，在加快建设世界一流企业和培育专精特新企业上取得明显成效。为了落实好相关要求，国有企业，特别是国有控股上市公司可着重从以下方面持续发力。

◆ 不断深耕主业，持续在做强做优做大上下功夫

回顾历史，基业长青的企业往往在各自领域持续深耕，不断向下挖掘行业潜力。国有企业实现做强做优做大，要集中资源、聚焦主业、持续深耕，实现资源利用效率的最大化，打造坚固的核心壁垒，围绕核心业务、核心专长、核心市场、核心客户，增强核心竞争力；关注细分领域，通过建立新赛道，厚植发展后劲。在经济下行的情况下，在竞争激烈的过剩行业里，国有控股上市公司可通过市场细分，创造新的竞争优势，成为细分领域的头部企业。用好资本市场资源配置功能，通过上市平台开展重组整合，推进国有经济布局优化和结构调整，通过资产重组、股权置换等多种方式盘活资源，将优质资产推向资本市场，加大专业化整合力度，解决同业竞争，提升国有资源运营效率，打造一大批行业领军的优秀企业。

◆ 按照现代企业制度要求，努力提升公司治理水平

近年来，中国特色现代企业制度建设取得重大进展，制度更加成熟定型，要下大力气巩固提高取得的成果。要坚持维护好国有控股上市公司的独立性，推动股权结构进一步优化，避免一股独大和股权过于分散，实现股东间权利有效制衡，公司经营平稳有序透明。按照"坚持党对国有企业的领导是重大政治原则，必须一以贯之；建立现代企业制度是国有企业改革的方向，也必须一以贯之"的要求，发挥党委会、董事会、经理层的作用，强化董事会决策机制，把治理现代化作为公司的重要目标。加大对ESG的关注力度，

> 稳健经营

提升企业 ESG 表现。近年来，ESG 表现亮眼的国有控股上市公司在资本市场中均有不俗的表现。国有控股上市公司一方面要重视 ESG 的信息披露工作，树立主动披露意识；另一方面要推动 ESG 与企业经营深度融合，建立健全 ESG 内部制度体系和管理架构，持续加强 ESG 能力建设。树牢合规经营理念，提升信息披露质量，通过强化合规管理和内部监督，持续提升诚信经营的能力和水平，严禁财务造假、违规运作和内幕交易，做到依法依规履行信息披露义务，以投资者需求为导向，优化披露内容，真实、准确、完整、及时、公平披露信息。

▲ 受邀在深圳国资委作关于董事会建设的主题分享

◆ **重视创新引领作用，强化科技创新成效**

国有企业特别是中央企业是科技创新的"国家队"，必须担当起"国家队、排头兵"的重任，协同各方力量全面塑造创新发展新优势。要提高创新的目的性和有效性，按照市场规律，着力打造原创技术策源地，加强科技基础能力和基础制度建设，强化目标导向的应用基础研究，提高创新的质量和效果，形成一批基础前沿成果，实现关键领域的重大突破。持续强化以企业为主导的产学研深度融合，牵头建设更多高效协同的创新联合体，打通产业应用"最后一公里"。重视人才队伍建设，完善具有市场竞争优势的核心关键人才薪酬制度，通过股权激励、员工持股计划等手段，稳定科技研发人员队伍，激发科技人才的创造力，打造科技创新的强力引擎。充分利用资本市场，助力创新发展战略实施，通过登陆科创板，有效助力"硬科技"实力突出、发展动能强劲的国有企业做强做优做大；通过分拆上市，为优质资产拓展融资渠道，积极培育战略性新兴产业；通过优化投资结构，发挥国有企业的核心竞争力和市场作用，让国有经济在一定程度上与非公有制经济相互支撑，构建起全面深入的现代产业体系。

◆ **强化底线思维，提高抗风险能力**

国有企业在稳定经济大盘中发挥着"稳定器""压舱石"作用，是维护国家金融安全的重要保障，理应进一步提升应对各类危机的能力。要客观看待经营过程中的风险，主动健全风险管控体系，研究风险、识别风险、防范风险、抵御风险，实现风险可控可承担，将风险带来的损失降到最低。正确认识金融工具在企业风险管控中的积极意义和重要作用，健全管理机制，树立正确观念，利用现代金融手段建好风险"防火墙"，有效化解企业风险。合理规划资金使用，确保现金流稳定。企业稳健的基础是财务稳健，而财务稳健的核心是现金流充沛。企业要量入为出，归集资金使用，压缩企业的"两金"，即企业库存资金和应收账款，重视企业经营活动现金流，追求有利润的收入、有现金流的利润。

◆ **重视投资者权益，与投资者共享发展成果**

国有企业要按照资本市场规律，重视投资者诉求，为投资者创造价值，与投资者分享发展果实。要固本培元、提质增效，夯实价值创造基础。按照新一轮国企改革深化提升行动要求，围绕打造世界一流企业目标，努力提升利润总额、资产负债率、净资产收益率、营业现金比率、全员劳动生产率、研发经费投入强度等方面的表现，筑牢价值创造的基础。加强投资者关系管理，形成良性互动。通过常态化的业绩说明会、路演、反向路演等手段，积极向资本市场展示国有企业新形象，倾听投资者声音，吸引更多投资者关注

▶稳健经营

并重视国有企业，认同并愿意长久支持国有企业发展。加强国有企业自身的价值管理，积极通过回购等手段，维护股价稳定，坚定投资者对国有企业未来发展的信心。牢固树立回报投资者理念，让投资者切实享受企业发展红利。国有企业特别是国有控股上市公司要坚持长期稳定的分红，为投资者提供分享企业收益的机会，尤其要让中小股东有获得感，做一个让投资者信任、让社会认可和尊重的企业。

重视五个结合，提升国有控股上市公司价值创造水平

国有控股上市公司在我国资本市场中发挥着支柱作用，收入、利润、分红等方面都占上市公司的大头。但客观来看，目前国有控股上市公司的股价和市值在资本市场是有所低估的。

对于国有控股上市公司，我们要正确认识其对国民经济的综合性贡献，在评估价值的时候，应该给予充分考虑。国有控股上市公司也要研究、理解和适应资本市场新的变化。上市公司尤其是国有控股上市公司，一方面要苦练内功，提升核心竞争力，另一方面要强化公众公司意识，加大和投资者的沟通，让市场更好地认识企业内在价值。

提升国有控股上市公司的价值创造水平，关键要把国有控股上市公司的价值创造和资本市场的运行规律结合起来进行思考。具体有五点。

一是把建设现代企业制度和引入市场化机制相结合。资本市场促进了国有控股上市公司的现代企业制度建设，但要增加企业的活力，还需要在企业内部引入中长期激励机制，从实践中看，社会股东更看好有中长期激励机制的国有控股上市公司的价值创造水平。

二是把上市融资和价值创造相结合。企业上市募集资金只是一方面，更重要的是要创造价值、回报股东。部分企业在上市后，只关心从资本市场获得的融资金额，而忽视自身的价值表现。今后，国有控股上市公司要把为股东创造价值放在重要地位。

三是把考核利润和考核市值相结合。过去有些人认为市值处在波动状态，没办法考核，但其实市值可以作为绩效评价的加分项目。国有控股上市

公司可适当调整绩效评价体系，逐步加大考核市值的力度。

四是把业务整合和业务分拆相结合。我们既要围绕主业进行业务整合，争取做成行业的龙头企业，也要重视把一些创新业务进行分拆上市，形成细分领域的头部企业，提升公司价值创造水平。

五是把注入创新业务和培育创新业务相结合。过去国企大部分是制造型企业，比较重视规模效益，在资本市场一般被归类到比较传统的制造业。改变这一状况，就要加大国有控股上市公司的技术研发投入，增加企业的创新能力和科技含量，推动企业由传统型企业向创新型企业转变。同时，加大战略性新兴产业投资力度，鼓励企业培育细分领域的创新业务，打造更多高市值的创新型上市公司。

中国上市公司协会将始终围绕"服务、自律、规范、提高"方针，不断优化服务方式，丰富服务内容，提升服务效能，全力推动上市公司整体质量再上新台阶，为建设中国特色现代资本市场做出积极贡献。

第三篇

从管理到经营

01 三精管理——做企业的硬功夫
02 管理也是硬道理
03 管理教育重要的是"知行合一"
04 迈向公司治理新时代
05 从管理到经营
06 企业的并购与整合
07 做有效经营者的五个关键
08 变局下的经营之道
09 强化管理，稳健经营
10 如何破解行业内卷

01

三精管理
——做企业的硬功夫[①]

国际形势和新冠疫情变化给我们带来压力,同时我们还面对需求收缩、供给冲击、预期减弱的三重压力。在这种情况下,每家企业都面临着该怎么办的问题。我想还是要用常理做企业,还是要遵循务实主义、专业主义、长期主义、人本主义这些最基本的逻辑,还是要加强管理,提高核心竞争力,这些是最根本的。

在今天这样一个充满不确定性的时代,最能确定的是什么呢?依旧是我们的内心和管理的基本原则。做企业的原则和原理并没有因为这些不确定而改变。

众所周知,我国经济已由高速增长进入高质量发展的阶段。在这样的背景下,企业已不能简单地追求速度和规模,而是要追求质量和效益。这就要重拾过去我们用了多年的管理主题,还是要从质量和效益出发,把企业做好。

中国是制造业大国,全世界可能没有哪个国家的制造业能满足中国市场的需求,但是中国的制造业能够满足世界任何一个国家的市场需求。我国不少大宗原燃材料靠进口,高新技术产品有的也靠进口,那用什么来平衡呢?就要靠我们强大的制造业,就需要我们的制造业不断提升水平,出口大量中

[①] 本文原载于《国资报告》2022 年第 4 期。

> 稳健经营

高端产品。在这方面，我们只能加强，不能削弱，要推动制造业从中低端迈向中高端，甚至高端，增加产品附加值。

中央全面深化改革委员会第二十四次会议上对世界一流企业提了四个标准：产品卓越、品牌卓著、创新领先、治理现代。要把产品做卓越，就要靠技术和管理。比如宁德时代是做动力电池的企业，它的"创新+资本"做得很好，技术也很好，在管理上推行的是"极限制造"的模式，很先进。过去六西格玛管理将产品质量的缺陷率控制在百万分之一，而现在宁德时代是十亿分之一，智能生产线上有3600多个质量控制点，进行全过程管理，实现了平均每1.7秒产出一个电芯、2.5分钟产出一个电池包。确保这么多电池的质量不出问题，就要靠精细管理。所以企业还是要加强管理。

在过去40年的企业生涯中，我有35年都在从事企业的管理工作，做过10年厂长、18年中央企业的董事长。长期的管理实践让我逐渐认识到，企业管理者既要学习现代管理理论，也要精通管理方法，关键是要结合自己的企业创造出适合的管理思维和管理方式，三精管理就是我在企业里带领大家常年实践和总结的成果。

三精管理的内容可以概括为组织精健化、管理精细化和经营精益化，是一套集管理与经营于一身、效率与效益相结合、内功与外功兼修的企业工法。企业管理有依循、有边界，企业就会稳健地发展。这几年，中国建材集团深度开展三精管理，取得了良好效益，也有越来越多的企业开始学习和引入三精管理，并取得一定成效。三精管理也获得了"2019年全国企业管理现代化创新成果一等奖"。

以下是三精管理的主要内容。

组织精健化

企业的逻辑是成长的逻辑，但企业自发成长的过程往往存在一定的盲目性。我插队时做过农业技术员，那时候学会了两招，一招是剪枝，果树不剪枝会疯长，枝丫和果实争夺养料，结果就会少；另一招是杂交，玉米、高粱的杂交育种。后来我在企业中用到了这两招，剪枝就用在组织的精健化上，企业在整个发展过程中要不断地"剪枝"，以确保企业的经济效益稳健增长；杂交就用在国有企业和民营企业的混合所有制上。很多事物的原理是相通的，可以把它用活。

在组织精健化中，治理规范化、职能层级化、平台专业化、机构精干化比较重要。

◆ 治理规范化

世界一流企业的标准之一是治理现代。由此可以看出，公司治理的作用很关键。公司治理是企业规范化运行的基础，拥有规范的治理结构、高瞻远瞩的董事会和精干高效的经理层是企业经营发展的根基。明确股东会、董事会、经理层的责权利是现代公司治理的核心。企业内部机制也是公司治理的重要内容。所谓机制，就是企业效益和所有者、经营者、劳动者利益的相关关系，以前比较重视股东利益，今后的改革目标是建设股东、经营者、劳动者共享的企业平台。

◆ 职能层级化

企业的层级应该由职能而定，一般来说，我们是按照投资中心、利润中心、成本中心来进行层级划分的。按照相应的职能定位，三个层级分别需要的是"决策高手""市场能手""成本杀手"。

比如，中国建材集团是投资中心，本身并不进行产品经营，主要有战略制定、整合资源和投资决策的职能。南方水泥是利润中心，主要围绕开拓产品市场进行经营优化，它要决定市场的竞争策略，进行集中采购和销售。而南方水泥所属的每家工厂都是成本中心，主要是组织好生产制造活动，保证品种质量、成本控制和安全环保。这样分清楚，才不至于打乱仗。

企业的乱，通常乱在哪里？一是行权乱，二是投资乱。只要把行权、投资管住，企业一般就不会有大乱。我们要能说清楚，到底谁管投资，谁管市场，谁控制成本。

▶ 稳健经营

▲ 与环境共生的南方水泥工厂

◆ **平台专业化**

　　这里的平台主要是指利润平台，而专业化指的是突出主业的专业化发展。比如中国建材旗下的南方水泥、北新建材、中国巨石等，这些平台原则上都要专业化——南方水泥只做水泥，北新建材只做石膏板，中国巨石只做玻璃纤维——而不是成立南方建材，让它同时做水泥、石膏板、玻璃纤维。只有这样，才有可能协同构建强大的市场竞争力。

　　集团总部相当于体委，每个平台相当于参加一项体育项目的专业队，打乒乓球的不要踢足球，踢足球的不要打篮球，让大家很专业地去做。长此以往，才能打造出隐形冠军，才能出现细分领域的头部企业。北新建材的石膏板、中国巨石的玻璃纤维在全球市场份额位列第一，南方水泥的各项指标都处于领先水平。这些企业是如何做到的呢？就是靠专业化，就是长期坚持在一个赛道做下来，如同参加长跑，最后留下的才有可能成为冠军，这就是专业化的意义。

◆ **机构精干化**

　　规模是一把双刃剑，企业做得得心应手、规模适度才是最好的。超越规模最大和基业长青，追求活得更好、活出质量，这才是企业存在的真正意义。而在企业经营过程中，往往有种自发的倾向，就是机构不断扩张、人员不断增多，这样企业就容易得"大企业病"。我把"大企业病"总结为六大特征，即机构臃肿、人浮于事、效率低下、士气低沉、投资失控、管理混乱，企业一旦得了"大企业病"就很难恢复。那么，该怎么防范呢？就是要通过管理有意识地去控制膨胀、缩小规模，在"减"字上下功夫，其中，减少层级、减少机构、减少冗员至关重要，这不仅可以降低成本，更重要的是可以提高组织活力和竞争力。

管理精细化

"精"者质量，"细"者成本，在精细管理中，我们要始终围绕成本和质量这两个基本点，即使是今天，不管企业有多高的技术、多新的商业模式，如果忘记了这两个基本点，仍然会失败。实现管理精细化，一要用好工法，二要长期坚守，两者缺一不可。

有关管理精细化的内容，以下几点要重点关注。

◆ 管理工法化

加强经营管理靠工法，工法不是系统地讲理论，而是针对一个点位、一个事件，推出一些宜操作、宜复制的实战方法。日本为什么诞生了丰田等这么多优秀的企业，就在于它拥有 5S[1]、TQC[2]、零库存等科学的管理工法。

我以前在北新建材做厂长时，正值企业学习日式管理的时期，曾多次去日本学习和研究日式管理，形成了一些心得体会。2002 年，我到中国建材集团出任"一把手"，也把这些管理思路在集团企业进行实践和总结。中国建材集团是一个以制造业为主、经过大规模重组而发展起来的产业集团。过去，集团管理基础比较薄弱，后来相继开展了"三五整合""八大工法""六星企业"等管理活动，极大地提升了集团的整体管理水平。

---

[1] 5S：整理 (Seiri)、整顿 (Seiton)、清扫 (Seiso)、清洁 (Seiketsu)、素养 (Shitsuke)。
[2] TQC：Total Quality Control，全面质量控制。

▶ 稳健经营

◆ 成本对标化

　　我比较喜欢用对标法进行成本控制。因为在成本控制上总有做得最好的，和它对标，就会清楚地看到自己的不足，反复对标就能提高自己的水平，这是一种数量化管理方法，很有效，使企业的各项指标该升的升上去，该降的降下来，稳定提高企业效益，降低企业发展风险。像在水泥厂，中国建材就开展了"六对标"，即对吨煤耗、吨电耗、吨油耗、吨球耗、吨耐火砖耗、吨修理费这六项成本指标持续对标，大大促进了节支降耗。

◆ 质量贯标化

　　做企业、做产品、做服务，从根本上讲，做的就是质量。要保证产品质量，企业需要做长期而细致的工作，不仅要有责任心，还要全员参与。质量管理的核心要义不只是要最终检查出多少不合格品，而是要在生产前端和全过程采用先进的管理方法，以尽可能减少最终的不合格品。质量管理是一个系统工程，企业要做好 ISO 9000 和 PEM 等质量标准的认证、贯标。

◆ 财务稳健化

　　做企业要稳健，企业稳健的基础是财务稳健，而财务稳健的核心是现金流充沛。现金是企业的血液，现金的正常流动确保了企业的稳定持续经营，支撑了企业的健康发展。在经营方面，企业的资产负债表、利润表和现金流量表至关重要，而现金流量表又是重中之重。做企业一定要做有利润的收入，有现金流的利润。现金就是企业过冬的棉袄，新冠疫情困难时期，一些企业觉得很难，没有订单，其实最可怕的是没有现金。我们的"子弹"还有多少，我们还能再支撑多久，这是最重要的。要维持良性的现金流量，除了产品价格和市场外，控制好"两金"（企业库存资金和应收账款）占用也很重要。

经营精益化

　　做企业充满不确定性，环境在变化，组织很精健，管理很到位，是不是就可以万事大吉呢？其实不见得。在不确定性中，企业如果做了错误的选择，很可能会失败。今天大家用的手机，多是华为、小米、苹果、三星等品牌，20年前我们的手机是什么牌子？大部分是诺基亚。诺基亚手机后来为什么销声匿迹了？就是因为从按键手机转向智能手机的时候，诺基亚认为手机只是接听的工具，不必把电脑的功能放在手机上，一念之差，导致了诺基亚手机业务的衰落。所以即使管理得非常好，如果不创新，如果没有做出正确的选择，如果经营无方，依然可能和成功失之交臂，大企业也可能会迅速衰败。

管理是眼睛向内，处理好人机物料，正确地做事；而经营是眼睛向外，面对不确定的环境，做正确的事。企业负责人应牢牢树立"从管理到经营"的理念，在做好管理工作的基础上，着重研究市场、价格、环境等层面的问题，学会如何在不确定的环境下做出正确选择、稳扎稳打。

◆ **业务归核化**

企业都要有主业，要围绕主业形成核心业务，非核心业务原则上应该舍弃。毕竟任何企业都不是无所不能的，只能有限发展。中小企业应采用"窄而深"的业务模式，打造技术专业、市场占有率高的隐形冠军；大型企业的业务应尽量不超过三个，力争每个业务都能跻身行业前三。

◆ **创新有效化**

今天是个创新的时代，在一些"卡脖子"的关键核心技术上我们必须通过自主创新攻坚克难。但创新又是有风险的事情，我们总讲"不创新等死，盲目创新找死"。怎么把握创新的度呢？我认为要进行有效的、有目的的、有质量的创新，不能盲目创新。德鲁克认为创新是有目的地寻求机遇的过程，有目的的创新可以使创新的风险降低90%。企业家和科学家不同，科学家的创新是发现和发明，不追求短期效益，比如发现了引力波，引力波有商业用途吗？现在还不知道。企业家不同，企业家的创新有严格的硬约束，就是经济效益。如果长期不赚钱，企业现金流断裂，平台没有了，创新也做不下去了。对企业而言，能创造效益的技术是好技术。企业最好是在自己熟悉

▶ 稳健经营

的业务领域开展创新活动，选择合适的机遇和创新模式，还要量入为出。企业创新也不一定要选高科技，中科技、低科技、零科技都可以创新。企业的创新要紧紧围绕企业的需要和发展进行，并力争注入资本的力量。

◆ 市场细分化

现在我国不少行业都产能过剩，面对这种压力，一些企业希望转行，但转行也是不容易的，企业进入一个完全不熟悉的行业风险也很大。其实，没有落后的产业，只有落后的技术和落后的企业。对大多数企业来讲，应该是转型不转行，用技术进步、结构调整等赢得竞争优势，然后创造出超额的利润。像水泥行业过剩，但照样能有效益，海螺水泥、中国建材的水泥业务每年也能有较好的利润，在行业过剩的条件下还能赚到钱，这是我们企业要研究的。

在一个竞争激烈的行业，通过在地理区域、品牌定位、产品品种、目标客户等层面进行市场细分，沿着产业链和价值链延伸，不断开发新产品，提高产品附加值，企业也可以找到自己的生存空间，实现效益逆势而升。

今天千亿级市值的上市公司多是细分领域的头部企业。像玻璃行业里有建筑玻璃、汽车玻璃、光伏玻璃、电子玻璃、光学玻璃等细分领域，福耀玻璃只做汽车玻璃，在全球市场占有率超30%，在中国市场占有率超60%，是细分领域的头部企业。蓝思科技做手机上的玻璃，市值最高时也有上千亿元。海天味业是做酱油等调味品的，它的酱油能做到100多种产品，炒菜的和做海鲜的，给老人吃的和给孩子吃的都不一样。

◆ 价值最优化

产品价格是企业的生命线，必须认真对待。不少人认为产品价格是由市场决定的，是客观的，企业只能适应。但事实上，市场价格往往是由卖方之间的恶性竞争而形成的不合理的低价。竞争有良性竞争，也有恶性竞争，良性竞争是好东西，恶性竞争是坏东西，不要一说竞争就否定，良性竞争促进行业的发展，而恶性竞争可能会毁掉整个行业。在产能过剩和行业下行的情况下，企业之间常大打价格战，结果价格大幅下降，全行业亏损，没有一个赢家。与大家熟知的"量本利"指导思想不同，中国建材提出了"价本利"的经营理念，采用的是稳价、保量、降本，甚至稳价、减量、降本。正是因为秉持这种经营理念，整个行业从竞争走向竞合，得以健康运行。

对上市公司来说，除了关注产品价格，也要关注公司价值，价值可以通过资本市场放大和提前实现，要重视价值管理，改善公司质量，做高质量的上市公司。企业上市究竟为什么？募集资金用于发展，这是对的，资本市场有这个功能，本身也是培育企业。但最重要的是要创造价值，投资者能有回报、有获得感。这是每家企业义不容辞的使命和责任。

三精管理是个开放的平台，可以动态调整。如果喜欢采用阿米巴或六西格玛，也可以将此融入管理精细化的平台。三精管理是有实践基础的，是企业界人士看得懂、学得会、记得住、好应用的一套企业管理工法。不是每个企业都要按中国建材的具体做法，只要在管理过程中秉持"三精管理"理念，根据自己的需要和特点去做，持之以恒、扎实稳妥落实，就能助力企业提升经营管理水平和综合竞争优势，实现新的跨越式发展。

近几年，我先后在北京大学、中国人民大学等高校为多家企业讲解过三精管理，深受企业界人士的喜爱。我讲的大多是企业的实操方法，后经总结归纳成《三精管理》一书，由机械工业出版社出版。三精管理这套方法具有良好的延展性，不仅适用于产能过剩的传统制造业企业，也在一定程度上适用于大多数经营性企业，不光对管理层有用，对基层干部也非常有用，希望对处在困境中的企业走出逆境、恢复成长能有所指导和帮助，对助力企业再创卓越能发挥积极推动作用。

02

管理也是硬道理[1]

今天是高科技、新经济时代，和工业时代相比，其实发生了很大变化。从工业革命开始，尤其是20世纪的100年间，可谓是管理的时代，现代意义上的管理学不仅诞生了，还取得了长足的进步与发展。到了新经济时代，管理是不是还像以前那么重要？我想谈谈自己的一些体会。

新时代加强管理的意义

◆ 实现我国的战略目标，管理是基础

党的二十大明确我国的战略目标是实现中国式现代化。党的二十大报告不仅提出了高质量发展是全面建设社会主义现代化国家的首要任务，还提出坚持把发展经济的着力点放在实体经济上，加快建设制造强国和质量强国。实现这样的战略目标，管理是基础。从制造大国迈向制造强国、质量强国，没有管理的硬功夫是做不到的，所以管理对实现国家的战略目标起到基础的作用。

◆ 打造专精特新和世界一流企业，管理是基础

党的二十大报告对于企业发展也提出两个要求：一是要加快建设世界一

---

[1] 2023年4月15日，2023中国管理科学大会暨第八届管理科学奖颁奖典礼在北京举行。本文由作者在会上所作的主旨演讲整理而成。

流企业。世界一流指的是产品卓越、品牌卓著、创新领先和治理现代。二是要支持专精特新企业发展。专精特新指的是专业化、精细化、特色化、新颖化。无论是做世界一流，还是做专精特新，管理都是必需的，要想把产品做到卓越，管理是基础。

之前我去宁德时代调研了解到，宁德时代电池做得好，技术很过关，它的核心优势是"极限制造"这套管理模式，把产品缺陷率控制在十亿分之一，几乎零缺陷，这样才能保证大规模生产中的产品质量。我也去海尔调研过，海尔的管理也是世界一流的，只有一流的管理才能有一流的产品。此外，格力的格力模式做得也非常好。我也去过潍柴动力，它的柴油机本体热效率超过 52%，打破世界纪录，除了技术，让我印象深刻的还有工匠精神和 WOS 质量管理模式。潍柴动力凭借 WOS 质量管理模式一举摘得中国质量奖。

◆ 从企业经营和自身发展来看，管理也是基础

这么多年来，我在做企业的过程中有一点体会：管理不能无师自通，管理必须知行合一，管理也需要学习，要学习他人的实践，实际上他人实践的经验是非常重要的。所以在管理的过程中，不仅要靠经验，也要靠认真地学习。

20 世纪 90 年代初，我在北新建材当副厂长，后来当厂长，管理几千人。我是学高分子化学的理科生，当时管理方面的知识不够。但之前，我学习了一些日本产业教育的课程，包括 MBA 的课程，后来也学习了管理工程博士课程。这一系列的管理知识的学习和在企业里的管理实践，对我提高企业管理水平起到了很大的作用。我不光自己学习，也让北新建材的中层干部去清华大学和北京大学读 MBA，一边工作一边学习。这家企业现在做得非常好，也是那个时候打下了管理的基础。

做好企业有几件事很重要：第一件事是把产品做出来；第二件事是能量产；第三件事是提高产品合格率；第四件事是成本降下来；第五件事是把产品卖出去，做好服务。这一系列的工作，其实管理都是基础。

即使今天社会发展到了高科技时代、新经济时代，管理还是基本功，还

▶稳健经营

是看家本事。如果一家企业的管理做不好，谈不上专精特新，更谈不上世界一流，甚至可能难以为继。

企业管理需要特别重视的几项工作

我做中国上市公司协会会长的几年间，去了上百家上市公司，也去了不少独角兽企业，看到了一些问题。我认为企业管理上有几项工作需要特别重视。

◆ 加强公司的治理，提高公司的合规性

世界一流企业的目标中用了"治理现代"。治理实际上是公司的所有者和经营者、决策层和执行层行权的规则。公司的独立性是什么？大股东怎么对待公司的独立性？这些都是公司治理的核心问题。

在治理上，我们要建立良好的治理文化，尤其是提高公司的合规性。证监会2022年出台了《推动提高上市公司质量三年行动方案（2022—2025）》，我们要提高上市公司质量，带动所有企业高质量发展。上市公司质量的提高靠什么呢？既要靠外部的监督，也要靠内部的制衡。内部的制衡就是董事会，包括董事会里的独立董事。国务院办公厅印发了《国务院办公厅关于上市公司独立董事制度改革的意见》，明确上市公司董事会中独立董事应当占三分之一以上，国有控股上市公司董事会中外部董事（含独立董事）应当占多数。这就是为了强化公司治理，规范治理是公司稳健发展的前提。

◆ 加强战略管理，做强主业

这些年上市公司出了问题的，大部分是出在偏离主业、盲目扩张、不聚焦主营业务上。从战略角度来讲，业务发展的道路可以分为专业化、相关多元和多元化。我主张专业化，但相关多元和多元化的企业也有做得很好的。不管是专业化、相关多元，还是多元化，企业都要突出主业，把主营业务做好，不要偏离主业去盲目扩张。也就是我常讲的业务归核化，围绕核心业务构筑核心竞争力。

◆ **做有效的创新，提高创新的质量**

创新是有风险的，不创新等死，但盲目创新会找死。我主张做有效的、有目的的、有质量的创新。德鲁克讲创新是有目的地寻求机遇的过程，强调目的性，才能真正把创新做好，降低创新的风险。有人说企业家创新并冒险，其实是创新并承担风险，但不甘于风险。企业家应该是创新并发现机遇，同时应该防范风险。企业在创新这个问题上，应该减少盲目性，加强对创新的管理。

◆ **推行精细管理，重视方法论**

管理理论非常重要，但是对企业而言，对企业的很多干部而言，可能更喜欢管理的一些方法，像过去我们学过管理十八法，日本企业的5S、零库存、看板管理等都属于这些方法，在企业里好复制、好学习。

所谓精细管理，精者质量，细者成本，今天无论有多高的科技、多好的商业模式，如果质量上不去、成本下不来，照样会失败，所以管理精细化很重要。我在企业里做了35年的管理工作，其中做了7年大型企业的副厂长、10年厂长、18年中央企业的董事长，这期间我也是先学习日式管理，再总结我们自己的管理方法。我提出的三精管理就是我带领大家长年实践和总结的成果，核心内容可以归纳为组织精健化、管理精细化和经营精益化。这"三精"每一"精"后面还有"四化"，等于"三精十二化"，每一"化"后面还有四个方法，叫"三精十二化四十八法"，这是企业管理里可以操作的一套方法论，中国建材集团一直在实践。中国建材集团是一家处于传统的充分竞争行业的企业，一直能够做得不错，其实和这些管理的方法论有关。

◆ **提倡四大精神，提高团队素质**

一是企业家精神。做企业得有企业家带头，但是企业家精神不仅限于企业家，企业里各个层面上都应该弘扬企业家精神。企业家精神如果凝练一下，有两点很重要，就是创新精神和担当精神。那国有企业有没有企业家呢？我认为如果国企领导者具有创新改革意识，又勇于承担责任，就是企业

> 稳健经营

家。企业家精神在今天尤为重要。

二是科学家精神。广大的技术人员要有科学家精神，要专心致志地按照规律去做事情。

三是"四千精神"。这是当年江浙等地发展个体私营经济、乡镇企业时创造的精神——走遍千山万水，想尽千方百计，说尽千言万语，吃尽千辛万苦。企业里离不开这种精神，新冠疫情之后，有的省市的"万人抢单团"就去了世界各个国家开拓市场，这种精神非常可嘉。企业经营发展第一位的就是市场，要赢得市场，企业行动必须迅速。

四是工匠精神。做好产品要有工匠，企业过去往往比较崇拜自动化设备或者智能化设备，这个相当重要，因为智能化不光减少了人工，还增加了精准度，可以提高产品的质量和档次。但是即使这样，管理和工匠精神也是很重要的。从我这么多年的体会，这三者都得有，管理、工匠精神和智能化三者结合起来才能够做到产品卓越。如果说企业仅仅有智能化的装备，管理跟不上去，没有很好的工匠，也做不好产品，所以企业里要大力培育工匠。

德国的制造业发展得很好，是因为背后有"双轨"教育培育工匠。日本的制造业也很好，我到日本丰田公司参观时发现，生产线上的员工是清一色30多岁的年轻人，我们了解到当地不少学生毕业后选择去读技校，技校毕业后就去丰田公司上班。丰田公司非常重视培养工匠，这个很重要。我也去福州看了曹德旺先生捐建的福耀科技大学，看后很感动，这所学校就是想为企业培养一些专门的人才。

◆ **防范经营风险，追求稳健成长**

一是周期性风险。经济有周期，行业也有周期，做企业不能光想往上走，还得考虑周期下行的时候该怎么办。一家基业长青的企业一定会经历很多次的经济上行和下行。

二是资金链风险。做企业要现金为王，不能入不敷出。企业出问题，不管出什么问题，最后总是因为资金链断裂倒闭。所以企业一定要把资金管好，要做有利润的收入、有现金流的利润。

三是大企业病风险。企业在成长过程中可能得大企业病，变得机构臃肿、人浮于事、士气低迷、效率低下、投资混乱、管理失控，这是我概括大企业病的六个特征。大企业病就是官僚主义和形式主义在企业里的体现，做企业一定要注意不能得大企业病。

四是经营决策风险。柯林斯讲到，企业倒下有五个过程：第一阶段是狂妄自大，企业获得成功后变得目空一切，甚至放弃了最初的价值观和管理原则；第二阶段是盲目扩张，不停地扩张业务，什么都想试一把；第三阶段是漠视危机，危机来了不在乎，觉得天塌下来高个子顶着，错过了处置危机的好时机；第四阶段是寻找救命稻草，希望通过一场重大的重组或者找一个无所不能的 CEO 救命；第五阶段是被人遗忘或濒临死亡，无声无息倒下。他讲的是 20 年前美国的大企业出问题的情况。今天中国一些企业走向衰败，经历了同样的过程。所以对于企业管理者来讲，要特别重视这些方面的问题。我们爬上一座山峰可能需要 10 天，掉下去只需要 10 秒，要特别重视防范经营风险。

迎接中国管理的新时代

过去几年，面对严峻复杂的新冠疫情和错综复杂的国际形势，我国经济还是稳定向前发展，我国的企业也在快速成长，技术创新也在持续进步。困难是客观的，但机遇也很多，我们企业要对自己有信心。中国的企业从过去跟跑到并跑，现在不少企业正在领跑，也逐渐开始产生和提炼自己的管理方法和理论。我们要培养中国的管理范式，迎接中国管理的新时代。

◆ **管理界要理论和实际相结合**

企业管理界的学者和老师不光要研究理论，还要深入企业实际，要知行合一。现在各大高校的商学院、经管学院等在大力培养企业的管理人员，企业家的学习热情也非常高，所以企业管理界要认真结合企业的实际和面临的具体问题，为企业找出高质量经营发展的解决方案。

> 稳健经营

◆ 动员更多的企业家总结自身的经验

管理教育有三个层面：第一个层面是管理理论；第二个层面是管理界针对企业的案例进行研究；第三个层面是企业家自身推出一些管理经验。中国的企业家要多推出自己的管理经验，像海尔的张瑞敏先生这些年就推出了不少的管理经验。既要有老师教企业家，也要有企业家教企业家，我们希望更多的企业家能总结自己的经验，登上讲台给大家讲一讲，尤其是有成就的企业家，要多给大家讲讲。我曾在上海跟曹德旺先生同台演讲，76岁的曹德旺先生在台上站了1个多小时，演讲、回答问题，我在现场听了也很感动。

▲ 参观福耀玻璃，深入了解公司发展历程和企业家精神

疫情防控期间，我翻出了松下幸之助和稻盛和夫的书，重新阅读。无论是松下幸之助还是稻盛和夫，在引导日本年轻一代这点上是没有功利心的，把多总结和向年轻一代传递经验当作自己的责任。中国成功的企业家也有责任把自己的经验和教训总结出来贡献给社会，给年轻的一代插上前行的路标，这是非常重要的。

◆ **总结中国本土化的管理经验**

改革开放以来，我们学习了大量西方的管理理论，包括管理的案例等，这是我们过去的需要，极大地促进了中国企业管理水平的提高。目前中国在全球是第二大经济体，2022年世界500强排名中，中国有145家。21世纪是中国企业的时代，中国企业无论是在互联网方面，还是在新能源、电动车等方面都已经崭露头角，走向世界舞台的中央，其中有些企业已经成为一流的企业，有越来越多的经验应该积累、总结、归纳、提升。

我在《哈佛商业评论》创刊百年中国年会上讲到，过去《哈佛商业评论》都是刊登西方的案例让我们来学习，今后我们希望刊登越来越多的中国案例，让西方企业家也来学习，共享中国企业在管理界的成就和一些新的思想。有思想才能被尊重，固然我们的产品好、赚了钱，会被人尊重，但是如果我们在管理界产生很多一流的、优秀的管理思想，更会被全世界尊重。

记得我国管理泰斗袁宝华先生对我国管理界提出十六个字的指导方针，"以我为主，博采众长、融合提炼、自成一家"，这是袁宝华先生对企业管理工作者的寄语，也应该是打造中国本土化管理的一个指导思想。我们企业界应该有这样一份责任感。

03
管理教育重要的是"知行合一"[①]

这些年我与商学院和 MBA 教育结下了不解之缘。我大学学的是高分子专业，到工作岗位后能胜任管理工作，与我在商学院受到的培养是分不开的。我先后参加过工商管理硕士、管理工程博士课程学习，这些学习经历对于我后来理解和领导企业发挥了重要作用。在过去 40 年的企业生涯中，我有 35 年在从事大企业的管理工作。在工作中持续学习管理理论和知识给了我很大帮助。

我深信管理不是无师自通的。实现人的再造、团队的再造，需要不停地教育。我在北新建材和中国建材任职期间，推荐了不少干部到清华大学、北京大学等一流大学的商学院学习，帮助企业储备了大批富有实践经验的技术管理人才。经过系统培训，团队整体素质得到持续提升，形成了充满生气的学习型组织，为企业快速成长奠定了坚实的人才基础。应该说商学院教育不仅改变了我，也改变了我的团队，改变了我所在的企业。

近几年，作为中国上市公司协会和中国企业改革与发展研究会的会长，我调研过上百家上市公司，跟这些上市公司的主要领导就企业经营管理问题进行过深度交谈，做了不少案例研究。在这个过程中我也深深地感受到企业家对读书学习有很大的热情和需求。

这些年，我先后被聘为第二届、第三届、第五届全国工商管理硕士教育

[①] 本文整理自 2022 年 10 月 14 日作者在华东理工大学商学院承办的第八届中国行动学习论坛上的演讲内容。

指导委员会委员，也受邀在清华大学、北京大学等高校商学院做实践教授，坚持把企业经营管理的一些心得介绍给学员，教学相长，在和师生们交流的过程中，我也受益良多。

围绕改进商学院的教育，我想从三个方面谈谈自己的想法。

推动商学院教育理论和实践相结合

从工业革命开始，在人口和需求增长的持续牵引下，如何提高企业的效率，解决这个问题就是管理的初衷。随着企业的发展，战略研究、组织研究、创新研究等应运而生。所以，企业的管理是实践的产物，它来源于企业，是为解决企业面对的问题而开展的。企业的管理不仅带来了企业的繁荣，工业的管理原则也促进了社会的现代化进程。

德鲁克将管理学开创成为一门学科，他认为管理是一种实践，其本质不在于"知"而在于"行"；其验证不在于逻辑，而在于成果；其唯一权威就是成就。这段话表明了企业管理的实践性特点。纵观德鲁克的管理书籍，里边布满了他对企业案例的研究。

我是个热衷于企业管理教育的人，我认为企业应和大学结合，既要像办学校一样办企业，也要像办企业一样办学校。这么多年我的体会是，只实践、只信经验的人做不好企业，只学习不实践的人也做不好企业。只有既实践又学习的人才能把企业做到最好，或者做到极致。商学院作为工商界人士再培训、再学习、反思的平台，应是"理论＋实践"型的，尤其是 MBA 教育，最重要的就是"知行合一"。

商学院是来自实践的，后来逐渐朝着学科化转化，办到今天，从全球来看，商学院都面临一个问题，就是如何能够贴合企业需求，如何选拔和培养那些确实具有企业家素质的创业者和管理者。过去这些年，曾有一些知名企业家批评现在的管理教育不解决问题，甚至学了还不如不学。我认为这些批评并不是对所有管理研究和教育的批评，而是对脱离企业实际、束之高阁的管理研究和教育的批评。所以从商学院来讲，研究和教学都必须能够与实践密切结合。

▶稳健经营

现在很多商学院的学科建设要求在国际期刊上发表论文，我也赞成做些管理学的基础研究，但商学院的教育毕竟是继续教育和实践教育，不能过于学科化，衡量商学院成绩的应是促进企业家的成长和企业的发展成果。记得前几年有杂志举办活动讨论过，企业到底需要什么样的管理研究。现在评职称要论文，而有些论文要有数学公式，好像越复杂越好，而我认为，管理学的论文要让企业家看得懂，能真正促进企业的管理工作。我见过一位商学院的老师，他深入调研过700多家企业，也常带学生们去企业参观学习，他对企业的事了如指掌，我很佩服这样的商学院老师。以前我也推荐一些商学院老师出任上市公司独董，他们学以致用，知行合一，既深度了解了企业，也为企业做出了贡献，受到了上市公司的欢迎。

面对国内外环境复杂性加剧、多重风险挑战交织叠加，企业必须能在不确定性中做出正确选择，也必须对资源整合、技术创新、市场生态的变化做出反应。在这种情况下，企业家需要高水平、有针对性的管理指导，帮助企业发现存在的问题并找出解决问题的方法，应该说这对商学院教育来讲既是机遇也是挑战，因为一方面有更多研究企业问题、为企业服务的机会，另一方面研究这些新问题和新变化所需要的知识和方法的难度越来越高。

这就要求商学院要与时俱进、开门办学，破除边界，把商学院、大学和企业紧密地结合在一起。一是开拓视野，让老师"走出去"。商学院老师要有扎实的理论功底，还要贴近企业、贴近企业家，深入了解企业实践，这样才能接地气，对具体案例进行管理"会诊"，让教学更有针对性。二是校企融合，让学生"走出去"。在学习的过程中，让大家有更多的机会接触企业，模拟商业实践，培养商业思维。三是敞开大门，让企业家"走进来"。商学院需要教理论课的、有学问的老师，同时也需要有企业实践经验的"企业家教练"，可选一些优秀的、擅长讲课的企业家来课堂给大家多分享，企业家的进入也会促进管理研究的实践化。

推动商学院教育和创新创业相结合

德鲁克曾提出创新可以作为一门学科展示给大众，可以供人学习，也可以实地运作。今天的中国，创新创业开始进入学科教育，不少学校都办了创新创业学院和中心。商学院应该是高校开展创新创业教育、培养创新创业人才的主要主体。

过去商学院的一个重要任务是培训那些理工科毕业后从事企业领导工作的管理人员，让他们懂得一些战略、市场、营销、财务等方面的知识。MBA教育实际是做这项工作的，教这些已经有了一定科技知识、专业知识的企业管理层学习怎么更好地去做管理。今天到了高科技和新经济时代，技术迭代加速，数字经济呈指数级成长，科技创新至关重要，核心技术成为企业存在的基础和竞争的利器。即使是传统企业，也得用技术创新来助推企业进行转型。

今天商学院教育也应该有新的定位、新的目标，跟随时代而动，满足时代发展的需求，培养适应时代的企业家，不仅要教企业家如何管理，还要赋予他们更多的科技知识，增设与新技术、新产业、新业态紧密结合的创新创业课程，培养他们的创新思维和创业能力，让他们能够跟上时代的发展，这变成了商学院一项非常重要的任务。

我去几家企业调研时，发现这些企业的创始人大多本身是在某一方面有专长的技术人员，他们开办了企业，企业也做得很好。像宁德时代的创始人曾毓群是从上海交通大学船舶与海洋工程专业毕业的，后来在中国科学院物理研究所攻读博士，参与和主持了多项发明专利。

过去我们讲企业家做企业家的事，科学家做科学家的事，但今天应该是高度融合的。作为科学家型的企业家，有技术优势，但同时也要加强学习市场管理等方面的商业知识。对于很多传统型企业家，我鼓励大家要学习技术，学习科技知识，也就是要做懂科技的企业家，这是今天我们倡导企业家需要具备的能力。在商学院这个平台上我们要完成这样一个使命，培养有科学家精神的企业家、有企业家精神的科学家。我十分赞成像中国科学技术大学科技商学院这样的积极探索，就是把科技和商业紧紧地结合起来，把高科技、新经济和企业的发展与商学院紧密地结合起来。商学院应重视创新创业知识普及和学科交叉融合，通过跨学科交流、课程设置等多种途径培养复合型人才，为创新创业和经济高质量发展提供智力支持。

▶稳健经营

推动商学院教育国际化和本土化相结合

到底管理是共性的还是有特性的，大家讨论不少，有人同意提"中国式管理"的概念，也有人持不同看法。其实中国式管理还是存在的，因为中国的经济、中国的企业确实很有特点。

我国的企业管理是随着我国改革开放发展起来的。改革开放初期，我国企业管理总体上比较粗放，生产水平也不高。在20世纪80年代，我们的企业处于管理的学习阶段，开始是学习西方的管理理论和日本的管理方法，主要针对的是现场管理、成本控制、质量改进等方面，这对促进我们企业的现代化、提升管理水平确实发挥了作用。到20世纪90年代，我们开始引入MBA教育，我国企业管理研究有了一定发展；伴随着国有企业的改革、民营企业的发展、上市公司的壮大，这一阶段的管理研究更多转向对企业制度的探讨。

2000年以来，我国企业面对的主要是互联网、新技术革命、企业"走出去"、气候环境变化等问题，由此，这一阶段的管理研究紧紧围绕着企业创新、国际化、应对气候变化等问题展开。而当下的中国，不仅是全球最富有活力与机会的新兴市场，也是积累了复杂课题的转型社会。受新冠疫情影响，世界经济遭受冲击，国际多边体系面临严峻挑战，我们迎来属于自己的管理热潮。

事实证明，企业管理理论是与经济发展、企业成长分不开的。现在我国经济整体规模已经达到世界第二位，而世界500强企业的数量已经位列全球第一。尤其随着互联网、5G、AI、新能源汽车等领域的一批新经济企业的快速崛起，涌现出了很多非常优秀的企业家。我国企业在管理上也从"跟跑"变为"并跑"，并在有关领域里开始"领跑"。我国企业管理理论和方法论也开始受到全球企业界的重视。在这个时候我们不能只学习西方的管理理论和企业案例，更应该讲好中国企业的故事，提炼有自己特色的企业管理理论，为年轻企业家插上路标。

中国企业的培育和成长，和我们的传统文化、我们中国人的行为方式等是密切相关的，企业管理离不开这样的一个基础。习近平总书记在庆祝中国共产党成立100周年大会上的讲话中提出,"坚持把马克思主义基本原理同中国具体实际相结合、同中华优秀传统文化相结合"。我们应该加大东方文化与现代企业之间的交融,向古老的先贤学习,寻求跨越困境之道。

一方面,要遵循利而不害、为而不争、达己达人、和而不同的价值观。《道德经》第八十一章有一句话:"天之道,利而不害;圣人之道,为而不争。"意为自然的规律是让万事万物都得到好处,而不伤害它们;圣人的行为准则是做什么事都不跟别人争夺。今天的企业处理这么多的纷争、竞争,要坚持行业自律,建设自己的核心利润区,引领市场走向健康化,而不是进行过度竞争、恶性竞争。《论语》中倡导的仁者爱人、利他主义等精神,则讲到了今天企业的目的,要为社会大众服务,让员工与企业共成长,促进共同富裕。

另一方面,我们处理矛盾和风险的主张是以柔克刚、以静制动、不战而胜、向善而生。《孙子兵法》中的战略思想指导我们,要以冷静的态度对待纷乱的局面,避开锋芒,不战而屈人之兵才是上策。其实《孙子兵法》是一本教我们学会战略性思考的书,它不仅讲了战略的意义,还讲了战略制胜的条件和方式。今天看来,迈克尔·波特提出的战略理论和《孙子兵法》有很多相通之处。波特讲五力模型,《孙子兵法》是讲到五事,即战略管理的五大要素——道、天、地、将、法,帮助我们更好地理解竞争的本质,以及竞争中的取胜之道。

今天西方的管理学家也在引用和认真学习我国这些灿烂的思想,而我们在学习了40年的西方管理之后,还得重拾这些优秀、朴素的价值观,为我们在未来前进的道路上指引方向。但要注意的是,它们提供的从来不是现成的行动指南,更不是唬人的谈资和包装,而是在总结经验的基础上,提供思维的启迪,包括对现象的洞察力和对事物的判断力。当然,我也并不主张中国式的管理都去古人那里找答案,不能把中国的传统文化变成现代管理的一个包袱,而要把它变成促进企业管理的一个动力,把这些理念和规律创造性地运用到中国企业的实践之中,并在实践中发展这些规律。我也提倡洋为中用、古为今用、中西合璧,关键是要能解决中国企业的问题,而且在解决过程中,我们也能够给世界贡献中国智慧和中国方案。

▶ 稳健经营

　　现在大家都在关注加快建设世界一流企业。我们也要对世界一流企业先进的企业管理方法和理念进行深度挖掘和整理，学习对标，创造出更多的世界一流企业和一流思想。

　　我们要从今天中国鲜活的市场经济、企业实践中把自己的发展经验、管理思想概括出来，这些都可纳入商学院的教学计划中。将来商学院的案例里，既有国际上一流企业的案例，也有我们中国的世界一流企业的案例，还有专精特新中小企业的案例，包括中国特色的混合所有制经济和企业的案例等，这些都要好好地去归纳总结，提炼出中国式管理方法，产生新的本土化的管理范式。

　　与此同时，商学院还要大力促进中外管理思想的深度交流和相互影响，尤其要推进中国企业管理实践与研究的国际化，将我国优秀的管理思想推广到全世界，为全世界提供中国方案。

04

迈向公司治理新时代[1]

过去做企业讲究管理比较多，现在到了治理时代，尤其对于上市公司，和普通公司比，要更加重视治理。

为什么要加强上市公司治理

20世纪90年代沪深交易所成立后，我国资本市场经历了从无到有、从小到大的发展过程，取得了举世瞩目的成就。随着现代企业制度的建立、《公司法》的实施，我们有的上市公司在发展过程中遇到了一些问题，公司治理就进入了公众视线。

自2002年证监会出台第一版《上市公司治理准则》起，我们围绕公司治理做了大量工作。2020年3月，新《证券法》出台，加大了对违法违规的处罚力度。2020年10月，国务院出台了《国务院关于进一步提高上市公司质量的意见》，公司治理作为其中一项重要的工作。可以看到这些年，我们的监管部门一直致力于加强公司治理。2020年12月，证监会开展了为期两年的公司治理专项行动，中国上市公司协会配合专项行动进行了5次大规模培训、3次区域培训、1次民营企业上市公司培训，合计大概培训了上万名公司董监高等关键少数，给大家讲清楚政策变化，要如何提高上市公司治理水平。我们也看到了一些可喜的变化，公司治理是公众公司的中心环节等公司治理

---

[1] 本文选自2021年3月26日作者在中国上市公司协会第一期公司治理专题培训课上的分享。

的理念越来越深入人心。

◆ 公众公司的必需

上市公司和普通公司不同。当然，普通公司也要加强公司治理，但上市公司是公众公司，公司治理的透明度、规范性至关重要。什么是上市公司的治理？社会上对此有不同的理解，一种是目前西方国家比较倾向于治理是指公司合规性，比如反对商业贿赂、公司运营要遵守法律条款等；另一种是强调公司的内部治理结构。我的理解是要把这两点统一起来，一要依规合法运营，二要有良好的治理机制。上市公司的治理是上市公司各个利益相关方对于权利、利益的分配、运作、制衡的机制。因为与独资的国有企业、家族企业不同，上市公司是多股东的，涉及各方面的利益。

关于上市公司的治理，有几方面非常重要。

一是独立性。《公司法》中规定，公司有独立法人财产权，独立地运作，股东只有股东的权利，承担有限责任。

二是透明性。上市公司和普通企业在治理上最大的不同是上市公司公开透明地经营，作为公众公司，上市公司每年要披露年报、半年报、季报，让投资者和社会公众了解公司真实的经营情况。

三是合规性。合规运营是上市公司治理的重点，大家应该高度重视，上市公司的董监高要意识到自己所在的公司是公众公司，从上市那一天开始，就不再是普通企业，而是站上一个透明的舞台，要遵照规则行事。

◆ 监管层的要求

2021年证监会系统工作会议上强调要坚持"建制度、不干预、零容忍"。"建制度"非常重要。《OECD公司治理原则》1999年出台，后来又经历几次修改，现在用的是2015年版。《上市公司治理准则》是2002年实行的，2018年进行了修订。修订的准则有10章98条，内容非常详尽，这是监管部门对上市公司的要求。

企业上市了就要按规则做，就如同开车一样，任何驾驶员都必须遵守交通规则。如果上市公司按规则做，监管机构就"不干预"；如果上市公司不按规则做，监管机构就"零容忍"。如果对不遵照规则制度的上市公司做不到"零容忍"，那么制定的制度就没有办法坚持下去。

市场化和法治化是结合在一起的。法治化是前提，没有制度，市场化做不下去。注册制建立在信息准确的前提下，信息准确是注册制的生命线。因此，公司的合规治理是监管机构对上市公司的要求，是任何上市公司都必须遵守的一套制度和规则。

◆ **上市公司稳定发展的需要**

我国约有 130 家千亿级市值的 A 股上市公司，我们发现这些公司有三大特征：一是属于细分领域的头部企业，主业突出；二是业务所处赛道不错，适应我国经济结构调整的发展方向；三是治理规范。治理规范是公司发展长治久安、基业长青的基础，如果治理得好，公司就能够长久发展。这也是加强公司治理的原因。

▲ 为上市公司总经理赋能研修班开展公司治理相关培训

公司治理存在的问题

30 多年间，我国资本市场有了长足进步，上市公司为国家的经济做

> 稳健经营

出了重大贡献。但我们在肯定上市公司取得成绩的同时，也要看到存在的差距，尤其是在公司治理方面。部分上市公司存在的差距和不足大概有几点。

一是内部人控制。美国企业的股东相对分散，内部人控制指的是企业被管理层控制，听不到股东声音了。而我国企业的大股东平均持有股份约占40%，控股股东持股的比例相对较高。所以通常我们所说的内部人控制是指企业被控股股东控制。二是大股东滥用控股权。部分上市公司存在的内幕交易、对外担保、质押等一系列的问题都与此有关。《公司法》里明确了控股股东的权利，但不能滥用权利。三是决策机制不健全。四是透明度不高，信息披露不完善。五是对中小股东和利益相关者的利益保护不够。对于这些问题，我们要细致分析，认真思考如何解决。

亚洲公司治理协会发布的《2020年公司治理观察报告》中有12个国家的公司治理水平的排序，我国的公司治理水平还有待提升。实际上，我国的公司治理水平在逐年提高。南开大学李维安老师的课题组每年公布中国上市公司治理指数，平均指数从2003年最初发布的49.62分提升到2020年的63.49分，提高了13.87分。我问李维安老师治理指数多少分算好，他认为80分算好。我们的公司治理水平还要持续提升。

我到一些上市公司进行走访、调研和学习，主要是围绕提高上市公司质量，了解情况、听取意见，同时进行交流。美的是一家由乡镇企业改制而成的上市公司，何享健是公司创始人。2012年，何享健家族制定了家族宪章，不再参与公司的管理，把公司的董事会包括经营层的权力交给了职业经理人。方洪波并不是家族成员，作为职业经理人出任董事长。这是现代公司治理的做法，也是美的发展到今天重要的原因。海天味业也发展得很好。我问董事长庞康，公司这么多年稳健发展的原因是什么。他说了六个字：务实、专业、规范。海天味业的发展得益于专注主业和规范治理。这两家公司都是千亿级上市公司，都是很专业的公司，同时治理得很好。

若干年前在瑞士，我去访问一家水泥家族企业，这家公司董事会的11位董事中没有一个家族成员，全是外部聘请的社会精英。我当时就问："一个家族成员都没有，放心吗？"他们回答说："放心，社会精英比家族的人要管理得好。"这让我印象极其深刻。今天我国家族上市公司也在面临这样的选择，就是要不要建立良好的治理机制，考虑把企业交给专业人员和社会精英，这样可能会发展得更好，所有者利益会更大。

公司治理的主要内容

从《OECD公司治理原则》到《上市公司治理准则》，公司治理的主要内容是什么？我归纳了五个要点。

◆ 保障股东的权益

上市公司是股东投资的公司，要把保障股东的权益放在第一位。这里是指全体股东的权益，尤其是要给予中小股东保障，这是公司治理的应有之义。我们总讲"上市公司的独立性"，证监会在很多年前就明确了"三分开、两独立"，即控股股东、实际控制人与上市公司应实行人员、资产、财务分开，机构、业务独立。然而现在有个别公司，控股股东和上市公司之间没有做好"三分开、两独立"，幕后操作、关联交易、给控股公司做担保等都和这些"不分开"有关系。比如母公司本来把好的业务放在子公司上市，但母公司也要发展业务，怎么办？那就从上市公司里吸取资源再去发展。这样做往往业务并不一定能发展好，因为过去的主业都放到上市公司里了，集团又在铺摊子，最后很可能一损俱损，集团垮掉，把上市公司也拖垮。所以上市公司要做到"三分开、两独立"是非常重要的。

我们既要保护股东的权利，还得限制股东的权利。《公司法》的核心在于公司是独立的，股东的权利是有限的。有限公司里股东投了资，承担有限责任，同时权利也受到了限制。如果超越权利、过分伸张权利就应该承担无限责任。事实上，公司一经注册，股东只能享受股东的权利，企业自身有独立的法人财产权，它为债权债务承担责任，需要从根上把这件事情厘清。

▶稳健经营

◆ 强化董事会的职能

在公司治理上，董事会的职能能否发挥好，能否建设高效的董事会至关重要。围绕董事的责任，西方有两种观点：一种认为董事只为公司负责；另一种认为董事要对股东、公司负责。OECD规定董事为股东和公司负责，当然，这个股东是指全体股东，不是指派出董事的那个股东。这也是经常讨论的一个问题。大股东提名董事，但是一经股东会选出，董事就代表了全体股东，不再是原来派出股东的股东代表。股东可以推荐董事，但是董事为全体股东负责，为公司负责，而不只为个别股东负责。

董事会的发展经历了三个阶段。

第一阶段是仪式型董事会。大家开会基本不发言，主要听董事长和资深董事讲。但是2001年发生了安然、世通事件后，美国出台了《萨班斯法案》，对董事会和董事的责任有了严格要求。

第二阶段是解放型董事会。董事们各自发表意见，但往往一人一把号，各吹各的调，董事会的运作和执行层形成尖锐的对立，意见统一不起来，这也影响了董事会的决策，进而影响了公司的创新和发展。

第三阶段是积极进步型董事会。董事会的主要目的有两个：一是促进发展；二是防范风险。董事会其实永远在两难中进行选择和平衡，即发展和风险的两难。决策正确了就发展，错误了就有风险。作为董事来讲，签字后要负责任，赞成一个错误决策和否决一个正确决策都是不对的。因此，董事要认真参与公司的决策，积极推动公司的发展。

我主张建设积极进步型董事会。董事长不搞一言堂，而是作为组织和协调人，让大家积极发言，提建设性意见，同时和执行层进行良好的沟通。这样的董事会才能为公司创造价值。

在董事会里，还要保证独立董事的独立性。因为无论是独董还是会计师事务所，都是公司请来的。这里就存在一个问题：独董能不能独立于公司，能不能独立于大股东、控股股东来做决策？我们要保证独董的独立性，尊重其权利，不仅要让独董知道好消息，还要知道坏消息，尽可能全面了解公司的情况，做出正确的决策。

◆ 发挥内控机构的功能

我以前做中国建材董事长的时候，去法国问过当时世界第一大建材公司法国圣戈班的董事长："你做董事长这么多年，主要管什么？公司里最大的事是什么？"他说："有两点，薪酬分配和内控。"回顾这么多年来，各个企业出现乱象，细想是因为内控形同虚设。公司审计包括外审和内审。我们的董事会里有审计委员会，每个公司里都有审计部，每一年都要做内审。但是有些公司做得并不好，董事长并没有把内审作为一项重点工作来做。董事会应发挥好专业委员会的功能，尤其发挥好审计委员会的功能。

◆ 尊重利益相关者的权利

这一点，在《OECD公司治理原则》和《上市公司治理准则》中都有详细描述。今天公司股东利益最大化的原则已经改变，我们要处理好利益相关者的权益问题，尤其是要尊重员工的权利。其中，让员工共享企业效益非常重要。像山东万华这家企业做得不错，万华成功的原因主要是机制。万华是员工持股20%，地方国资委持股21.6%，但万华公司员工持的股并不是量化到个人头上，而是有一个持股公司，由持股公司持股，这样市场比较稳定，分红之后再量化到员工。另外，万华将创造的利润按一定比例分给科技人员，激发创新活力。

中国建材旗下有的水泥厂实行超额利润分红权，超额利润中的15%按照"一二七"的原则进行分配，即工厂厂长10%、班子成员20%、职工70%。这样做的好处是让员工的利益和所有者利益同向。这是我们处理利益相关者权益问题时要认真考虑的。

◆ 提高信息的透明度

信息披露要坚持真实性、准确性、完整性、及时性、公平性的原则。上市公司是"透明人"，我们要做到这一点，和股东的沟通，尤其是和中小股东沟通更加密切。现在上市公司90%以上都召开业绩说明会，而且绝大多数董事长、总经理都出席业绩说明会，这是一个很大的进步。

▶稳健经营

从管理到治理的转变

　　管理是企业永恒的主题，但今天企业还面临两个问题：一是不确定性越来越多，只靠管理不够，还要增加经营的能力；二是要从管理向治理转变。治理是什么？治理是防范风险，确保公司稳健发展，同时提高公司的价值。如果将做企业的过程比喻成一个盖楼的过程，治理就相当于是打地基，治理得好，楼盖得高；治理不好，就容易倒掉。管理代替不了治理，尤其是上市公司，迈进治理的新时代，要好好研究公司治理理论和治理机制。今天，企业领导者要明晰自己不是简单的管理者，作为董事长或总经理，处在治理结构中的一个关键环节，要意识到公司治理的重要性。

　　规范公司治理，强化公司治理内生动力是提高上市公司质量系统工程中的基础性工作。没有好的公司治理，就不可能有好的上市公司，更不可能有好的资本市场。现代企业制度的一个基本特征就是所有权和经营权分离。只有完善的公司治理，才能解决经营者激励与约束不相容的问题，督促经营者忠实地履行职务，激励经营者为全体股东利益勤勉尽责，从而坚定投资者信心，并"用手、用脚投票"，充分发挥资本市场配置资源、资产定价和缓释风险的重要作用。公司治理的整体水平决定着上市公司的质量，关系资本市场的发展和未来。

05
从管理到经营[①]

从管理到经营，这是我常想的问题。中国企业往往认为"管理是永恒的主题"，我也信奉这个管理信条。

但坦率来讲，以我对管理的观察和理解，中文语境下的"管理"可能更多是指企业内部人机物料之间的关系，以及在这些方面为提高效率所进行的努力；而经营可能更多是指面对市场的变化和不确定性做出正确的选择。也就是说，经营是"做正确的事"，管理是"正确地做事"。英文中"management"意为管理，我们的理解是经营和管理的综合。在中文语境下，说"这家企业管理得不错"，常常指的是企业管理得井井有条，窗明几净，很有秩序；说"这家企业经营得不错"，往往指的是这家企业赚了很多钱，现金流很充沛。所以，我认为是可以把经营和管理区分开来的。

从管理到经营

过去我们讲得比较多的是管理，要人盯人，要把企业管好；而现在如果经营无方，即使把企业管理得再好，即使成本等于零，也不见得能够成功。在诺基亚被苹果手机打败的时候，诺基亚总裁感慨地讲了一句话："我们什么也没做错，但我们失败了。"他说的是他们都在正确地做事，但是没有做正确的事。因为在手机从按键式转向智能化的时候，诺基亚仍把手机作为一

[①] 本文选自2021年5月22日作者在2021年企业经营与企业家精神论坛上所作的"经营的逻辑"主题报告。

> 稳健经营

个接打电话的工具来看待，没有做出正确的选择。

我做了40年的企业，前22年在北新建材，做过技术员、销售员、副厂长、厂长，做的主要是管理工作。而后来的18年，我做了中国建材集团董事长、国药集团董事长，把两家企业带入世界500强行列。这期间我做得更多的是经营工作，也就是说，如何做出正确的选择、做正确的事。恰恰是因为抓住了这样的精髓，才推动中国建材和国药集团有了快速的增长。所以在我的工作历程中，前半段我是一个管理者，后半段我是一个经营者。

过去，我们学习管理，很多是向日本企业学习的。我在20世纪八九十年代做厂长的时候，每年去日本两次，学习日本企业的先进管理模式。那时，日本的企业管理堪称世界一流，它们做了很多优质的产品。哈佛商学院迈克尔·波特教授带着7个博士生，在30年前去日本考察后写了一本书《日本还有竞争力吗？》，这本书得出一个惊人的结论：虽然日本的企业管理得很好，每天升厂旗、唱厂歌、开早会等，但是这样是不可持续的，因为日本的企业没有自主创新，更多的是模仿式创新。后来日本确实经历了所谓"失去的20年"。但是，在失去的这些年里，日本人痛定思痛，进行大规模的转型。2018年，我带着"日本企业是不是转型了"这个问题，深入日本的丰田、三菱等大企业进行考察，发现这些日本企业进行了彻底的转型。

对中国的企业来讲，我们逐渐进入一个过剩经济的时代，几乎每个行业都有过剩。从制造业本身来看，我们经历了深刻的变化，从过去的"人海战术"到现在的智能化。以水泥为例，新中国成立初期从苏联引进建设的水泥厂，年产200万吨，需要12000人；20年前的一个水泥厂，同样的规模需要2000人；后来的自动化生产线，同样的规模只需200人；而现在的智能化生产线，同样的规模只需50人。

为什么举这个例子？我们来看一下这里的逻辑：如果是一个12000人的工厂，大家想想得有多少管理机构？人们过去为什么对组织管理这么热衷？因为要让12000人出效益、出效率，这是一个很大的管理工程，分工、考核等管理工作不可或缺。这就是管理时代，不加强管理，12000人就没有效率，也不可能有效益。到了2000人、200人的时代，管理工作大大减少了。那50人呢？一个50人的工厂，当然就不再需要那么多的科室和管理人员。今天这个时代，由于技术的进步，管理的流程大大简化了。工厂的很多管理程序由软件程序和机器完成。所以，管理者的压力大大减轻了。但是，今天最难的是什么呢？是市场中、创新中和商业模式变化中的种种不确定。

作为一个企业领导者，如果还是沿用20年前的那种管理思路，人盯人，苦练内功，那么可能就会与创新、变化失之交臂，也可能做不出正确的选择。今天对企业的领导者来说，更重要的是经营。当然，不是管理不重要，而是经营更重要。企业领导者的主要精力是选择做正确的事，把正确地做事交给部下。

2019年，我到斯图加特去拜访奔驰公司，在那里见到了德国雇主协会总会原主席、80多岁的洪德博士。我问他："您做了一辈子企业，如果让您谈谈体会，您觉得最重要的是什么？"他说："最重要的是两句话，一句是做领导一定要做正确的事，做出正确的选择；另一句是部下要正确地做事，要做好执行工作。"这和我的想法完全一致。这也验证了我讲的为什么要从管理到经营。

今天倒闭的企业不再是40年前跑冒滴漏的那些企业，而是窗明几净、管理得井井有条的企业。这就是现实。因此作为企业家，一定要做正确的事，其实，这个观点不光适用于企业，对家庭、个人来说同样适用。我们首先得去做正确的事，然后才是正确地做事。我喜欢把它们分开来讲，这样更方便中国人去理解什么叫经营、什么叫管理，能把它们说清楚。

我的经营实践

2002年我到北新建材的上级单位——中国建材做"一把手"。中国建材当时非常困难，是一家资不抵债的公司。在任命我为总经理的大会上，办公室主任跑上来给我一张纸，是法院冻结中国建材资产的通知书。这比电视剧还要有戏剧性。

一家不知道下个月工资从哪儿发的公司，究竟该怎么做？未来在什么地方？这就是当时摆在我面前的问题。现在，中国建材是一家年收入4000亿元的集团公司，年利润也有两三百亿元。这是在不到20年里实现的。

▶ 稳健经营

2009—2014年，我同时做中国建材的董事长和国药集团的董事长。在这5年里，国药集团年收入从300多亿元做到了2500亿元，两家企业都进入了世界500强行列。建材和医药两个领域跨度极大，风马牛不相及，这是怎么做到的呢？

中国建材2011年就进入了世界500强行列，国药集团是2013年进入的。我回想一下，两家企业就是一路经营过来的。那时，我们做了五件事。

◆ **战略选择**

在中国建材面临困难的情况下，我首先把目光瞄准了应该做什么。当时，国资委领导提出要求中央企业必须做到行业的前三名。我决定开个战略研讨会讨论一下究竟做什么。一个年轻的同事跟我说："宋总，我们都吃不上饭，饿着肚子，还要开战略研讨会？"我说："我们要饿着肚子研究战略。今天饿肚子是因为以前没有好的战略，如果今天还没有好的战略，未来还会饿肚子。"当时，我们把建材领域里的领导、专家一起请来探讨战略，几天研讨会开下来，得出结论：中国建材要想在行业里做到前三名，必须做水泥。

中国建材原来叫中国新型建材集团，没做过水泥，主要业务有石膏板、壁纸、涂料等，都是些装饰类材料。这些材料乡镇企业也做，市场竞争激烈，中国建材的下属企业中只剩下北新建材还有市场了。但是要做水泥，我不懂水泥，而且建一个水泥厂至少需要10亿元的投入。工厂在哪儿呢？人在哪儿呢？这些问题都摆在我的面前。

我读MBA时在商学院里学会了一个道理：先定目标，缺什么找什么。做企业定战略的时候，该这么思考。当我决定要做水泥时，有人提出疑问："宋总要做水泥，他懂水泥吗？他到矿山看过吗？他有钱吗？"我回答说，做企业不应该是有什么做什么，而要先定目标，缺什么找什么，缺钱去找钱，缺人去找人，缺企业去找企业。这是基本逻辑。

中国建材恰恰是因为制定了做水泥的战略，才有了今天。它改变了整个建材行业的格局，甚至改变了世界建材行业的格局。今天回想起来，就是那个时候开了那场战略研讨会，定了一个目标，基于目标缺什么找什么，才出现了这样一家世界500强企业。现在，建材领域一共有5家世界500强企业，中国建材排名第一。它也是全球"水泥大王"，年产 5.3 亿吨水泥，约占全球产能的 10%、中国产能的 20%。

2009 年 4 月，根据上级安排，我同时任中国建材和国药集团两家中央企业的董事长，这对我来说是挺大的挑战。国药集团的工作从哪儿开始呢？中国建材是从水泥整合开始的，那国药集团呢？经过反复研究，我们得出结论，要从整合医药分销领域开始。美国医药分销领域有 3 家大企业覆盖全美。中国有多少家呢？有 2 万多家，这就需要整合。所以，我们当时选择了从这里切入。还是用中国建材联合重组的办法，迅速进行整合，从终端进入，并拉动了上端。

无论是中国建材还是国药集团，这两家企业的快速发展都是战略驱动的。如果没有一个清晰的战略，它们不可能发展成为今天的情况。所以，战略选择是我在做企业过程中的第一大选择。

◆ 资源整合

选择战略后，所需资源到底怎么来呢？我刚到中国建材时，公司资不抵债，不可能一个一个地去建新的水泥厂，何况这个行业已过剩，在打乱仗。怎么办呢？我想就是要整合资源，在行业里进行整合。

怎么整合呢？我注意到了浙江，浙江企业市场化走在行业前面。浙江是当时全国水泥结构调整做得最快的一个省，别人还是小立窑，浙江的民营企业就盖起了新型干法窑，用的都是新的技术。但是，在建好水泥厂以后，这些企业就开始打价格战。所以，中国建材的水泥整合是从浙江开始的。

当时，我在杭州西湖边的汪庄饭店与湖面之间的一片草地上支起了几个小茶桌，请了三狮集团、虎山水泥、尖峰水泥和浙江水泥这四大水泥企业的一把手喝茶，他们因为打价格战，见面都不说话，而且每家企业都找了外援。尖峰水泥的董事长兜里揣着张机票，第二天要去马来西亚签合同。我在那儿跟他们谈了整整一天，说服他们跟中国建材联合。我跟他们说："你们四家请了四个'雇佣军'，还得打仗，这仗没完没了。跟中国建材合作，就不打仗了，价格恢复了，企业才有利润。"

奈斯比特的《定见》讲到要变革必须有好处，端出牛肉来。我端出来

> 稳健经营

"三盘牛肉"：一是给出公平合理的定价；二是给民营企业创业者留30%的股权；三是保留经营团队。这些企业家做了大半辈子水泥，和中国建材联合后还可以继续留下带队伍，只不过要接受中央企业的文化。他们觉得我说得对，同意了合作。

要重组就不能斤斤计较，要算长期利益。重组前水泥的市场价格从每吨400元降到了180元。重组完成后，水泥价格从每吨180元恢复到了400元，企业有了利润，30%的股权也分了红，关键是这些企业家都成了新企业的管理者，壮大了中国建材的人才队伍。

回过头去看，这十几年发生了什么？水泥行业在中国建材重组之前的集中度只有12%左右，现在集中度达到70%。水泥行业完全用市场化的方法进行了重组，还产生了像中国建材这样的世界500强企业。这就是资源整合。

今天对企业来讲，不是考验我们创造资源的能力，而是要考验我们整合资源的能力。我国约有1.43亿个市场主体，多数行业都有过剩，所以需要整合者。

◆ **资本运营**

要发展业务，要整合资源，钱究竟从哪里来？1997年我在北新建材的时候，北新建材也很困难，当时是通过上市在深交所融资。后来我到了中国建材，要重组水泥，钱从哪儿来呢？有一天，我在办公室读报纸，突然一则消息映入我的眼帘：可以把A股公司打包到香港上市。中国建材当时有两家规模很小的A股公司，一家是北新建材，另一家是中国巨石，但都没有增发的能力。我看了这则消息马上通知办公室下午开会。在会上，我跟大家说要到香港上市，所有干部都疑惑地看着我，觉得我是不是"吃错药了"。我说："看你们的表情，你们都不信，而我相信我们能在香港上市。"

中国建材股份有限公司成立后一年左右就在香港上了市，募集的资金并不多，只有20多亿港元。但重要的是，中国建材在内地金融界产生了信用，获得了很多的支持。

上市后，中国建材股份的股票价格一度从2.75港元涨到40港元。当我们正高歌猛进的时候，金融危机来了，2008 年股价从 40 港元跌到 1.41 港元。我鼓励公司员工："我们的业绩非常好，这是金融危机，别人卖空我们，不要太在乎，我们自己得相信自己。"果然股价后来又涨上去了。

中国建材股份在香港上市，国药控股也在香港上市，它们旗下还有 20 家 A 股上市公司，通过一个上市公司群来进行资本运营，发展得很好。

◆ **集成创新**

创新多数不是单独干出来的，基本是合作出来的，必须进行开放、融合、协同的创新。集成创新是我推崇的一种创新方法。

我在中国建材通过集成创新推动了铜铟镓硒薄膜太阳能电池业务的发展。德国西门子公司做了几十年这项产品的研发，后来被壳牌买了，再后来法国圣戈班又与壳牌合作，法国圣戈班将它买了。圣戈班是全世界最大的玻璃公司，它将这个在玻璃上镀一层膜就能发电的产品定位成未来的主产品。但是，2010 年欧洲主权债务危机，圣戈班做不下去了，工厂全线停产。中国建材决定要做这个项目。我们对其进行了收购，包括在慕尼黑西门子研发园区的研发中心。经过这么多年的发展，中国建材已成为薄膜太阳能电池铜铟镓硒和碲化镉技术的全球领先者，产品在市场上很受欢迎。

◆ **机制创新**

中国建材是中央企业，但是中国建材的国有资本金在资本项下只占 25%，75% 是社会资本。也就是说，中国建材是用了少量资本金吸收大量社会资金而发展起来的一家企业，它也是一家在充分竞争领域的企业。在充分竞争领域，国有企业能赚到钱吗？这是大家常问的问题。近 3 年来，中国建材年收入近 4000 亿元，每年经营活动现金流净额和效益都很不错。这得益于它的机制。

机制就是企业效益和员工利益之间的关系，有关系就有机制，没关系就没机制。比如中国建材的一家水泥厂设计了一种机制——超额利润分红权。什么是超额利润分红权？以 2 亿元的利润定额为例，如果做了 3 亿元，这多

> 稳健经营

出来的 1 亿元就是超额利润。超额利润怎么分呢？85% 归公司，15% 分给员工。这 15% 怎么分呢？按照"127"原则去分———一把手 10%，班子成员 20%，其他干部和员工 70%。

这样做产生了什么效果？班子成员人数缩减，工厂设一正两副，因为如果副手太多，每个人分到的钱就少了。所以，组织机构不会再臃肿。在企业里，如果采购部门采购价格太高，大家会有意见；如果生产制造部门出现跑冒滴漏，成本太高，大家也有意见；如果销售部门没把货款收回来，大家还有意见。超额利润分红权是非常好的办法，解决了企业全体人员的积极性问题。

我在北新建材做厂长的时候，上级领导来调研时问我："辛苦不辛苦？晚上能睡好觉吗？"我说："挺辛苦的，睡不好。"他说："你要睡好觉，让你的干部睡不好觉。"这个问题我一直想了 20 年，没有找到办法，直到有了机制，这个问题终于解决了。机制就是让大家都努力，从"要我做"变成"我要做"，做领导的才可以睡好觉。所以，做企业有了机制，不需要神仙；没有机制，神仙也做不好。

不管是国有企业还是民营企业，机制都是它们的原发动力。如果不考虑人的积极性，也不考虑个人收入和企业效益之间的关系，企业很难有活力。管理要说复杂也很复杂，要说简单也很简单，谁能调动员工的积极性，谁就找到了管理的真谛。无论是在北新建材，还是在中国建材、国药集团，我最大的体会是要理解人心，知道他们在想什么，这是最重要的。

我做过 18 年的中央企业领导者，如果让我去讲做企业的故事，我想这五件事很重要。而这五件事不是管理的内容，基本是经营的内容，都是关于做正确的事。这就是我的经营实践。

06

企业的并购与整合[①]

2002年我到中国建材的时候，企业只有20亿元收入，到2019年年底我退休离开的时候，企业营业收入已经达到4000亿元。我去国药集团的时候，企业的收入是300多亿元，到我离开的时候做到了2500亿元。这两家企业都是靠并购得以快速发展的。我也看到一些其他企业并购成功的案例。并购能不能成功很大程度上取决于能不能整合好。结合自己多年的实践和这些案例，我想分享三个方面的内容。

从并购看企业的发展

◆ 在经济过剩的时候，可以利用并购重组解决问题

诺贝尔奖获得者乔治·斯蒂格勒曾提出，美国的大企业很少是靠自己滚动发展起来的，几乎都是通过并购发展起来的。我国的很多企业也是如此。

中国建材过去规模很小，它是从并购水泥企业入手，开始了发展之路。水泥行业过去是一个"多、散、乱"的行业，行业集中度只有12%左右，水泥企业间彼此打价格战，整个行业利润总额只有80亿元。中国建材在这个时候采用了行业的整合和资本的混合这两种方法开始大规模并购。

行业要整合在一起，需要资本的支持，中国建材没有那么多资本，采取

[①] 2021年11月9日，2021世界并购大会以"投资并购新动力、全球资管新时代"为主题在上海召开。本文选自作者会议演讲内容。

> 稳健经营

的办法是在香港上市获取资本支持，然后再与民营企业进行资本上的混合。中国建材并购重组了上千家水泥企业，并带头淘汰落后产能和过剩产能，积极倡导市场竞合，通过整合将行业的集中度从 12% 提高到 70%，行业利润从 80 亿元上升到 1800 多亿元，使水泥行业变成一个有序、健康的行业。相比国内有些行业，整合水泥行业，中国建材完全是用市场化的方法去做的。

市场经济属于过剩经济，过剩会引发企业恶性竞争、倒闭。到底应该如何解决过剩问题？西方是用并购来解决的。现在西方正在经历第六次大的并购潮。我国也提出要"多兼并重组，少破产清算"。企业破产会带来一系列的问题，影响非常大，因此我们希望通过并购来解决过剩和产业整合问题。

国药集团整合了医药分销行业。美国医药分销行业只有 3 家企业，而我们有 2 万多家，同样是"多、散、乱"。如何整合呢？依然还是行业整合、资本混合的方法，把覆盖全国近 290 个地级市的 600 多家医药分销企业整合起来，给 95% 以上的三级医院提供医药配送服务，这就是今天国药集团发展壮大的基础。

无论是中国建材还是国药集团，它们的成长都依托于资本运作。中国建材与国药集团都首先推动企业在香港上市，拿到资金，然后与民营企业的资本结合，再重组。那个时候还没有今天这么多的私募基金。这就是中国建材和国药集团这两家在充分竞争领域里的企业成功的办法，诞生了两个世界 500 强。现在中国建材和国药集团的营收规模在中央企业中都可以排在中等偏上的位置，但回溯到 2002 年，这两家企业在中央企业中都是规模小、名不见经传的企业。

◆ 并购也是强强联合、打造行业龙头企业的一种手段

这些年，中央企业进行了大规模重组。南车和北车、中远和中海、中国中化和中国化工、中国电科和中国普天等进行了一系列重组，这些都是强强联合。为什么要这样做？一是为了提高国际竞争力，因为中央企业要参与全球竞争，要提升在全球范围内的竞争力。二是为了减少内部同质化恶性竞争，充分发挥资源优势。

中国建材和中国中材这两家中央企业的重组整合经历了三个步骤。一是

两个集团层面的重组。二是两个香港 H 股上市公司的重组，采用了换股的方式，在 H 股这种并购重组顺利通过是不容易的，因为小股东各有各的想法。但是中国建材股份和中国中材股份这两家公司的并购，得到 99% 小股东的赞成，因为两家上市公司的小股东清楚重组协同效应明显，大多投了赞成票。三是所属公司的重组，对同业竞争的业务板块进行优化重组。两材重组实现了两大中央企业的强强联合。

◆ **并购重组还可以解决创新的问题**

重组可以解决技术创新问题。技术创新有自主创新也有集成创新，而重组就属于一种集成创新。中国建材曾通过重组德国一家做风力发电叶片的公司，一跃成为中国最大的风电叶片制造商和全球兆瓦级风电叶片领导者。中国建材还重组了德国一家做薄膜太阳能的公司，使中国建材在光伏领域拥有核心技术。

前不久我到海信去考察，海信国际化发展很快，它已经成为一家跨国公司，约有 50% 的产品是在国外销售的。海信是怎么做到的呢？这些年它并购了一系列的公司，包括收购夏普在墨西哥的工厂、东芝旗下的公司、欧洲的古洛尼公司、日本三电控股株式会社。今天成长为大型跨国企业的海信，经济效益也好，核心竞争力也好，品牌知名度也好，都大大加强。所以并购对企业发展至关重要。

并购的原则

并购要有原则立场，不是越多越好，一定要明确原则。我认为至少有四条原则。

第一，并购要服从战略。

并购是企业战略的表现。战略的核心就是做什么、不做什么，是一种选择。不少企业并购失败，实际上是战略选择不对。中国建材的并购就在建材领域，国药集团的并购就在医药领域，都没有敢越雷池一步。在行业里，并购规模越大，话语权越强，两者是正相关的。例如国内某家航空公司，过去

> 稳健经营

它对 12 个行业企业进行并购，虽然加起来好像是不小的业务量，但是业务量分散在若干行业，在每个行业都没有控制力，这就是缺少清晰的并购战略。并购要提到战略高度来看待，而不是简单地收购一家企业，这是很重要的。

第二，并购要有效益。

并购要有潜在的效益和价值，开始并购的时候不见得有效益，但是一定要确定几年之后能看到它的效益，不赚钱的并购是不能做的。

第三，并购要有协同效应。

并购的时候，不仅要考虑到新并购的企业要有效益，还要考虑到原有的企业因为并购了新企业利润会增值，这就叫协同效应。

第四，并购要风险可控，可承担。

任何的商业决定都有风险，没有风险的并购是不存在的，关键是风险是否可控可承担。每一笔并购必须考虑它的边界条件，必须考虑万一出现风险是否能切割，对企业的影响有多大。

并购后的整合

并购了这么多企业之后，有四个方面的整合至关重要。

第一，业务整合。

业务整合就是要考虑能不能合并同类项，能不能把业务进行重新归集、重新划分。并购了这么多企业不是说扩大企业规模就可以了，而是要让并购产生优势互补的作用。

第二，机构整合。

企业并购后机构要优化。两材重组的时候，两家集团总部人员加起来有 300 多人，当时减掉了一半的人员，仅留下 150 人。二级机构有 33 个，后来合并为 10 个。每一次并购都是一个集中、精炼的过程，而不是一个"摊大饼"的过程，所以一定要优化机构、人员。中国建材并购的过程中通过整合减少了 500 家企业，员工从 25 万人减到 20 万人，减掉了 5 万人。并购要产生化合反应，而不是简单的组合，不是把萝卜、土豆、白菜堆在一个麻袋里就行了，而是把它们做成一锅好菜，这才是并购的意义。

第三，文化整合。

有不少失败的并购案例，这些失败案例很多是由于文化冲突导致的。文化没有整合好，并购很难成功。我有一句话：并购当中其他条件都好谈，有一点最重要，一定要用好文化同化坏文化，而不能用坏文化同化好文化。要融合各方优质文化元素，整合出企业的新文化，增进对企业新文化的认同。如果在文化上不能统一，企业就会归于失败。这是非常重要的。

第四，管理整合。

中国建材这些年推行三精管理，对并购进入的企业实施深度整合。我们在杭州组建南方水泥时，以江浙沪一带的水泥企业为主。南方水泥2007年9月成立，领导同志专门发了贺信，鼓励我们完成南方水泥并购重组的战略目标，鼓励我们加大国企改革力度，鼓励我们为促进区域合作、联动发展做出更大贡献。这些思想一直在指导着我们。

南方水泥由150多家公司重组而成，管理水平参差不齐。2008年，由于经济危机和汶川大地震的影响，很多基础建设项目停滞了，水泥企业压力很大。我说这个时候没项目也行，我们收购了这么多企业，首先要把管理整合做好，于是就把大家集中在杭州学习管理整合。当时的情形可谓是"室外雷声隆隆，室内书声琅琅"。整合后的南方水泥已经成为中国建材集团最赚钱的公司之一。衡量并购是否成功，还是要看效益，没有效益不能说并购成功了。

07
做有效经营者的五个关键[①]

现在很多行业都出现"过剩"现象，这是一个新情况。对今天的企业来讲，管理不再是主要矛盾。企业的主要矛盾是什么？是面临市场、技术、创新的不确定性，企业如何做出正确的选择，这个选择在我看来就叫"经营"。

在西方语境里，"管理"（management）一词对应的中文含义是"经营管理"。但在中文语境里，大多数人认为"管理"就是眼睛向内、苦练内功、提高效率等，"经营"则被理解为要提高效益。由于"管理"一词在东西方语境中的含义不同，我个人更倾向于将经营和管理分开。在我看来，今天很多企业面临的问题不只是传统的管理问题，不只是考虑如何把成本降低，把质量和服务做好。即使成本再低，质量、服务再好，如果选择不正确，企业依然可能失败。

从改革开放到现在，我们已从最初短缺的工业时代进入到一个新经济时代，社会的主要矛盾也发生了深刻变化。对于这一点，我作为过来人感触很深。我 1979 年参加工作，曾在大型企业做过技术员、销售员、副厂长和厂长，属于经历过"管理热潮"的那一代人。改革开放初期，我国的企业管理和西方国家差距很大。不过现在回头再看，其实西方国家在 20 世纪五六十年代也经历过"管理热潮"。后来，日本在 20 世纪六七十年代出现"管理热潮"。我国在 20 世纪八九十年代出现"管理热潮"。

[①] 2021 年 3 月 20 日，2021 企业战略落地论坛在京召开，主题为"新形势新战略新硬仗"，本文选自作者在论坛上的发言。

那时，我正担任厂长一职，想学日本的企业管理经验，也从日本和西方引入"管理十八法"并推广。一晃 40 多年过去，今天中国的企业管理在全球范围来看也不再落后，尤其是经过这些年的中外合资、代工等多方面的历练，工厂管理水平显著提高。我也曾到日本丰田、德国奔驰等车企参观，对照我们自己的汽车企业，实际大家的管理水平已经差不太多。

1997 年，美国哈佛商学院的克莱顿·克里斯坦森写了一本书叫《创新者的窘境》。在书中，克里斯坦森提出，如果企业过于依赖管理可能导致衰败，如果和创新失之交臂也可能导致失败。

因此，今天企业家更应关注经营决策层面，聚焦战略选择和形势判断，这才是领导者的主要工作。这不是说管理不重要，而是经营更重要，管理的工作可以交给部下，企业的主要领导者得时刻盯着变化，对瞬息万变的外部形势做出正确的判断和选择。

我曾经和德国雇主协会总会原主席交流过这个问题，企业最重要的是什么。他认为有两点，一是领导要做正确的事，要做正确的选择；二是部下要正确地做事。由此可见，这既是一个经营层面的命题，也是一个管理层面的命题。从经营层面看，企业要"做正确的事"；从管理层面看，企业要"正确地做事"，而我们今天的使命就是把这两者结合起来。

德鲁克在《卓有成效的管理者》里总结卓有成效的管理者有如下特点：善用时间，管好自己的时间；聚焦贡献；用人所长；要事优先，抓主要矛盾；有效决策。但是，毕竟几十年过去了，环境发生了巨大的变化，从管理时代进入了经营时代，今天的企业领导者不是做一个有效的管理者就可以，而是要做一个有效的经营者。

如何做一个有效的经营者？关于这个问题，我有五条建议。

正确选择

战略的本质就是选择和取舍。不管大企业还是小企业，都存在着战略选择的问题——做什么，不做什么。

在战略选择里，最重要的是设立目标，有了目标就可以缺什么找什么。

▶ 稳健经营

这里有一点非常重要：目标设定后，是缺什么找什么，而不是有什么做什么。这和瑞·达利欧在《原则》一书中的看法不谋而合。瑞·达利欧认为，做事的顺序应该是先定目标，继而发现存在的问题，再研究解决问题的方案，最后才是着手做事。

正确的选择意味着既要正确地选择业务，也要正确地选人。很多企业在选择业务时，来回变换也没能选到一个好业务；有的企业选好一个业务后，就一直扎实地做下去，坚持创新，做得很好。所以，选业务至关重要，坚持好好做也很重要。

到底选什么样的业务呢？我们得先问问自己，做到"四问""四不做""四要"。"四问"，即自身是否有优势、市场是否有空间、商业模式是否能复制、与资本市场是否能对接。"四不做"，即产能过剩的项目不做、不赚钱的项目不做、不熟悉的项目不做、有明显法律风险的项目不做。"四要"，即对项目要进行风险评估、专业要协同、要收购团队、要执着坚守。

选人和选业务哪个更重要？我认为是先人后事，选人更重要。再好的业务如果没有对的人做，也做不成，企业家战略选择的正确性无法体现。

如何选人？在我看来，一是要政治正确，德才兼备，以德为先。因为没有德，企业不可能做得长远。引用明代的思想家吕新吾的一段话，领导者所需的资质是什么？第一等是深沉厚重，第二等是磊落豪雄，第三等是聪明才辩。人格厚重最重要，只有人格厚重的人才能使得事业更长久，企业更长久。

二是要选痴迷者。什么是痴迷者？早晨起来就想一件事，晚上睡觉之前还在想，甚至半夜醒来都在想一件事的人。专业主义者、痴迷者往往才能做成一件事。这是我这么多年的经验，我们选干部不要选万金油式的干部，而要选非常专业，能够把一件事情吃透的人，扎扎实实去做，这样的人才可能把事情做成功。

有效创新

创新既有高科技创新，也有中科技、低科技创新，还有零科技创新。什么是零科技创新？就是商业模式的创新。德鲁克在《创新与企业家精神》一书中提出了商业模式的创新。这个概念非常重要，商业模式的创新虽然没有太多科技含量，但这样的创新有效且目的性强。

我们常说"不创新等死，盲目创新找死"。在实际操作中，不少企业的创新确实很盲目，以至于造成很多损失。创新有风险，企业家的任务就是要规避或减少这些风险。1912年，约瑟夫·熊彼特在谈到企业家时表示，企业家要"创新＋冒险"。确实，在1912年机会遍地的早期工业时代，敢冒险、有"胆商"就能获得更多发展机会。但到了1985年，德鲁克在写《创新与企业家精神》时发现简单地冒险已经行不通，因此他认为企业家的本能是有目的地寻找机遇，企业家要敢于创新和创造财富，以此来平抑和减少风险。

今天的企业家也应如此，有效地创新，这是做企业家的一项核心能力。

资本运营

带领企业获利、发现价值并创造价值，这对今天的企业家来讲至关重要。新经济时代有一大特点，就是资本化。企业在发展过程当中，不只需要资金，更需要资本，因为资金借了得还，企业得承担利息。1997年我带领北新建材在深交所上市，2006年带领中国建材在香港上市，2009年又推动国药控股在香港上市。中国建材和国药集团这两家公司旗下有20家上市公司，上市给了企业极大的推动力，降低了企业的资产负债率，减少了企业的财务费用，关键是引入了股东，改变了企业的内部机制，这些都是非常重要的。

我常讲，上市好像是在天上飞，不上市好像在地上跑，在天上飞和在地上跑的高度和视野是不一样的。如果没有资本市场，很难想象宁德时代、比亚迪这样的企业的今天。所以企业既要重视产品市场的利润，又要重视资本市场的价值。对企业家而言，创造绩效、发现价值和实现价值既是一场"硬仗"，也是衡量优秀企业家的重要标准。

整合资源

现在几乎每个行业都存在过剩。例如，水泥产能过剩，再建一个硕大无比的水泥厂，是否必要？很明显，水泥行业需要的是整合。当今世界上大企业基本是靠联合重组整合起来的，所以今天企业家面临的挑战，不见得是考验创造资源的能力，而是整合资源的能力，这一点也非常重要。

共享机制

对当今社会而言，两极分化是一个备受关注的问题。对企业家而言，企业创造的财富该怎么分配？这可能成为制约企业发展的一个核心问题。过去我们吃"大锅饭"，搞平均主义，讲究了公平，却降低了效率。现在企业讲究效率，却引发了公平问题。在我看来，这个问题可以通过微观领域的机制，即建立企业效益和员工利益之间的正向关系来解决。

从这个思路出发，就不难理解人力资本其实也是资本，应该和金融资本一样得到合理分配，这就是机制的原理。有了机制，财富可以得到更科学的分配，会产生大量的中产阶层，会平抑两极分化的风险。这样一来，我们既坚持了效率优先，又兼顾了公平。因此我主张在企业里大力推行共享机制。

关于这一点，历史上的晋商就做得很好。每到年底，50%的利润分给东家，另外50%的利润中，掌柜和账房先生分一半，伙计们分走另一半。值得注意的是，这不是工资和奖金，只是年底分红。这种机制就很好。

我之前见到一家大型金融公司的领导者，了解到公司为什么发展得这么好，就是因为一开始定下了一个非常好的机制——如果挣1块钱，所有者分5毛，经营者和员工分5毛，这个机制一直坚持到今天。企业根儿上的事还是机制。谁能够破解了机制的难题，谁能够有好的机制，谁就能够发展得快，发展得好。

因此，一名有效的经营者也需要勇于尝试先进的分配方法，接受先进的分配理念。

08

变局下的经营之道[1]

全球百年未有之大变局加速演进。从国内来看，我国经济从高速增长时代进入高质量发展时代，从过去追求速度和规模，到现在追求质量和效益、强调做强做优做大。面对世纪变局，我国坚持稳字当头、稳中求进，在全球经济中发挥了"压舱石"作用。

2023年，"三重压力"得到缓解，经济发展呈现回升向好态势，但是经济恢复的基础尚不稳固，部分企业仍面临市场、资金、转型、经营等困难。在这种情况下，企业既要保持定力，按照常理做企业，也要开拓创新，在发展中解决困难。

坚守"四大主义"

做企业应该掌握一些原则，不论环境如何变化，总有一些不变的东西，这些东西是做企业的底层逻辑。我归纳了"四大主义"，"主义"就是指做企业的原则立场。

◆ 务实主义

第一，做企业得扎扎实实的，来不得虚假。

改革开放以后中国经济为什么发展得这么快？是因为成千上万的企业家

---

[1] 2023年6月10日，2023第七届中国企业家年度峰会在北京召开。本文选自作者的主题讲座。

> 稳健经营

带领员工扎扎实实地埋头苦干。所谓"给一份阳光雨露，就收获一份灿烂"，在改革开放的大环境下，我们一步一个脚印，不好高骛远，没有侥幸心理，勤劳、勇敢地去做事，这是中国企业家的特点，所以才能做成那么辉煌的事业。今天企业家还是要扎扎实实做好企业自己的事，种好企业那一亩三分地。

现在大家接收信息很方便，可以参加会议，听一些演讲，从中学到很多。但是企业家不能把大量的精力用在处理碎片化的信息上，最重要的是沉下心来，把本职工作做好。我们毕竟不是经济学家、科学家……而是企业家，我们不能代替别人，别人也不能代替我们。有年轻人跟我讲："宋总，我们应该仰望星空。"我想，仰望星空的事还是交给天文学家，我们的任务是把他们需要的望远镜的玻璃片做好，这是我们的本分。

我过去在企业里的一项重要工作就是寻找痴迷者。什么是痴迷者？就是干一行、爱一行、精一行、专一行的人。这样的人早晨起来就想工作，晚上睡觉之前还在想工作。我在企业里选择干会倾向于选择痴迷者，自己负责的企业里的事情要能说清楚。我不喜欢那种"百事通"式的干部，这山望着那山高，好像什么都懂，对自己的工作却说不清楚。

第二，做好企业的根本是提供好的产品、好的服务。

制造业企业主要要做好几件事：一是把产品造出来，二是能量产，三是把合格率提上去，四是把成本降下来，五是把产品卖出去。这些是企业的看家本领，必须做好。

我以前在北新建材工作，这家企业一直做得很好，是一家绩优的上市公司，石膏板的市场覆盖率能达到67%。2022年整个行业的市场情况不如以前，但是这家企业的收入和利润却比较稳定。2022年的收入200亿元，利润是32亿元。为什么能够做得那么好？道理很简单，就是"质量一贯的好，服务一贯的好"，北新建材通过踏踏实实的管理，做好了质量和服务。做企业光靠高谈阔论没用，最根本的还是要做出好的产品、提供好的服务，最后有良好的经济效益，这是我们企业家要时刻牢记的。

第三，做企业要树立正确的困难观。

其实做企业一直面临着各种困难。常有人问我，这么多年有没有遇到过困难。我说每年都有几个小困难，隔几年可能有一个大困难。困难是客观的，你困难，我困难，大家都困难。最困难的时候，困难可能快过去了，就是所谓的"否极泰来"。困难总会过去，那是不是就躺平等着？也不是，做企业就是要想办法解决这些困难，解决困难不光是我们的责任，也是企业领导者、企业家的价值所在。如果没困难，那要企业家做什么？从某种意义上来讲，恰恰是这些困难使企业家彰显了自身的价值。

企业家在困难面前得把心态放平，要有定力。企业在发展过程中，可能会遇到各种困难，但我不赞成悲观失望。客观地看待困难，积极地面对和解决困难，这才应该是企业家的态度。

◆ **专业主义**

做企业应该选择专业化还是多元化？其实工业化早期，大多数企业都是专业化的，随着经济的迅速发展和机会的不断增多，不少企业开始选择多元化，但后来随着激烈的市场竞争，越来越多的企业无法分散资源，又回归专业化。我本人是个专业主义者，建议中小企业走专业化路线；像中国建材、国药集团这种规模的产业集团，可以进行相关多元化；像华润这样的投资集团则可以开展多元化业务，注重业务之间的对冲机制，构筑业务组合力。无论哪种类型的企业，在业务平台层面都要做到专业化。

中央提出促进专精特新中小企业发展。专精特新就是专业化、精细化、特色化、新颖化，把专业化放在第一位。义乌的双童公司主要生产吸管。100根吸管只有8分钱的毛利，它居然也做到了2.6亿元的销售收入，收入虽然不高，但它是全球吸管行业的第一品牌。这就是专业化，聚焦到一个小产业做精、做深。我之前调研过的双枪科技，主营筷子、砧板等环保日用餐厨具产品，每年生产几亿双筷子，上千万片砧板，也是一家绩优的上市公司。这也是专业化的典型案例。

◆ **长期主义**

做企业不是百米冲刺式的短跑，而是马拉松式的长跑。做好一家企业不是一年两年就能实现的，总需要10年、20年；想把一家企业做到极致，至少需要三四十年。有人问这是怎么算出来的，我说不是算出来的，是我做出

▶稳健经营

来的。像北新建材做了 40 多年，中国巨石做玻璃纤维做了将近 50 年，它们都做到了世界第一，用了四五十年的时间。

北京大学光华管理学院的刘俏院长写了本书叫《从大到伟大》，他认为中国的大企业不少，把企业做大，这是第一次"长征"；把企业做强做优，从大到伟大，是第二次"长征"。那么怎样算伟大？他讲了三条：一要有规模，就是承认"大"也很重要；二要有效益，光大不行，还得又强又优，得能赚到钱；三要有可持续发展能力，一家伟大的企业至少要做 50 年，没有 50 年以上的历练和考验，不能成为伟大的企业。

我前不久去了中国商飞调研，C919 大飞机商业航班首飞成功引人瞩目，这其实挺不容易的。中国商飞让我最感动的是什么？就是做飞机的工程师和技术人员大都做了三四十年，从最早做运 -10，到后来跟美国麦道合资做 MD-90，再后来做 ARJ21 支线客机，到现在做 C919、C929，坚持做了这么多年。中国商飞的展室有四个条幅，写着"长期奋斗、长期攻关、长期吃苦、长期奉献"，这就是长期主义。关键是这"四个长期"都是以人的付出、人的奉献为代价的，非常难得。做企业就要有这种长期坚守的思想，要坚持长期主义。

▲ 做企业要坚持长期主义

◆ 人本主义

"人"是企业最宝贵的资源，是办好企业最可依靠、最为牢固的基础，是推动企业前进的根本动力。企业的"企"字是"人"字下一个"止"字，就是说企业离开了人就会停止运转、止步不前了。

我一直坚持"以人为中心"的企业文化，做企业应该以人为中心，我把这五个字进一步分解为：企业是人、企业靠人、企业为人、企业爱人。做企业必须有效益，但效益是企业人创造的，而且企业的目的终归是为了人，为了人更幸福，为了社会更美好。做企业不能只看到厂房、设备、产品，最重要的是看到人，要实现以人为中心的管理，以人为中心的经营，以人为中心的发展。

作为企业领导者，要尊重人、理解人、关心人。在企业之内，要发挥员工的积极性和创造性，关心和爱护员工；在企业之外，要积极履行社会责任，努力回馈社会。

突出"四个核心"

做企业有几项核心的工作，这也是看家本领。

◆ 核心业务

核心业务指的是什么？是公司所生产的最重要的产品或服务，它们往往为公司贡献最大比例的营收或利润。公司倾向于把最优质的资源分配给核心业务。一般来讲，核心业务占企业的营收和利润的 70% 左右，另外约 30% 是非核心业务，所以做企业要特别重视核心业务的发展和投入，非核心业务如果是出血点，必须下决心把它剪掉。

赤峰黄金是一家民营上市公司，上市后发展了七八个业务，结果非核心业务都亏损，企业不赚钱，股价下跌，陷入了危机。后来赤峰黄金聘请了王建华出任董事长，王建华曾在山东黄金集团做董事长，后来在紫金矿业集团做总裁，又到云南白药做董事长，管理过 3 家优秀的公司。他上任后遵循业

▶ 稳健经营

务归核化的原则,把这些非核心业务都卖掉了,只留下了金矿开采这个核心业务,愿景是做到中国黄金行业第一名。几年过去了,这个企业重新焕发生机,现金流充沛了,利润也高了,股价也有提升。

▲ 在赤峰黄金作交流分享

◆ 核心专长

企业有了核心业务,还得有核心专长。俗话说"一招鲜吃遍天",到底哪一招鲜?企业竞争归根结底是优势竞争。企业要明确自身的核心专长是什么,没有核心专长,就没有核心竞争力。

核心竞争力是企业独特的竞争能力,每家企业能生存到今天,都有自己的核心竞争力,只不过有的企业说不清楚自己的核心竞争力是什么。核心竞争力可能是某项技术专长,确实比其他企业厉害;可能是管理能力、高效运营,成本比其他企业低;可能是品牌知名度;也可能是新的商业模式;还可能不只是某一项技术专长,而是由几项专长构成的组合。

企业如果想做好,就必须培育自己的核心竞争力,丧失了核心竞争力,很可能会败下阵来。所以做企业一定要明确自己到底强在哪里,到底怎么维持这种优势,也就是我们常讲的有没有护城河、有没有进入壁垒等,这些其实都是与核心竞争力有关系的。

我最近去到了湘钢，它是湖南钢铁集团旗下的一个钢铁厂。湘钢在整个钢铁业里不算是大钢铁厂，而且它所在的产区既没有焦炭，又没有铁矿，也没有港口，不具备原燃材料优势和运输优势。这样一个钢铁厂怎么经营？它走了一条极致的差异化路线，不做建筑钢材，做的全是最高档的薄钢板，中国最好的一些汽车用的薄钢板就是湘钢生产的。宝钢在湛江的钢铁厂也生产薄钢板，市场占有率达60%，但是宝钢做的钢的种类多，而湘钢只做薄钢板。湘钢底下还有一个电缆厂，以前是一家很有名的企业，后来被湘钢重组了。我去参观了这个电缆厂，现在它不做普通电缆，只做各种各样的特种电缆，成了一个绩优的上市公司，也是200家"创建世界一流专精特新示范企业"之一。也就是说，湘钢把极致的差异化作为核心竞争力，作为一种文化基因来经营企业。

茅台是市值最高的上市公司之一，它的核心竞争力，我概括了几条。一是独特的工艺和品质，即"四个核心势能"，包括独一无二的原产地保护、不可复制的微生物菌落群、传承千年的独特酿造工艺、长期贮存的优质基酒资源。二是强大的品牌。三是牢固的客户黏性。四是深入的文化渗透力。现在茅台冰激凌做得挺好，公司认为要针对年轻消费群体，让消费者比较早地熟悉茅台这个品牌。五是价值创造力。其实茅台上市以来只融资过一次，20多亿元，但是茅台这么多年分红超过2000亿元。所以到底公司上市是为了什么？有些公司开始上市的时候是为了融资，但是我们要认识到上市绝不只是为了融资，上市最重要的是为股东创造价值，企业上了市以后能不能变成一个有价值的公司，这才是根本的事情。

现在我们倡导提高上市公司的价值创造能力，希望上市公司的领导者都加以重视。我曾到一家业绩非常好的企业调研，工厂里有电瓶车拉着大家参观，我就问董事长电瓶车上有哪些人。他说全是买东西的客户。我问有没有买股票的投资客户。他说没有。我说以后坐电瓶车的得有一半是产品客户，另一半是投资客户。产品客户下单，企业会赚钱；投资客户下单，企业在资本市场表现会好。企业上市以后就不只有产品客户，还有投资客户，但一些企业并没有意识到投资客户的重要性。企业上市以后得创造价值，像茅台这

▶稳健经营

种价值创造力又掉过头来支持了茅台的产品市场，资本市场和产品市场相得益彰，这才是做好了。

我建议企业要加大对核心专长的投入，同时要注重核心竞争力组合的完善，因为这个组合不是一劳永逸的，随着环境的变化、技术的发展，企业要创造新的要素组合。

◆ 核心市场

做企业必须研究和明确市场在哪里，到底是行业市场、区域市场，还是全国市场、全球市场，不管是哪个市场，都要精耕细作。我主张做市场要"三分天下"，而不是"包打天下"，因为市场那么大，要聚焦核心市场。

像中国建材做水泥，水泥实际上是个短腿产品，它只有250公里左右的运输半径。所以中国建材是按照建立核心利润区的方法做的，在45个地级市的市场建立核心利润区，市场占有率要控制在70%，这样才有价格的话语权，才有溢价能力。企业水泥业务的利润85%来源于这45个核心利润区。

中国建材旗下的中材国际是做水泥技术装备与工程的企业，在全球的市场占有率达到70%。它的核心竞争力是什么？一是技术一流；二是高性价比，东西做得又好又便宜；三是开拓市场的能力，在国际市场深耕了四五十年，做得很好。但是最近一年多来国际市场遇到了困难，于是中材国际选择精耕三个市场：中东非、中东和东南亚市场，收入和利润都实现了增长。所以即使在困难的情况下，认准了自己的核心市场，然后精耕细作，企业依然能够取得良好的效益。

◆ 核心客户

做企业的核心是创造客户，为客户服务。客户是企业的江山，如果没有了客户，企业最后将不复存在，所以企业要以客户为中心，要理解和满足客户的需求，要为客户创造价值。这不只是销售人员的事情，也是董事长的事情，如果一个董事长忘了客户，企业也会衰败。

我在和中国商飞的董事长贺东风交谈的时候，询问他在商飞什么工作最重要。他说了两点：第一点是质量的可靠性，飞机载客要万无一失，质量的可靠性是放在第一位的；第二点是以客户为中心。他每年都要抽时间去各个航空公司拜访客户。航空公司对中国商飞有两方面要求：一是飞机必须保证安全，二是必须为公司创造价值。

每家企业都要有自己的核心客户，在普遍客户里要知道哪些是最核心的、不能失去的客户。比如对于宁德时代，一些大的电动汽车制造商是它的核心客户，它必须保证抓住这些核心客户。

企业的核心客户，也叫忠诚客户。其实忠诚客户来源于我们对客户的忠诚，将心比心，是用真心换来的。如果企业对客户真心实意，客户也会对企业真心实意。商业需要营销、宣传，有很多技巧可以运用，但是最终还是要看价值观，企业能不能取得成功，往往取决于企业领导者是不是有一个正确的、良好的价值观。

中国建材旗下的凯盛浩丰，是国内最大的智慧玻璃温室运营商。公司的负责人马铁民每天早晨都要看客户的反馈，主要看那些负面反馈，客户到底什么地方不满意，这样有利于改进工作。我很认同他的做法。像饭店行业，就是因为有苛刻的、挑剔的客户，促进了整个行业服务意识和服务水平的提高。

做企业就是要为客户服务、满足客户的要求，同时我们还有一个任务就是创造客户。比如以前人们买的都是汽油车，在有了电动汽车以后，才有电动汽车的客户。企业研发和生产每一个新产品，其实都是为了创造客户。

落实"四个紧抓"

企业竞争遇到问题，在压力下关键还是落实"四个紧抓"，做好自己的事。

◆ 紧抓创新

按照熊彼特所讲，创新是一种生产关系和生产要素的新组合。这怎么理解？比如电动汽车是电池、电机和电控的组合，汽油车是汽油箱、发动机等的组合，滴滴出行等软件是平台互联网的应用、在线支付的结算方式以及物

> 稳健经营

流配送系统等的组合。

现在技术发展很快，环境变化很快，前几年讲区块链、元宇宙，最近讲ChatGPT，变化真的太快了。我们说得很多的一个词叫"不确定"，在不确定的情况下，企业只能加快创新的步伐。今天，摩尔定律已经进入很多行业，技术迭代在加快。像电动汽车、动力电池行业其实没有发展几年，但是与行业里的公司接触时，会发现它们也有压力，为什么？因为创新在加快，今年你有一项技术是第一，明年技术迭代，别人可能就超过你了。

宁德时代靠四大创新支撑：一是材料的创新；二是系统结构创新；三是极限制造创新；四是商业模式创新。即使是像宁德时代这样的行业龙头企业，假如创新做得慢一步，都可能在激烈的市场竞争中受影响。最近宁德时代推出了麒麟电池，已经在极氪汽车上使用，现在又在做凝聚态电池、钠离子电池，就是在快速地创新。

对一家企业、一个地区来讲，最重要的就是要用创新创造新的增长极。经济发展要靠创新。经济学里有一个长周期理论，又叫康德拉季耶夫周期理论，认为经济发展以50～60年为一个波动周期。欧洲1945—1965年经历了两位数增长的繁荣期，但是1965年以后出现衰退，而美国1965—1985年依旧繁荣。德鲁克在《创新与企业家精神》中分析到底是长周期理论出了问题，还是美国发生了什么，最后的结论是美国是用创新型经济取代了管制型经济，所以度过了长周期中的衰退阶段。中国1992—2012年也经历了20年的高速增长，2014年提出了"新常态"，增速开始下行，从高速增长进入中高速增长、中速增长阶段。如何度过这个周期？就得靠创新，只有创新能解决周期性衰退的问题。

创新具体应该怎么做呢？从地区上来讲，我们需要新的增长极，像北京、上海、深圳等城市规模已经很大，让GDP再翻一番不太容易，怎么办？这时就需要合肥、常州、宁波、重庆、西安等城市跟上去，创造新的增长极。合肥的发展模式是有效的市场和有为的政府相结合，在政府的引领下，使科技企业繁荣起来。过去十年合肥的GDP翻了一番，我们要很好地研究合肥的增长模式。

从行业上来讲也要打造新的增长极。比如电动汽车、新能源、生物制药等行业都是新的增长极。"三重压力"里最可怕的是什么？是预期减弱，所以改善预期非常重要。改善预期靠什么呢？靠新的增长极的带动。当年深圳充满时代感的标语"时间就是金钱，效率就是生命"，感召了全国各地。今天也是一样，企业得把新产品、新技术做出来，带动整个行业的发展。

查尔斯·汉迪写的《第二曲线》这本书讲企业在第一曲线（即原有业务）繁荣的时候，就应该开始筹建第二曲线，而不是等着第一曲线衰退的时候，再去做第二曲线，这个时候已经晚了。但是当第一曲线处在上升阶段时，企业愿意投入第二曲线吗？一般的企业不会，因为正处在舒适区，赚钱多，容易忽视时机。

企业要重视第二曲线，像中国建材水泥业务做得很好，但是在水泥业务赚钱的同时，十几年前就开始做新材料业务，2022年新材料业务赚了182亿元，这就是第二曲线起了作用。

◆ **紧抓管理**

管理是做企业永恒的主题。现在很多企业在发展中逐渐技术同质化、设备同质化，竞争中怎么办？那就得靠高效运营来创造优势，也就是说企业还得靠管理。如果企业管理不好，产品质量提不上去，成本降不下来，就算有再好的技术和商业模式，也会败下阵来。

管理要讲究方法论。好企业都有各自的一些管理方法。比如丰田式管理主要靠两个方法：一个是零库存，做到汽车配件、产成品零库存；另一个是看板管理，这是流水线上的一种精准的管理方法。海尔的"日事日毕，日清日高"、格力总结的格力模式、潍柴动力的WOS质量管理模式等，都做得很好。

宁德时代有一套极限制造的方法让我印象深刻。什么是极限制造？过去制造业学六西格玛，这是美国摩托罗拉公司创造的方法，后来杰克·韦尔奇在GE应用，把产品缺陷率控制在百万分之一。宁德时代把产品缺陷率控制在十亿分之一，平均每1.7秒产出一个电芯，20秒产出一个模组，两分半产出一个电池包，一个电池包里约有七八百个电芯，这么多的电芯不能有一个出问题，所以就需要这种极限制造管理。它的智能生产线上有超过3600个质量控制点，从而实现了十亿分之一的缺陷率控制。

> 稳健经营

中国建材是处在充分竞争领域的企业，做建材要能赚到钱是不容易的。但这家企业现在一年有 4000 亿元的收入、1000 亿元的社会贡献，经营活动现金流达到 500 亿～700 亿元。它靠什么呢？也是靠精细的管理。我在中国建材的多年管理实践的基础上总结和提炼出了"三精管理"，2019 年三精管理获得了"全国企业管理现代化创新成果一等奖"。三精管理这套方法的核心就是组织精健化、管理精细化、经营精益化，从组织、管理和经营三个方面总结，每个方面包含四个大的方法，每个大的方法里还有四个小的方法，所以是"三精、十二化、四十八法"。这是一套武功秘籍，方便班组长以上的干部掌握。

三精管理是个开放的平台，可以动态调整。不是每家企业都要按中国建材的具体做法去做，只要在管理过程中秉持"三精管理"的理念，根据企业的需要和特点去做，持之以恒、扎实稳妥落实，就能助力企业提升经营管理水平，实现新的跨越式发展。

◆ **紧抓市场**

市场是企业的舞台，开拓市场是企业的首要任务。在以国内大循环为主体，国内国际双循环相互促进的新发展格局下，企业要充分利用两个市场、两种资源。

一方面，要把国内市场做好。以前，我们往往是把最好的产品卖到国外，这种观念必须改变，把最好的产品、最好的服务销往我们身边的市场，因为这是我们永久的市场。

另一方面，还要继续深耕国际市场。为什么？因为我们做了 40 年的国际市场不容易，绝对不能放弃，而且要当仁不让，加大国际市场的开发力度。

企业还得"走出去"，进行跨国经营，从产品"走出去"到企业"走出去"。像海信、TCL、美的等企业国际化程度都很高，在海外建厂或收购了不少海外企业和品牌。近年来贸易摩擦的主要表现是加征关税，企业该怎么办？前些年中国巨石在美国南卡罗来纳州建了一个大型的玻璃纤维工厂，覆盖全美国；在埃及的红海边上也建了大型的玻璃纤维工厂，覆盖整个欧洲。为什么到海外建工厂？因为那里有我们忠诚的客户，得满足客户的需求，不能因为加征关税而失去之前创造的客户。

福耀玻璃在海外多个国家有工厂，并建立了十几条生产线，像在美国也有它的生产线。最新的生产线是智能化的，几乎不用人，减少了人工成本。福耀玻璃只做汽车玻璃，2022年的净利润大概是47亿元，增长了51%，它在全球的市场占有率超过30%，在中国的市场占有率超过60%，是一个细分领域的头部企业。

有人可能会问我们为什么要到海外一些国家投资。我认为这件事情得辩证地想，从企业的利益角度去考虑，不管在哪赚的钱，最后我们要考虑企业获得的整体效益。在这些问题上我们的想法也要做一些调整。

◆ 紧抓品牌

为什么把品牌看得这么重要，因为中国进入了品牌时代。世界一流企业的特质是产品卓越、品牌卓著、创新领先、治理现代，这是我们的目标。但其实这四点不容易做到，尤其是品牌卓著。习近平总书记曾指出，推动中国制造向中国创造转变、中国速度向中国质量转变、中国产品向中国品牌转变[1]；一定要把关键核心技术掌握在自己手里，要立这个志向，把民族汽车品牌搞上去[2]。从中可以看出品牌的重要性。

改革开放初期，我们的口号是用市场换资本，用市场换技术。今天回过头来看，市场是什么？我们发现是品牌。施振荣提出的"微笑曲线"讲赚钱的两个嘴角一个是专利技术，另一个是品牌。比如做手机，组装环节的集成厂大概赚几块钱，技术专利能赚上千块钱，品牌、市场也能赚上千块钱。现在到了一个我们必须把自己的品牌做好的时代，而且我们已经有了这样的条件和基础。

20世纪80年代，晋江丁姓父子三人创业代工做鞋，直到1994年，他们创立了安踏这个品牌，后来收购了斐乐的大中华区代理权，现在安踏在整个

---

[1] 习近平总书记春节前夕赴四川看望慰问各族干部群众时的讲话，摘自2018年2月14日《人民日报》。
[2] 习近平总书记2020年7月在中国第一汽车集团有限公司研发总院考察时的讲话。

> 稳健经营

大中华区销售收入已经超过耐克和阿迪达斯，成为一个知名品牌。2019年，安踏收购了芬兰的体育用品公司亚玛芬。亚玛芬总部在赫尔辛基，旗下有多个品牌，其中始祖鸟是知名品牌。安踏40多年间从代工开始，一路做成了国际的品牌商。这说明一个问题，就是我们完全能做好品牌。

华熙生物是做透明质酸的一家科创板上市公司，这两年进入化妆品行业，推出了润百颜等国产护肤品牌。产品没有在大型超市销售，而是在线上销售，2022年销售收入达到四五十亿元。过去国内消费者愿意选择国外知名品牌的化妆品，现在国产品牌中也有做得不错的。不少化妆品的基本原料是透明质酸，80%的透明质酸是中国制造的，全世界大的化妆品公司很多都是买中国的原料，现在华熙生物大量投资研发自己的化妆品。

为什么国内一些企业面临的市场压力这么大？因为它们做的都是大路货，没有品牌的溢价，在市场竞争中不得不降价。企业如果有好的质量，又有大量的技术投入，应该更加重视品牌的建设，有了品牌才能有更丰厚的利润。年轻人讲国潮，我非常赞成，尤其是"90后""00后"是很有自信心的一代。今天，不论是航空母舰、大飞机等大国重器，还是日常生活中每一个细小的产品，我们都可以做得很好。所以进入中国品牌的时代，企业一定要做好品牌工作。

第一，品牌工作是"一把手"工程。品牌工作不能依赖一个销售员或一个品牌专家，而是企业一把手要特别重视。

第二，质量和服务是基础。北新建材坚持"质量上上"和"品牌至上"的方针，打造了"龙牌"等产品品牌，如龙牌石膏板、龙牌漆等，2022年品牌价值高达900多亿元。

第三，要加大品牌投入。我们看到中国公司在卡塔尔世界杯的运动场上打广告，这是宣传企业很好的机会。酒香也怕巷子深，过去中国人往往愿意花钱买设备，却不是很愿意花钱打广告，因为不能确定效果如何。但是不通过各种宣传让大家记住品牌，消费者怎么能购买呢？强大的品牌效应对企业来说至关重要，这就是品牌的意义。

第四，要增强对国产品牌的自信心。未来我们应该树立品牌意识，积极宣传和维护自主品牌，讲好中国品牌的故事，提高全球市场对中国企业和产品品牌的认知度，建设品牌强国。

建立"四支队伍"

21世纪企业的竞争是组织质量的竞争，是人与人、团队与团队的竞争。要做高质量的企业、高质量的产品，关键是靠高质量的员工团队。要开展国际竞争、解决当前困难，也得靠企业坚强有力的带头人和能打硬仗的团队。这几年，我们企业遇到不少困难，但大家都表现出了坚强的韧性，未来在市场竞争过程中，还要靠企业团队顽强拼搏的精神。在企业里我倡导培养四支队伍：干部队伍、技术队伍、营销队伍和职工队伍。

◆ 一支有企业家精神的干部队伍

习近平总书记指出，市场活力来自于人，特别是来自于企业家，来自于企业家精神。企业家是稀缺资源，可遇而不可求，应该倍加珍惜和爱护，让他们敢闯敢干。好企业都会有好的企业家带头人，企业家应该有愈挫愈勇的特质，尤其是现在，企业更需要企业家的带领。

◆ 一支有科学家精神的技术队伍

今天是个高科技时代，技术人才是企业的核心资源。除了CEO，CTO对企业来讲也是非常重要的。企业里一定要有一支非常优秀的技术人员队伍。企业要特别重视技术人员的自我培养，也要积极引入技术人才，设立良好的激励机制，激发技术人员的创新热情。

◆ 一支有四千精神的营销队伍

李强总理提出当年江浙等地发展个体私营经济、发展乡镇企业时，创造的"四千精神"——走遍千山万水，想尽千方百计，说尽千言万语，吃尽千辛万苦。这种筚路蓝缕、披荆斩棘的创业精神，是企业永远需要的。企业要把产品销出去，就必须有销售员走出去，找市场、找客户。开拓市场是十分艰辛的工作，要创造客户和维护客户也需长期细致的工作。企业必须有一支

▶ 稳健经营

能打硬仗的销售队伍，要在后疫情时代夺回客户和市场，销售工作也是重中之重的工作。

◆ 一支有工匠精神的职工队伍

想要把产品做到极致，就必须有硬功夫的工匠。在德国，一流的技工的待遇有的比学校的教授还要高。企业要加强技术培训，提高工人的作业水平。像潍柴动力研制的柴油发动机的热效率超过52%，企业里的大国工匠功不可没。

企业里往往比较推崇智能化和自动化，这些很重要，要把产品做到卓越，确实需要优良的设备，但还需要良好的管理和工匠精神，这三者缺一不可，企业才能够做好。

防范"四种风险"

◆ 周期性风险

经济有周期，不少产业也有周期，所以我们必须防范周期性风险。

2017年我去万科，当时郁亮告诉我，房地产行业开始下行，从黄金时代进入白银时代，万科在捂紧钱袋子。恰恰那个时候万达开始断臂求生，卖掉

▲ 与万科的负责人就企业经营发展情况作交流

一些资产以求渡过难关。但也有一些房地产公司没有意识到周期的来临，还在高歌猛进，有地就要，有资产就买，后来就出了问题。这就是说我们必须看到周期，周期上行的时候可以走得快点，周期下行的时候就走得稳一点。企业不能只会快跑，也要学会慢跑和长跑。

◆ 经营决策风险

其实企业的决策一直是在两难中选择，一边是风险，另一边是发展。如果把风险看得过大，那可能止步不前；如果只顾发展忘了风险，那一定会轰然倒下。所以在目前情况下，企业决策最重要的是什么？是尽量不犯错、少出错。先不败而后求胜是稳健经营的核心思想。

在企业里做决策不是一件容易的事。20年前哈佛商学院的副院长问我，让我半夜睡不着觉的是什么事。我说担心决策错了。因为企业里谁都代替不了领导者，如果决策错了，那就一错百错。做企业真的是这样，爬上一座山峰需要10天，掉下来可能只需要10秒。柯林斯在《再造卓越》书中讲到企业衰落的五个过程：狂妄自大，盲目扩张，漠视危机，寻求救命稻草，无声无息。20年过去了，今天的企业，尤其是大企业，怎么能避免这个过程？因为大企业倒下对社会的影响会更大，所以我们更得当心。

◆ 资金链风险

现金是企业的血液，一个企业能否维持下去，不取决于它的账面是否盈利，而取决于它有没有现金，现金流动状况更能客观地反映企业的真正实力。

现金是企业过冬的棉袄。任正非当年失落的时候到日本大阪参观，望着大阪城的一个井出神。大阪城曾遭遇过包围，因为有井水才能守城，所以任正非说企业的井水就是现金流，现金流是企业过冬的棉袄。万科的郁亮也说过，规模不如能力，利润不如活着，要做有利润的收入，有现金流的利润。做企业一定要特别重视现金流，不能出现资金链的风险。

在这方面企业一要重视财务预算，量入为出，有多少钱做多大的事，千万不能"寅吃卯粮"，入不敷出；二要合理利用财务杠杆，资产负债率不

▶稳健经营

能过高,一般在 50% 左右比较合理,如果周期上行、效益良好,资产负债率可以适当高点,如果周期下行、效益欠佳,资产负债率就得降低,过高会增加企业财务费用和偿债风险;三要控制好"两金"(企业库存资金和应收账款)占用;四要学会归集资金,就是把有限的资金归集起来,不要分散在各个子公司各个角落。

◆ **大企业病风险**

很多民营企业、中小企业可能认为大企业病与自己无关,但是不见得必须是大企业才会有,只要企业成长,就可能会得大企业病。企业成长过程中会有盲目性,出现机构臃肿、人浮于事、效率低下、士气低迷、投资混乱、管理失控等状况,这是我给大企业病归纳的 6 个特征。解决大企业病的问题必须剪枝,必须压缩机构、压缩家数、压缩冗员,一边剪枝一边要瘦身健体,不要一味重视规模的增长。

我把两家央企带入世界 500 强,但我不认为每家企业都要以做大为目标,企业当大则大,当小则小。我也不建议每家企业都把上市当成目标,如果一个家族企业做得很好,也可以选择不上市。所以适合自己最重要,企业不要做那种不适合自己的事,强努力更容易出问题。

09

强化管理，稳健经营[1]

当前，世界百年未有之大变局加速演进。从国际来看，逆全球化思潮抬头，全球化面临压力；科技革命下新产业、新业态和新模式层出不穷；"双碳"目标引发各个产业结构调整；新冠疫情、俄乌冲突等不确定事件发生，使得世界经济增长动能减弱。

从国内来讲，中央经济工作会议明确，2023年经济要坚持稳字当头、稳中求进。当前我国经济恢复的基础尚不牢固，需求收缩、供给冲击、预期转弱三重压力仍然较大。但我们也要看到，我国经济韧性强、潜力大、活力足，各项政策效果持续显现，经济运行有望总体回升。

当下，我们既要看到困难和压力，也要看到机会和希望，坚定信心和勇气，调整好企业的战略思路和经营方式，不断适应变化，乘风破浪向前。结合自己多年来的企业管理实践和思考，我想分享一些建议供大家参考。

稳健经营

前一阶段，大家讲得比较多的是 VUCA[2] 时代，主要强调不确定性。现在又在讲 BANI[3] 时代，主要强调脆弱性。今天做企业确实面临的压力很大，

---

[1] 本文根据2022年12月18日作者在北京大学国家发展研究院第七届国家发展论坛管理分论坛的演讲整理而成。
[2] 指 Volatility（不稳定性）、Uncertainty（不确定性）、Complexity（复杂性）、Ambiguity（模糊性）。
[3] 指 Brittleness（脆弱性）、Anxiety（焦虑感）、Nonlinearity（非线性）、Incomprehensibility（不可知性）。

> 稳健经营

也不可能回到以前了，只能在不确定性下调整心态、做好自己，在脆弱性下更加坚韧、稳健发展。在经营定位和方式上，企业要重视几点。

◆ 合理定位

企业的战略即选择，而选择中最重要的是目标如何定位。过去我国经济经历了高速增长时代，我们曾形成一些惯性思考，强调跨越式成长，强调大和强。而现在我们进入高质量发展时代，企业的定位目标也要发生转变，强调做强做优做大。

企业的定位要实事求是，尊重规律，各适其位，各得其所，千万不能见异思迁，更不能拔苗助长。关于企业的大小、发展的快慢，其实也要量力而行。对企业来讲，不一定把目标都定为世界500强或上市公司，适合自己就可以。

大企业定位世界一流，致力于产品卓越、品牌卓著、创新领先和治理现代。中小微企业围绕着专精特新，目标是做"小巨人"、单项冠军、隐形冠军。不管是世界一流还是专精特新，都要突出企业的技术、质量、管理、效益，坚持专业主义和长期主义，构筑核心竞争力，把企业打造成行业龙头或细分领域的头部企业。像北新建材用40多年把石膏板产品做到全球第一，中材国际的水泥装备全球市场占有率达70%，这些企业都发展成为行业龙头。

◆ 把握周期

经济发展有周期，有些行业也有周期。企业要注意发展节奏，重视周期性变化，防范各种风险。周期上行时可快一些，周期下行时可慢一些，无论快和慢都要突出一个"稳"字。前几年，我们讲进入新常态，要有平常心。现在进入高质量发展阶段，企业也要进行战略调整，不能再只追求速度和规模，要追求质量和效益，实现质的有效提升和量的合理增长。

◆ 做强主业

到底是专业化还是多元化，一直以来人们都有不同的看法。在工业化早期，大多数企业走的是专业化道路。随着经济的迅速发展和机会的不断增多，不少企业开展多元化业务。但随着市场竞争日益激烈，更多的企业无法分散资源，只有集中精力回归到专业化道路上来。今天确实也有多元化做得好的企业，但是少之又少。我本身是个专业主义者，任中国上市公司协会会长以来，我发现上市公司的问题绝大部分是出在偏离主业、盲目扩张上。

我常讲，做企业要重视业务焦圈化。如果画十字线，从横向来讲，企业的业务不能太多，要聚焦；从纵向来讲，产业链不能过长，要深耕。关键要抓四个核心，就是核心业务、核心专长、核心市场、核心客户。在各种诱惑面前，企业要始终保持头脑清醒，要更有定力，坚守主业，心无旁骛地做好主业。

有些人怀念以前高速增长的日子，总还想用过去的方式做今天的事。实际上，经济发展是回不到过去的，我们只能研究现在和未来的情况，把握现在的机遇。前些年，基建和房地产拉动了很多行业，现在这些行业都需要进行结构性调整。目前拉动经济发展要靠新兴产业，要形成新的增长极，像新能源、电动车、新材料、大健康等。企业如果在新兴产业里，就要抓住机遇、创新引领；企业如果在传统行业里，就要考虑转型。但转型不是转行，而是要立足主业，利用技术进步、结构调整、产品细分等来不断增加竞争力和附加值。即使经济下行，做细分领域的头部企业，仍然能够获得良好效益。当然，如果行业被替代或急剧萎缩，就必须果断转行，开发新的领域。

◆ **管理风险**

风险是客观的，做企业是在发展和风险的两难中选择。如果只顾发展而忽视风险，那企业可能轰然倒下；如果只考虑风险而不顾发展，那企业可能止步不前，在竞争中被淘汰。因此，做企业要特别注意风险管控。做任何决策，都要评估风险是否可控可承担。出现风险以后要早发现、早处置，不要等风险变成大危机再去处理，那个时候为时已晚。企业处理风险的原则是让损失降至最小。

过去几年，房地产行业处在一定的下行趋势中。万科及时看到行业的周期变化，对企业的经营较早地做出调整：放缓了开发速度，稳健开展房地产

> 稳健经营

业务，利用自身优势开展一些租赁和现代物流仓储业务。近期国家相关部门明确支持优秀的房地产头部企业，满足行业合理融资的需求，万科是金融重点支持的企业。万科的发展就是一个审时度势的例子。

有效创新

党的二十大报告提出创新是第一动力。穿越经济周期、克服企业的困难、提升企业的竞争力，都要靠创新。企业创新也有风险，要把握几点。

◆ **大力开展自主创新和集成创新**

经过40多年的改革开放，应该说我们具备了雄厚的创新基础，在电动车和动力电池等不少领域处于领先地位。现在提倡自主创新和集成创新是非常有条件的。

自主创新是独立、原始的创新。今天是科技竞争时代，关键核心技术是要不来、买不来、讨不来的，只能靠自主研发。尤其是大企业要多投入自主创新解决"卡脖子"问题。像中国建材这些年开发超薄电子触控玻璃、中性硼硅药用玻璃、碳纤维等新材料都是靠自主创新。

集成创新是开放式的创新，也就是说把各种创新要素结合起来。企业很难做到一个产品完全是独门绝活、关着门做出来的。吸纳海内外资源为我所用，取得"1+1>2"的效果，是集成创新的真正价值所在。企业要广泛开展产学研的合作，进行集成创新和协同创新。我国电动车迅速发展，就是集成创新很好的例证。

◆ **创新要立足解决企业的问题**

讲到创新，人们通常容易想到高科技，高科技固然重要，但企业也要重视中科技、低科技和零科技创新。另外，企业里大量的是持续性创新，持续性创新也非常重要。企业的创新，关键看需要解决的问题是什么，针对不同的问题，可以选择合适的创新模式。

◆ **注重创新效益**

企业创新和科学家创新有所不同，科学家创新是发现未知，不见得有当期利益；而企业创新有商业约束，如果无法产生效益或市场价值，再好的创新企业也不能轻易做。对企业家来讲，要进行有目的的、有效的、有质量的创新。企业创新确实承担着一定的风险，企业家在创新中需要深度学习、深度思考、深度工作，尽量规避风险和减少盲目性。

◆ **创新要依靠资本市场**

资本是企业家用来创新的杠杆。再优秀的企业家，如果没有资本的支持，也不太容易做成事。尤其像技术创新，早期大多是高投入，若没有风险投资或资本市场的支持，一般企业是难以为继的。这几年，我国科创板、创业板相继试点注册制，深化新三板改革、设立北交所等资本市场的制度创新，为大量科技企业提供了宝贵的创业资金，有力地支持了我国企业的创新。企业创新要充分利用多层次的资本市场，做好资本和科创要素有效对接，做持续有效的创新。

中复神鹰是国内碳纤维行业的龙头企业，2022年4月在科创板上市。其实这个过程历经十几年，得益于中国建材的大力支持，企业通过自主创新攻克装备制造难关，打破国外长期技术封锁，直至成功产业化。

强化管理

现在我们提出制造强国、质量强国，提出世界一流、专精特新，但要做到这些，必须把企业管理做好，把管理做到极致。企业有再好的技术、有再好的商业模式，如果质量做不好，成本下不来，照样会失败。管理是企业永恒的主题，是做企业的基本功。做好管理，要重视几点。

> 稳健经营

◆ **注重管理方法**

好的企业都有自己的一套方法,像格力的"格力模式",潍柴动力的 WOS 质量管理模式,宁德时代的"极限制造",等等。三精管理是我在中国建材带领大家长年实践和总结的成果,主要内容是组织精健化、管理精细化和经营精益化,这几年结合一些其他企业的研究,又进一步归纳成"三精十二化四十八法",现在受到不少企业的欢迎并在推广。

◆ **开展对标管理**

这是 20 世纪 70 年代美国施乐公司首创的,后来被广泛使用。企业在日常经营中,选择国内外一流的相关企业进行主要技术、经济指标的对标,清楚地看到自己的不足,学习他人的先进经验,反复对标优化,提高自身水平。如在水泥行业,中国建材坚持与海螺水泥、拉法基豪瑞等国内外优秀企业进行对标,现在部分企业像南方水泥的各项指标已经达到行业一流的水准。

◆ **强调质量贯标**

做企业、做产品、做服务,从根本上讲,做的就是质量。质量怎么管呢?是从严还是从宽?其实严和宽都不重要,最重要的是有一套方法,就是全员全过程的质量控制。过去我们推 TQC,后来是 ISO 9000,现在推 PEM(卓越绩效模式),积极引入质量管理的标准对提高质量管理和绩效水平都非常有效。像北新建材的主营产品虽然是普通的石膏板,但公司导入卓越绩效模式,持续推进质量管理,产品质量一直很好。

◆ **做好财务管理**

企业发展中要重视财务的预算,量入为出,到底有多少钱,做多大的事,千万不能"寅吃卯粮",入不敷出。同时,企业也要合理利用财务杠杆,控制资产负债率,降低企业财务成本,归集资金使用。根据我国企业实际情况,资产负债率一般在 50% 左右比较合理。如果周期上行、效益良好,资产负债率可以适当高点；如果周期下行、效益欠佳，资产负债率就得降低，过高会增加企业财务费用和偿债风险。

企业还要关注经营活动现金流。现金为王，现金的正常流动确保企业的持续稳定经营，支撑企业的健康发展。企业的问题往往出在资金链断裂上，做企业的一条底线就是要守护好自己的资金链，凡事心里要有数。

开拓市场

市场是企业的命根子，做企业归根结底做的是市场、客户。今天，我国企业既坐拥 14 亿人口的国内大市场，又有开拓耕耘几十年的国际市场，这是其他经济体企业没有的优势。所以我们要充满信心，一方面要努力开拓国内市场，另一方面还要抓住国际市场。

◆ 积极开拓国内市场

国务院印发了《扩大内需战略规划纲要（2022—2035 年）》，提出坚定实施扩大内需战略、培育完整内需体系，提振了市场信心，让企业界很受鼓舞。2022 年中央经济工作会议提出要充分挖掘国内市场潜力，提升内需对经济增长的拉动作用。现在我们有完备的产业链和强大的制造业体系，产品质量、服务水平、基础设施建设等都有了比较好的基础。随着我国内需和中产阶层的扩大，我国市场会发展得越来越好。企业还是要把产品和服务做好。以前我们的企业往往习惯把好产品销售到国外，国内销售普通产品，今后我们要改变这一做法，进一步提升国内产品质量和市场占有率。

◆ 继续深耕国际市场

我们要继续发挥我国制造业配套齐全、产品性价比高、整体成本低等综合优势，巩固和扩大我国企业在海外的竞争力。国际市场绝不能放弃，还是要当仁不让。随着我国疫情防控措施的不断优化，浙江、江苏、广东等地不少外贸企业组团出海，很是振奋人心，可以想象接下来走出国门的企业会越来越多。

▶ 稳健经营

◆ 企业"走出去",进行跨国经营

为了积极应对贸易保护主义、关税壁垒等问题,我们需要考虑从产品"走出去"到企业"走出去"。像海信、TCL等企业国际化程度都很高,在海外建厂或收购了不少海外企业和品牌。过去我们比较重视GDP(国内生产总值),现在也要重视GNP(国民生产总值),重视海外投资和收益。

◆ 加强国产自主品牌建设

微笑曲线图中,设计研发和销售品牌是两个嘴角,而制造代工是下唇。市场的核心是品牌。我们要增强对国产品牌的自信心。我国汽车业发展经历了合资和打洋品牌的阶段,这些年加大自主研发和自主品牌建设力度。据统计,目前中国品牌乘用车国内市场份额超过50%。

格力提出"让世界爱上中国造",卡塔尔世界杯中就用了4万多台格力空调。这些消息都让人十分振奋。让世界爱上中国制造,也要让世界爱上中国品牌。中国企业要讲好自己的故事,积极打造一流品牌,增强在国际市场的影响力。

双循环里,有以国内市场为主的企业,也有以出口为主的企业,还有国内国际市场兼顾的企业,要因企业而异。中国巨石就是一个双循环相互促进的例子,以国内市场为主体,也重视国际市场。中国巨石早年发展主要靠出口,随着对国内市场的培育,现在的产品70%销往国内、30%销往国外。近年来,中国巨石还在海外建厂,产品覆盖北美、欧洲、非洲市场。

历经磨难时往往是人进步最快的时候。这个时刻,我们企业上下要团结一致,同舟共济,领导要关心员工,员工要理解企业。大家要拧成一股绳,上下一心,众志成城,奋发图强,共克时艰,不能怨天尤人,更不能躺平。我也想和大家分享两句话:以前是回不去了,我们只能向前看。只有靠当下正确的抉择和努力,我们才有辉煌的未来。

10
如何破解行业内卷[①]

这几年研究中国的产业，我们会发现不少行业的效益处在较低水平。为什么效益这么低？这其实和行业的竞争状态有关。过去我在水泥行业推动联合重组，提出了行业生态问题，倡导竞争有序化。现在来看，不只是水泥、钢铁等传统行业有过剩的问题，像"新三样"——光伏、动力电池和新能源汽车行业也处在产能过剩的状态。

过剩以后就可能会引起企业杀价或恶性竞争，导致整个行业的利润下降，也影响地方政府的税收，更重要的是会造成大量社会资源的浪费。因此，在整个经济发展过程中，我们要特别重视解决行业过剩和内卷的问题。关于如何破解行业内卷，结合近些年的实践和思考，我想谈几点建议。

加大政策的引导，供给侧和需求侧两端发力

在供给侧限制同质化的重复建设。现在市场在扩大，供给量也在增加，但供给的增量远远大于市场的增量，这就容易形成严重的过剩。所以我们必须对企业进行正确的引导，限制重复的新增产能。同时还要在需求端发力，扩大需求可以缓解这些过剩产能带来的影响。今天从政策上我们要两端发力，一方面是供给侧结构性改革，要限制新增；另一方面从需求端来看，要发力扩大市场的需求。

[①] 2023年12月22—23日，由清华大学全球产业研究院发起主办的全球产业发展论坛2023在京召开。本文根据作者主题演讲内容整理。

▶稳健经营

加大"一带一路"上的产能合作

产能过剩的应对方法之一是把一部分产能转移出去，进行国际产能合作。我们可以加大和"一带一路"沿线国家的产能合作，因为这些国家大多在推进城镇化、工业化，自身有发展中的市场，而且它们向欧美出口基本是零关税，可以带动我国产业链和供应链的发展。所以在这个时刻，还是要鼓励中国的企业"走出去"，从过去中国是全球的工厂变成未来全球是中国的工厂。这也是下一步我们需要做的。

加大联合重组的力度

产能过剩会造成企业的多、散、乱，所以要加大行业的重组力度，提高行业的集中度。过去我在中国建材联合重组水泥，使得水泥的集中度从12%提高到70%；在国药集团推动医药分销行业的重组，同样提高了行业集中度，产生了很好的效果。今天光伏、动力电池、新能源汽车等行业也要加大联合重组，提高行业集中度，让竞争今后成为一些大型企业之间的良性竞争，这也是我们必须要做的。

改善行业的竞争生态

现在行业竞争有两大问题。

一是不少集成商要求供应商低价中标，这样可能会使得企业陷入恶性竞争。事实上，中标还是应该追求性价比，提倡性能放在第一位，价格放在第二位，而不能单纯地追求低价中标。如果供应商不能保证很好的价格，它也不能确保质量。

二是企业之间在竞争的时候，采取杀价竞争，也就是低于成本的价格进行竞争，实际上这是一种"自杀式"的竞争行为。有人可能觉得竞争是个好东西，但良性竞争是个好东西，而恶性竞争、过度竞争是个坏东西，我们并不提倡。企业在参与市场竞争时，应遵循《反垄断法》，但同时还有《反不正当竞争法》，如果低于成本去恶性竞争实际上是不正当竞争。所以在整个竞争模式上，我们企业要进行良性竞争，尤其是在招投标时要想到这些问题。

这么多年实践证明，如果一个行业垮掉，其实没有哪个企业是可以幸免的，也就是我们常讲的"覆巢之下，焉有完卵"。我们要努力改善企业间的竞争生态，使得市场更加健康化、竞争更加有序化。

从红海到蓝海

在同质化竞争的情况下，企业自身能走的道路就是通过技术创新，进行差异化的竞争。过去我国企业往往采取低成本的竞争方式，但随着经济的发展，我们也要进行差异化的竞争，不能再简单重复过去的低质低价，而是要走高质高价的路线。

最近，我们看到国内一些企业在出口的时候做到了高质高价，像宇通客车在欧洲市场的价格和国际知名品牌的价格相差不多，其实这是一个本质性的转变，产品实现高端化，价格也能够相应提高。

另外很重要的一点就是细分，细分产品、细分技术、细分市场，做细分领域的头部企业。这样我们的企业才可以从红海驶入蓝海，这也是一个减少内卷的选择。

我给大家分享的建议，其实包含三个层面的事情。在宏观上，在供给侧和需求侧实施相应的政策；在中观上，要改善行业竞争生态；在微观上，我们企业要思考如何实现从红海到蓝海的良性竞争。

第四篇

高质量发展

01 新赛季下的企业发展
02 低碳时代的企业战略调整
03 当"水泥"遇上"鼠标"——数实融合下的企业新机遇
04 培育我国企业的综合优势
05 跨越周期,构建新的竞争优势
06 迎接中国品牌新时代
07 怎样做专精特新企业
08 打造专精特新"小巨人"
09 用新的增长极带动经济预期
10 努力建设制造强国

01
新赛季下的企业发展[①]

现在讲"赛道"比较多，赛道指的是行业。而我讲的"新赛季"则和"新局"有关。改革开放40多年，我们企业面对的环境、形势发生了很大变化，一是面临百年未遇之大变局，二是新发展理念的提出，其核心内容是"创新、协调、绿色、开放、共享"。关于开放，习近平总书记多次强调，中国开放的大门不会关闭，只会越开越大；创新现在是全国关注的热点，各地大力开展创新创业；关于协调，我国经济一定要协调发展，要平衡；关于共享，提出了共同富裕这样的理念。这些都关乎我们的工作和生活。我们必须了解这些深刻变化，在变化下找到适合自己的发展之路。

"双循环"的新发展格局

改革开放初期，我国学习"亚洲四小龙"的经验，我们的制造业有了长足的发展，有了很强的实力，尤其是中国进入WTO后，我国的制造业更是创造了奇迹。我国出口额在三驾马车中一度占70%，尤其长三角、珠三角地区都是出口制造基地，这之中我们的要素成本发挥了重要作用，土地成本、劳动力成本、环境成本，包括技术成本等相对都比较低，因而实现了快速的发展。

[①] 2021年6月20日，由凤凰网、中国企业改革与发展研究会主办，凤凰网财经承办，以"新局与敢为"为主题的2021凤凰网（夏季）财经峰会在北京举办。本文根据作者在会议中的演讲改编。

▶ 稳健经营

现在国际形势发生了变化，在一些领域存在不确定性，加上新冠疫情对全球经济的冲击等，都让全球化的进程发生了改变。一个特点就是今后的全球化会按照区域化发展。在这种情况下，我们提出了构建以国内大循环为主体、国内国际双循环相互促进的新发展格局。这是今天的现实，在这样的情况下，中国企业该怎么做？有以下几点。

◆ **加大在国内市场的布局**

过去我们沿用了"两头在外，大进大出"的外贸路线。走到今天，我们的制造业规模很大，但是我们的制造业不能再走过去那条路，还要多重视国内市场的需求。从国内来看，通过40多年的改革开放，消费水平有了明显提高，中产阶层人数持续增加，这是很大的市场。过去我们比较重视国外有些国家的市场，其实也就是因为消费市场比较大。但是从长远来看，中国的消费市场今后会更大。

不光消费市场，我国基础建设的市场空间还很大。2020年中国的水泥产销量是24亿吨，约占全球的60%。水泥的销量是基础建设的一个衡量值。企业在国内市场还可以大有作为，要抓住机遇，做好市场定位。

◆ **加大产品向中高端的转型**

国内的消费已经从中低端向中高端转移，关键是我们的企业要满足这些中高端的消费需求，推动产品向着中高端进行转型。我过去到日本企业调研，发现日本的好产品是在本国销售的。而我们过去往往是把好产品销出去，这个思路要改变。我们要把最好的东西销给国内消费者，这也是下一步企业要辩证思考的问题。

另外，我们必须巩固我国全球制造中心的地位。我国制造业要充分把握数字化转型的机遇，向中高端迈进。过去因为成本问题，部分制造业的生产工厂从日本迁到韩国、再到中国的台湾、昆山、成都、郑州等地，然后到越南。现在机会来了，数字化、智能化降低了用人成本。

我到瑞士达沃斯参加会议时与西门子、ABB等几家跨国公司负责人进行交流。我问他们会不会迁到其他国家，他们说："我们是跨国公司，西门子总部在德国，ABB 总部在瑞士，主要研发设计人员、配套制造人员都在中国的上海或上海周边的城市。我们有三大市场，北美市场、欧洲市场和亚洲市场，其中亚洲市场是以中国为中心的。我们更像中国公司。我们不愿意迁走，成本低是暂时的，最重要的是配套和人才。"

◆ 加大品牌建设的力度

改革开放 40 多年，我们用市场换资本、用市场换技术取得了很大的成功。但是仔细想想有没有美中不足的东西呢？有，那就是品牌建设。在这个方面，我们做得不尽如人意。市场就是品牌，我们是拿品牌换了技术，换了资本。

现在我们必须把品牌做起来。质量是品牌的基础。经过了 40 多年，我们的制造业发展到今天，很多国外的大牌产品是在中国制造的，所以质量不是问题。我们要做的是把国产品牌凸显出来，提升品牌影响力。

◆ 大力发展跨国公司

讲到"双循环"还要考虑在国际上怎么竞争。在这一点上要大力发展中国的跨国公司。过去产品"走出去"，今后就是企业"走出去"。海信 50%以上的产品是在国际市场销售的，而且在海外建了多个工厂。我到非洲埃塞俄比亚等地参观过两个中国产业园，不少中国做鞋的企业搬到那里，很多产品出口是零关税。中国建材旗下公司也在海外建了玻璃纤维厂，分别覆盖北美和欧洲市场，通过在当地建厂解决关税高、产品出不去的问题。曾有企业家问我为什么去国外建工厂，我说："因为那里有我们的客户，我们不能放弃那些忠诚的客户，要为他们服务，这就是逻辑。"也就是说，我们要"双循环"，不能放弃国外的客户，要进行适当改变。

低碳化

2015 年 11 月我参加了巴黎气候变化大会，在这个大会上超过 190 个国家和地区达成了协议，到 21 世纪末，将全球平均气温较工业化时期上升幅

▶稳健经营

度控制在2摄氏度之内作为目标,争取不要超过1.5摄氏度。现在实际上已经升高了超过1摄氏度。也就是说到21世纪末,气温上升空间只有0.5摄氏度。但如果我们不节制的话,全球的气温会升高4~5摄氏度,这就是为什么中国作为世界大国负责任地提出2030年前碳达峰、2060年前碳中和的"双碳"目标。围绕这个变化,企业一方面要进行低碳化生产,另一方面要加快新能源的发展。此外,还要开展碳交易,进行碳捕捉等新的减碳尝试。

对于企业来讲,"双碳"目标既是挑战也是机遇。根据有关预测,要解决碳排放的问题,中国需投入100多万亿元,这会催生很大的市场。任何一个大的变局都伴生着新的机遇,企业不光要看到挑战,还要看到机遇。比如能源,到2050年要实现近90%的发电使用可再生能源,其中风能和太阳能光伏发电合计占近70%。

我在一家煤炭企业交流时,有人提出一个问题:"煤矿已经开发利用几百年,以后大家都不用煤了,我们企业去干什么呢?"我说:"煤炭和石油原则上都不应该烧掉,过去我们没有其他能源只能用它们做燃料,其实煤炭和石油有很多其他实现价值的方式,如果我们有风能、太阳能,用这些新的可再生能源取代化石能源,煤炭和石油就可以用来制作各种产品。"

在利用风能和太阳能方面,目前的难点在于储能技术。各个国家都有各自的方式来解决储能的问题。过去我们主要是靠抽水蓄能电站,新能源汽车推广后,现在常见的还有蓄电池的储能电站。

马斯克在一次演讲中提出,全球人类预计有20亿辆电动汽车,假定每家都有一个储能电池,白天储能,晚上放电,这种电网连起来,就可以替代全世界的化石能源。我去青岛特来电公司调研,这家公司的大股东是上市公司特锐德,现在准备在科创板上市。特来电是新能源汽车充电设备制造商和充电网运营商,把客户的电动车上所有的蓄电池联起来,搭建一张汽车充电网,电多的时候蓄电,电少的时候放电,每一个电动车成了一个小的蓄电厂,这就解决了储电问题。

今天我们要适应低碳化社会,采取低碳化的生产和生活方式,节约用电,减少碳排放。这么多年,我一直在建筑领域倡导新型房屋。最早制造的房屋叫"低能源"房屋，后来叫"零能源"，现在叫"加能源"，就是每一个房子利用地热、光热、光电、家庭风电和沼气五项新能源措施，不仅可以实现能源自给，而且可以给大电网输送电力。这种房屋在北京、新疆、四川都有建造，农村如果都建了这种房子，就容易做到零能源，实现零排放。

可以看到，生产和生活方式的低碳化，为企业的创新创业提供了新的发展空间。

数字化转型

20 世纪 90 年代，互联网开始在商业上应用。互联网作为透明的信息平台，解决了传统贸易信息不对称的问题。过去中间贸易商创造财富的核心是掌握这些信息。比如，中间贸易商知道石膏板在哪儿生产，知道怎么购买到石膏板，但是客户不知道，他可以从厂家购买后卖给客户，但是卖出价格和从厂家购买的价格不一样。

传统的贸易建立在信息不对称的基础上，但由于互联网的出现，传统的商业模式被颠覆了，新的商业模式是平台经济，这是一场革命。

20 世纪 90 年代末，我国掀起了一股电子商务的热潮。我当时任北新建材董事长，也曾创立北新数码。但很快这个热度就消退了，为什么？因为条件不成熟，当时没有移动智能终端，手机只能发短信，没有电子支付，第三方物流也不发达。所以这些商务网迅速变成了信息网，存在的时间比较短。

后来随着条件的逐渐成熟，我国的消费互联网走在了全球的前面，现在产业互联网也正加速赶上。我国的消费互联网为什么发展得这么好？就是因为市场大、人口多、应用场景多。产业互联网也一样，我国有约 1.4 亿个市场主体，每个都是 B 端，这就是产业互联网的基础。

我在青岛调研时看了海尔的卡奥斯工业互联网平台，也看了海信和双星在发展的工业互联网。双星生产的轮胎里有一个芯片，轮胎的相关数据都加入工业互联网，这样公司卖了多少轮胎，轮胎的运行状态、充气情况等都能被掌握。公司除了销售轮胎，还可以利用互联网去关注轮胎的运行维护，收

> 稳健经营

取服务费。海信也一样,海信生产的电视在什么地方,是什么运行状态,公司通过工业互联网都可以知道。数字化的下一个应用场景,就是大规模的产业互联网。

5G等新技术的应用推动数字化、智能化快速普及。我去过不少企业,看到企业里面共同的特点就是都在进行数字化转型,增强数字化战斗力。

中国巨石在桐乡的玻璃纤维织布厂,主要织电子布,就是制作集成电路的线路板所使用的玻璃纤维。他们最新的纺织工厂几万平方米的厂房中,700台织布机居然没有一个人在现场。

其中的意义是什么?一是减少了用人,二是降低了成本,这对我们来讲意义重大。有人问我:"企业都用机器了,是不是就不需要人工作了?工作都没了,人还要干什么?"我说:"你的问题是我5年前在瑞士工厂考察时提的问题,从技术层面我暂时回答不了,但可以从哲学层面回答一下。从工业革命开始到现在,几乎每一轮技术革命都是围绕如何把人从繁重的劳动中解脱出来,每一轮都会遇到同样的疑问,甚至有的工人会砸机器。但回过头来看这么多年的社会发展,现在是更美好的。马克思提出随着物质财富的极大丰富,将从按劳分配转变为按需分配,而物质财富的极大丰富有可能通过智能化的机器实现。"

智能化不只解决了用人的问题,关键是解决了精准度的问题。工业富联董事长李军旗荣获新浪财经等评选的"2019十大经济年度人物"时,我受邀作为颁奖嘉宾参加,现场他送了我一个公司的纪念品,是一个不锈钢的小球,他告诉我说这个球不是磨出来的,是铣出来的。之后在工业富联的调研过程中,我了解了苹果选择它作为代工厂的原因,就是因为其在精密加工方面的优势。

我们常用的手机壳就是一个精密加工的产品,表面是用金刚砂铣出来的,苹果公司把概念设计出来后,就交给工业富联生产。工业富联不是一个简单做集成的安装厂、组装厂,而是有核心技术、核心专长的。由此看来,数字化对加工企业来讲,也是非常重要的一件事。大家要很好地研究数字化对企业的影响,要全面地进入数字化,这是必由之路,是企业未来必须做的。

▲ 南钢智慧运营中心

新赛季的战略调整

以上是我讲的三点新赛季的变化。既然有了这些变化，企业就要进行战略调整。

第一，战略调整一定要在企业发展的鼎盛时期进行。

很多企业都是在下行到谷底的时候被迫进行调整。其实应该在企业的鼎盛时期、在好的情况下开始调整，而不要等到问题出现以后仓促应战。

第二，思考新赛季的战略定位。

在新的战略定位里，要把全球化的变化、气候变化、低碳化、数字化的变化等放到企业战略里去，重塑我们的企业战略。

第三，抓住新赛季的关键工作。

定了战略之后，并不是万事大吉了，企业会有一些关键的工作，我们要抓关键的工作，抓住重要的环节进行调整。比如品牌、低碳、新能源的业务、智能化等，这都是我们关键的工作。

> 稳健经营

第四，新赛季的资本运营。

无论是市场的调整、低碳化，还是数字化转型，企业都需要大量的资金。那么资金从哪儿来？从资本市场来。我们国家的资本市场经历了30多年，已经成为初具规模、有一定实力的资本市场。过去资本市场支持了国企改革，支持了民营企业发展，支持了科技创新，下一步也要大力支持企业的转型。在这方面我们不只是要支持转型的公司去上市，同时希望上市公司能够带领大家去转型。比如我们可以支持上市公司发行债券、可转债等，解决企业转型所需要的资本问题。也就是说，我们要发展多层次的资本市场来支持企业的转型。

企业要关注竞合、协同、共享

新赛季下的企业成长有几个关键点。

第一，从竞争到竞合。

我始终希望企业的环境是共生的，不应该简单地竞争。竞争是个好东西，但无序竞争和恶性竞争是坏东西，所以既要竞争还要合作。因此，我提出行业利益高于企业利益，企业利益孕育在行业利益之中。水泥企业这么多年，就是按照这个思路做过来的，今天的水泥行业尽管有过剩产能，但是做到了协同和共生。有时我们在某一个辖区卖水泥，但是从我们的产地运到那个地方非常远，我们就会把订单转给竞争者。

我最近去一家汽车公司看，它的流水线上除了生产自己公司的汽车，还为一些新势力的工厂生产汽车。和我同行的专家询问："这样生产不就等于支持了你的竞争者吗？"厂方回答说："这些制造业都是同质化的，你不做别人也会做，我帮他们做一些还可以降低我的成本。"很多新势力车企不用建生产线，它们只需要做设计，而生产过程就可以由传统制造业企业去做。

航空公司过去遇到市场竞争就互相杀价甚至免费送票，以此增加上座率。后来，一些公司组建星空联盟，比如一架到香港的飞机，国航、国泰、港龙各卖1/3的票，减少了航油的浪费，降低了成本，也实现了利益最大化。

这就是今天我们看到的，从竞争到竞合。

第二，由分工到协同。

科学管理是通过细致的分工来提高效率。但到了数字化时代，要靠协同，要靠强个体来带动整个组织的发展，这样能够有更多的效益和更高的效率。

第三，从共生到共享。

我做企业多年，经常思考共享的问题，就是如何看人力资本的效能。华为、万华、海天味业等企业都做得很好。海天味业是一家员工持股公司，员工持有海天味业59%的股份。在这样一个变化的时代，对企业来说，一件非常重要的事是能不能把人力资本纳入分配机制，能不能把企业变成一个共享的平台，除了工资奖金，人人还能分红。

一家理想的企业应考虑这些因素，我们的企业未来应该向这方面发展。

02
低碳时代的企业战略调整[①]

2020年9月，习近平总书记在第75届联合国大会一般性辩论上宣布了中国的"双碳"目标，即2030年前实现碳达峰和2060年前实现碳中和。从提出这样的目标之后，我们进入了一个低碳化的时代。这个时代不仅会改变我们的能源结构，改变我们的生产方式，也会改变我们的生活，改变我们的各项活动，甚至改变我们的价值观。

低碳时代的挑战和机遇

"双碳"给我们带来了各种挑战。现在我们不仅要考虑碳达峰的问题，还要考虑碳中和的问题。2020年，我国的二氧化碳排放量是98.99亿吨，占全球的30.7%。到2030年实现碳达峰的时候，还会增加二氧化碳排放量。碳达峰、碳中和将从根本上改变我们的生产、生活，改变企业的形态，我们做企业的要看到这场巨大的变化和由此产生的压力。

同时，低碳化也带给我们很多机会。据有关机构测算，实现碳中和目标的投入约为136万亿元，也有专家说要400多万亿元，这些数字表明，投资一定是巨大的。巨大的投资、巨大的转变也给企业带来了巨大的机遇。企业不能只看到挑战，还要看到机遇。现在发展快速的新能源汽车是在什么背景

[①] 2021年12月4日，以"聚力企业绿色变革 助力产业低碳发展"为主题的第十九届中国企业发展论坛暨2021年度中国企业十大新闻揭晓仪式在北京举行。本文选自作者出席会议所作的演讲。

下发展起来的？就是在低碳化的时代，大家减少化石能源的使用，改用新能源的背景下。当然，可再生能源也是在这样的情况下发展起来的。资本市场中可再生能源领域和新能源汽车领域的企业备受关注，就说明了这场变化。我们要看到它给企业带来的巨大商机。

▲ 美丽的大亚湾核电站

企业怎样调整战略

◆ 要把低碳化、"双碳"目标纳入企业的发展战略

企业的战略要因此而做调整。过去我们可能没有把低碳化作为战略制定的一个重要因素，但现在必须把低碳化纳入企业战略考量中，因为它会改变能源结构，企业会因此受到影响。

◆ 要积极稳妥地推进低碳化的进程

企业首先要积极，不能消极地对待，但是也要稳妥。在推进低碳化的过程中，有两点特别重要：一是措施必须切实可行；二是必须掌握节奏。到

▶稳健经营

2030年实现碳达峰，到2060年实现碳中和，尽管时间很紧迫，但是毕竟是有一个时间跨度的，不是一下子就要把所有的事情都做完。针对"双碳"目标，我们国家既有方针，也有路线图，企业要很好地研究相关政策的时间点、路线图，怎么和我们所做的事情结合起来，这样才能做到既积极又稳妥。践行"双碳"目标要认真地做，不要"刮风"，"刮风"就是不切实际地去做，这样对企业来讲不但"双碳"目标没达成，把现有的企业经营也搞垮了，这是我们不愿意看到的。总的来说，推进低碳化进程既要积极，还要稳妥，要实事求是、全力以赴地去做，但是要把握节奏，要切实可行。

◆ 要加大技术创新

对于企业来讲，低碳时代有几件事要重视。

一是做好企业的节能。企业节约了一半的能源就相当于生产了这些能源，而且是零排放的。企业通过创新，改造一些高耗能的技术，这是非常重要的。比如在水泥行业，余热发电就是节能的措施，水泥厂通过余热发电把余热利用起来，可以节约30%左右的用电。

二是有条件的企业要用新能源。现在的水泥厂、玻璃厂要积极使用太阳能、分布式发电，有条件的还要推动风力发电，解决一部分自用的能源来源，这也很重要。

三是利用大数据等现代科技进行技术改造，减少能源的耗费。现在的智能化水泥厂，每吨熟料耗费的标煤只有85千克，普通自动化的生产线最低要耗费115千克，从自动化到智能化的技术改造可以减少30千克标煤的消耗。在企业里，我们要大力开展技术创新，满足低碳时代的要求。

◆ 要加快低碳化产业转型

有很多企业属于难减行业，像电力、化工、钢铁、水泥、建筑等均是难减行业。难减行业不仅要在技术创新上做文章，也要在产业转型上做文章。比如建筑行业，每年耗能约占全国总耗能的30%，全国有大量能耗供应在建筑行业。那么建筑行业该如何做好节能？如何减少能源消耗、二氧化碳的排放？举一个例子，北新建材之前做了30余年的北新房屋，又叫加能源5.0房屋。5.0代表5个能源措施：地热、光热、光电、家庭风电、沼气，可以利用光能、风能作业，提供家庭用电，还有沼气处理功能供应家庭采暖。过去我们讲零能源房屋、节能房屋，现在我们称之为加能源房屋，这样的房子不但不耗费能源，还可以为大电网输出能源。如果全国的农村房屋都改成这种房屋，就不用烧煤了。这不是理想，而是今天的现实。我们在北京密云给农民做了一批这样的房子，成都的许多地方也都在盖这种房屋，这就是一种产业转型。

汽车企业做新能源汽车也是在进行产业转型。电动车用的是电，发电用的是煤，看似依然在消耗能源，其实这个问题一定会解决。通过什么方式解决呢？技术长足发展后，通过储电就能解决蓄电的问题。我之前在中国核电了解到核电行业的发展现状，我国从实际应用角度出发正在大力发展核电。实现碳中和需要大量能源，我们必须从化石能源里走出来。按照预测，到2050年，全球近90%的电力将来自可再生能源，70%是风能和太阳能发电，剩下的是核电。我国还需加快建设安全的核电站。

能源产业在转型，交通运输产业在转型，水泥行业也在转型。其实水泥是好东西，没有水泥不行。2020年我国生产销售了24亿吨水泥，约占全球产销总量的60%。水泥拥有极佳的属性，加水可以自己流动，流动后固化，这样可以用于隧道、桥梁的建设。中国的铁矿石95%靠进口，木材60%以上靠进口，我国的建筑主要用水泥，没有水泥很难想象达到今天的基础建设规模。但是水泥会产生二氧化碳排放。怎样改造这样的难减行业？这也是现在的难题，我们都在关注。第一，我们希望用高标号水泥代替低标号水泥，减少二氧化碳的排放；第二，我们也要寻找一些材料合成低碳水泥；第三，我们要限制水泥生产过程中的二氧化碳排放，通过新能源也好，智能化生产线也好，余热发电也好，来减少生产过程中的碳排放。

◆ **要积极探索低碳化生产经营模式**

围绕企业要素到底怎么排列，我认为应是按环境—安全—质量—技术—成本这样的顺序排列。成本是关乎盈利的指标，前面四项要素都是要投入的，尤其是环境。企业不是不要盈利，而是环境比盈利更重要。为什么把环

> 稳健经营

境放在第一位？因为对环境的破坏是不可逆的。工厂的生产制造过程有三个要点。一是生产原料上倡导循环经济。生产石膏板用工业脱硫石膏，生产水泥大量采用电厂的粉煤灰，尽量减少用天然矿石作为原料。二是在生产过程中追求净零排放。生产过程中产生的废水、废料都不得随意排放，而且关键是要解决废气，比如废气的脱硫、脱硝处理。三是产品应用过程中要节能环保。现在生产的新型建材，运输量轻，减少在运输过程中的能量消耗，装在建筑上节能，减少日后在使用中的能量消耗，拆下来还可以再循环使用。

这些经营和管理思想应深深根植于每位企业经营者心中。我们也要思考：今天运营一栋写字楼得耗费多少能源呢？今后我们要不要都集中办公，那些不必要集中的地方是否可以分散办公，减少能源消耗，减少二氧化碳的排放？我们在考虑企业运行的方式、思考企业经营管理的过程中应时刻具备低碳化的意识，每个人、每个家庭、每家企业都要用这种低碳思想来规范自身行为，这样才更有可能实现碳中和。

03

当"水泥"遇上"鼠标"
——数实融合下的企业新机遇[①]

"水泥＋鼠标"是 20 多年前我们做电子商务时的一句口号，实际上讲的是网络经济和实体经济的结合，也就是今天讲的数实融合。20 多年过去了，今天我们还是继续沿着这个大方向前进。党的十八大以来，发展数字经济成为国家战略之一。党的二十大提出要坚持把发展经济的着力点放在实体经济上，加快建设制造强国、质量强国、数字中国。无论是建设制造强国还是质量强国，建设数字中国都是基础。其中，数字化转型又是我国从过去的经济高速增长向高质量发展转变的基础，所以意义非常重大。

企业实施数字化的重要意义

今天各行各业都离不开数字化转型，这涉及对数字经济的理解。数字经济既包含数字的产业化，也包含产业的数字化。2022 年，数字经济规模达 50.2 万亿元，占我国 GDP 的 41.5%，其中，数字产业化可能只占 1/4，3/4 都是产业数字化。所以我们要做好数字产业化，还要拉动产业数字化。

[①] 2023 年 7 月 17 日，作者受邀参加腾讯研究院主办的《仲夏六日谈》节目，以企业家精神的三个内核——远见、决断和魄力为关键词，阐释在数实融合的企业新机遇下，企业和企业家要有穿透短期变化的远见，要有战略抉择的定力和果敢，更需要在变局当中开新局的魄力和勇气。本文为对话节选。

> 稳健经营

我国已经从消费互联网时代步入产业互联网时代。过去我们做消费互联网，已经走在了世界前列，一方面是有腾讯这样优秀的数字化转型服务商，另一方面是有不少优秀平台，大家结合起来做得特别好。现在做产业互联网，应用场景也非常丰富，我国大概有1.8亿个市场主体，这么庞大的市场主体、丰富的应用场景，使得我们做产业互联网也充满信心。

▲ 在腾讯公司就数智化转型进行对话交流

消费互联网和产业互联网有相同也有不同。相同之处是应用场景和用户都很多。不同之处是，产业互联网时代用户的个性化需求更多，如何满足用户需求对数字化转型服务商来说有一定的难度；而且消费互联网发展得比较快，但产业互联网可能没有那么快，需要扎扎实实下功夫。

无论是消费互联网还是产业互联网，我们既有长板，也有短板。我们在各种技术应用上做得比较好，但也应该加强一些前端技术的研发，解决"卡脖子"难题。现在大家都意识到了这个问题，像腾讯这些数字化转型服务商都在加大技术研发力度。当然从企业来讲，特别是从产业数字化的企业的角度来讲，也要加大技术研发的力度，研究如何能够与数字化转型服务商更好地结合在一起，把数字化转型走深走实，不是形式化，而是具体化，提高企业的核心竞争力，这是最终目的。

党的二十大报告和 2023 年政府工作报告专门讲到了企业实施数字化转型的重要意义——提升高端化、智能化、绿色化水平。智能化是和数字化紧密关联的，同时又是高端化和绿色化的基础。比如，高端化离不开智能化，智能化可以提高效率、减少用工，更重要的是智能化能够提高精准度，能够使得我们的产品真正做到高端化。从我做企业的经历来讲，数字化、智能化转型是今天做企业必需的。哪家企业转型早，哪家企业就更有主动权；哪家企业转型晚，哪家企业就较被动。

20 世纪 90 年代，我在北新建材当厂长，那时北新建材可能是最早一批应用 ERP 的企业，通过信息化再造流程。2000 年左右，北新建材上市后，进军电子商务，支起了一张网——中国建材总网，提升了企业在资本市场上的价值。但那时候移动智能终端、电子支付、第三方物流等都没今天这么发达，最后并没有做好。所以有时候有些创新可能逻辑是对的，关键是还得选对时间，只有在合适的时间、各种条件都具备的时候发起冲锋，才可能成功。

我虽然是做传统产业的，但是一直比较关心数字化、互联网方面的情况，最初是受到托夫勒的《第三次浪潮》的影响。这本书到现在出版 40 年了，我们一步一步地走过来，今天的现实场景其实远远超出了书里设想的数字化发展程度。

企业应如何实现数字化转型

我在担任中国上市公司协会会长期间，曾到 200 多家上市公司做调研。我发现企业都在做两件事：一是数字化转型；二是低碳化转型。低碳化转型也是以数字化转型为基础和手段的，所以我对数字化转型的印象特别深刻。

中国上市公司协会每年发布《中国上市公司数字经济白皮书》。据统计，我国 A 股上市公司中，数字产业化领域的公司大概有 1200 多家，产业数字化领域的公司有 3800 多家。也就是说，A 股上市公司实际上已经走在数字化转型的前列。中央企业也是特别重视数字化转型的，2022 年中央企业大力推进数字化转型，年化全员劳动生产率同比增长 8.7%，当然这项指标的提升可能也有来自其他方面的原因，但还是反映了数字化转型给企业带来

> 稳健经营

的巨大变化。

国资委召开的深入推进国有企业数字化转型专题会议上通报了2022年国有企业数字化转型工作情况，提出了"五转""五化"，要求国有企业围绕"五转"，即转意识、转组织、转模式、转方法、转文化，多措并举推进转型工作落地；围绕"五化"，即研发数字化、生产智能化、经营一体化、服务敏捷化、产业生态化，积极促进传统业务全方位、全链条改造。"五转"主要讲的是认识、组织等方面的数字化转型，"五化"主要讲的是整个产业链都要进行数字化转型的一些实施办法。

像中国建材，主要从三方面进行数字化转型。

一是设计方面。中国建材的水泥和玻璃大型装备占全球市场份额的75%，这是因为我们的装备性价比高，生产线都是智能化的，其中数字化的设计起到了极其重要的作用。新冠疫情防控期间我们给法国建了一条生产线，通过运用无人机激光测距的办法完成现场测绘，将采集后的数据上传至云端，进行云上三维设计；再通过数字孪生技术，在交付一个物理工厂的同时也生成一个三维的数字工厂，远程指挥法国现场进行安装调试。

二是生产制造的智能化方面。过去，一家水泥厂可能需要2000人，有了自动化生产线后大概只需要200人，但如果有智能化生产线，则只需要大概50人。这是巨大的进步。自动化生产线需要有一个中央控制室，有电脑操作员；而智能化生产线没有中央控制室，没有操作员，而且智能化生产线比自动化生产线要精准得多。自动化生产线每烧制1吨水泥大概消耗115千克标准煤，但如果改成智能化生产线，则只消耗约85千克标准煤。也就是说，每吨水泥的烧制能节约30千克标准煤。

三是销售服务、客户服务方面。过去大家都是通过经销商体系来售卖产品，现在不少企业开始通过网络做直销。

中国建材也建立了几张网，着力智慧物流领域：第一张网是"我找车"智慧物流平台，实现货主企业、物流公司、信息部、车主信息互联互通，提升了人效车效；第二张网是央材通；第三张网是大宗网，大宗物流全产业链都进行了数字化转型。

我这些年也去了不少其他行业的企业，看到了不少应用场景，挺受鼓舞。比如我去过江南造船的数字设计中心。过去企业的实验室大多是工艺实验室，今天数字实验室成了企业一个非常重要的研发前端。

◀ 江南造船的智能制造水平给我们留下了深刻印象

我前不久去了泸州老窖。白酒行业原来多是用古法的造酒工艺，泸州老窖做了5年的无人工厂开发，投资140亿元建了一条大型的年产10万吨白酒的生产线，把酿酒的每一个工艺都智能化了，这是很有特点的。

我也去过云南白药集团。云南白药牙膏占市场份额的20%左右，其生产线完全是智能化的。智能化已经深入各行各业，不只是大型工业企业在用，一些日用品加工的企业也都在用，效果都非常好。

我还看过青岛的智能化码头，每个集装箱的吊装都是智能化的，集装箱的运输用的是氢燃料汽车，实现无人自动驾驶。这样的智能化体现了人文关怀。过去一名吊装工人爬到铁架子上去，没有几个小时是下不来的，他的工作内容只有一个，就是盯着集装箱从码头吊到船上，或从船上吊到码头上，工人会特别辛苦。所以实现智能化不仅节约了人工成本，增加了精准度，一些苦活、累活、险活也可以用智能化手段完成。

> 稳健经营

▲ 泸州老窖智能化生产线

数字化、智能化应用确实在整个工业界或实体经济里已经很深入了，应用场景很多，但从企业推进数字化转型的过程来看，确实也有遇到一些困难和挑战。

一是企业内部，尤其是领导者对数字化转型的思想与认知问题。比如，怎样才能把数字化、智能化作为企业战略、企业核心竞争力看待，真正把数字化转型的意识树立起来。现在有的企业领导有这个意识，有的还在观望。其实从企业领导来讲，必须下决心做，甚至还要成立专门的部门配合组织工作落实。

二是资金方面的问题。数字化转型周期较长，投资大，能否起到预期效果也是企业需要考虑的。比如瑞泰马钢是做耐火砖的，它和腾讯合作了一个非常好的产业数字化项目，在开始的时候投入大概占公司年利润的 10%，这个投入不小，但是后来项目落地以后，效益的提升十分显著，大概节省 2/3 的标煤消耗，利润提升 30% 左右。

三是人才问题。一些传统企业推进数字化转型的过程亟须一批对口的人才，而人才培养需要时间和精力，很难满足企业的需求。很多企业也希望能有些政策上的支持，不论是在资金方面还是人才方面。现在有的企业在数字化转型上比较超前，有的还比较落后，希望落后的这些企业也能够跟上来，克服眼前的困惑、不足。同时，也希望数字化转型服务商能够为企业提供更多的培训，培养更多的人才，这也是企业非常需要的。

▲ 调研山东港口的智能化运营

企业数字化转型中的管理要点

关于企业管理方面的问题，做企业这么多年，我认为有几件很重要的事。

第一，**制定正确的企业战略**。企业战略实际上是选择做什么，不做什么；多做什么，少做什么。选择了做什么，后边才是怎么做。如果连做什么都选错了，那做得再好也不行。

第二，**抓住机遇**。机会是非常难得的，一家企业可能几年内只有一次重要机会，人生也是，所以要抓住机会。曾经有人问我是怎么把那么多的水泥、医药企业重组起来的。我说，当时各方面的情况都凑到了一个点位上，机遇就出现了。我们做企业就应该抓住这个机遇。

第三，**打造一个有执行力的团队**。定战略也好，抓机遇也好，实际上都得靠人去实现。如果团队能力不足，到底是战略错了还是机遇没抓住呢？这就无法证明了。21世纪企业的竞争是组织质量的竞争，是人与人、团队与团队之间的竞争。

▶ 稳健经营

第四，善于克服困难。 企业在经营过程中总会遇到困难，不一定只考验企业家的情商、智商，还可能是逆商，就是在最困难的时候我们能不能想办法解决问题，这要求企业必须有韧性。企业家和普通人最大的不同就是能克服别人克服不了的困难。

在最困难的时候，不要过于悲观，也不要盲目乐观，而是应该务实达观地去面对。其实谁也不愿意遇到困难，但困难是客观的。到了最困难的时候，困难就快过去了，也就是所谓的"黎明前的黑暗"，这是规律，不可能永远困难，也不可能永远顺利，我们应该看到困难演变的过程。

我们站在困难之上看，站在未来看，也许会觉得现在这些困难对自己来说是难能可贵的。这也恰恰是企业家的本质之一——更能够面对困难，更能够克服困难。

第五，具备整合资源的能力。 像腾讯这样的企业几十年的发展，主要是以有机成长、内生式成长的方式，但中国建材做水泥和国药集团做医药分销的整合，其实是行业整合、有机重组的过程。建材和医药是两个跨度很大、差异很大的行业，能都在较短的时间内做大做强，还是因为适应了规律，任何奇迹都越不出规律的边界，当时有这样一个整合的机会，而且这么做符合行业和企业发展规律，所以才能做成。企业在发展过程中要一边成长，一边内部整合优化、夯实提高自己，不能只顾往前跑。邓小平同志讲"几年迈一个台阶"，企业也一样，有快速成长的时候，也有夯实、修整自己的时候，所以一定要学会整合优化。

第六，保持谦逊的态度和同理心。 斯坦福大学原校长约翰·汉尼斯在其著作《要领》中讲到十大领导力，谦逊就是其中之一。我国有140多家世界500强企业，其他企业也在迅速地成长。但是无论企业规模多大，保持谦逊的态度都应该是企业的本质性要求之一，一家企业取得了成就，不能把它仅仅看成个人或企业自身的成就，而是要看成在社会的帮助和共同努力下取得的成就。腾讯就是一家有着谦逊文化和作风的企业，赢得了客户和社会大众的认同。我也希望我们中国企业、中国企业家都要学习谦逊。我记得《要领》里还讲到了同理心。企业既要谦逊，也要有同理心，对员工、对客户、对社会皆如此，也就是商业向善。

04
培育我国企业的综合优势[①]

党的二十大报告强调坚定不移发展实体经济，强调加快建设制造强国、质量强国。中国企业要把产品经济和资本经济很好地结合起来，构筑新的综合优势——"创新＋资本＋管理＋市场"，这是在当前形势下企业的一种生存方式。

企业的发展模式

近20年，美国兴起"创新＋资本"的企业成长模式，过去传统的价值理念受到了挑战。美国把新经济、新科技和资本运营结合起来，使得创新型企业、高科技公司依托资本市场快速发展，像谷歌、微软、脸书、特斯拉等科技巨头，都是靠纳斯达克等资本市场的培育发展壮大的。而日本和德国企业用的是"技术＋管理"的模式，比较重视产品市场，追求精益求精的技术，把产品做到极致、高端化。这样我们就有两面镜子对照。

比如在汽车制造业里，特斯拉公司创立于2003年，是典型的"创新＋资本"的案例。2020年公司净利润有7亿多美元，2021年净利润50多亿美元，但市值最高时超万亿美元。而日本丰田汽车公司2021年的利润达200多亿美元，但市值是2500多亿美元。这是两种不同的发展模式，都非常重

[①] 2021年12月31日，由清华大学社会科学学院、清华大学全球产业研究院主办的全球产业发展论坛召开，论坛的主题是"产业领军企业的责任"。本文由作者在论坛上所作的主题演讲改编而成。

> 稳健经营

要。我们也在思考我国企业应该选择怎样的发展模式。

"创新+资本+管理+市场"

我们过去这些年的发展模式是"市场+制造",靠强大的制造业以及海量的产品出口换取外汇来进行贸易平衡。我国企业从产品经济走过来,更多关注如何开拓市场,如何把产品做好,如何把成本降低,如何把质量做好,如何供应客户。现在进入资本经济的时代,我们还需要重视创新与资本。

宁德时代就是培育了综合优势的企业之一。宁德时代主要做动力电池,公司因为注重"创新+资本",市值曾有上万亿元;同时,公司也非常重视"管理+市场"。六西格玛的PPM是指将产品缺陷控制在百万分之一的误差,而宁德时代提出的"极限制造"的PPB,误差是十亿分之一。极限制造的管理要求极其精细,靠人工是解决不了的,要依靠智能化,而且是高度智能化的配合。

▲ 与上市公司代表走进宁德时代宜宾公司

现在我国已经涌现出一大批这样的企业,比如迈瑞医疗、福耀玻璃、海康威视、万华化学等。它们都是充分利用了资本市场,同时结合管理精细,所以产品质量好，成本低。这些企业在资本市场有很高的价值，同时在产品市场也有很好的利润，把价值和利润很好地结合在一起。

过去在工业时代，企业的价值是按照市盈率计算的，市盈率是利润率的倒数。如果利润率是 5%，市盈率就是 20 倍。如果利润是 10 亿元，那市值就是 200 亿元；如果利润是 100 亿元，那市值就是 2000 亿元。

现在，"创新＋资本"的时代颠覆了过去传统的价值实现方式。像特斯拉过去即使没有利润，也有比较高的市值。也就是说价值可以提前实现，用于支持创新型企业的发展，这是优势的一面。但同时我们还要看到，一家企业如果长期没有效益，也支撑不住价值和市值。因此，效益是企业长期价值的一个基础。

我们做企业既要重视资本市场，也要重视产品市场。有的企业只重视资本市场的价值，而忽视产品市场的效益，去炒概念，最后出了问题。有的企业则只重视产品市场，而忽视资本市场。有的上市公司董事长跟我说，一年都不看一次公司股票。其实这些都是不对的。因为今天企业有两个市场，在产品市场有客户，要与他们积极沟通；在资本市场也有客户，那就是股票的投资者，也要与他们积极沟通。

培育我国企业的综合优势

如何培育我国企业的综合优势？有四点非常重要。

◆ 重视创新

创新是企业的动力，企业要特别重视创新。熊彼特先生在 1912 年提出创新是新组合，企业是创新的主体，企业家是创新的灵魂。企业创新中要特别注意破坏性创新，也就是打破过去的均衡，实现一种新的均衡。像电动汽车会颠覆传统的燃油汽车，就是一个大的创新，一个颠覆性的创新。

◆ 重视资本

2020 年，我国上市公司收入约占 GDP 的 57%。过去 31 年间，我国上

> 稳健经营

市公司募集资金约20万亿元，分红约10万亿元，资本市场确实给予企业发展很大的支持。正如熊彼特提到，资本是企业家用于创新的杠杆，没有资本，创新是做不下去的。

现在我国在加大直接融资的比重，因为我们的直接融资约占12%，间接融资约占88%，这样企业的融资成本、财务费用就会比较高，风险也会比较大。我经常听有些企业家讲"缺技术，缺资金"，我说，其实是"缺创新，缺资本"。技术要从创新中来，资本要从市场中来。我们的企业要特别重视资本运营。现在我们有深交所、上交所，有创业板、科创板，又设立了北交所支持中小企业、专精特新"小巨人"上市。这些对我国企业进入资本市场是非常有利的，企业必须重视。

◆ **重视管理**

管理是企业永恒的主题。过去这么多年，无论在北新建材还是在中国建材，我一直比较推崇精细管理，后来总结了一套方法叫三精管理，旨在用正确的经营来保证企业的效益，提高企业的市场价值。

我常说做企业其实就是两件事：第一件是做正确的事，经营要得当；第二件是正确地做事，管理要得法。这两件事都非常重要，应始终贯彻在我们企业里。这些是企业发展的底层逻辑。

◆ **重视市场**

我国企业既坐拥14亿人口的国内大市场，又有开拓耕耘几十年的国际市场，这是其他经济体企业没有的优势。双循环新发展格局下，国内国际两个市场都要重视。企业要明确自己的市场，是区域市场，还是行业市场，是全国市场，还是国际市场，不管是哪个市场，都要精耕细作。

总之，我们要重视"创新＋资本＋管理＋市场"，打造我国企业的综合优势，这样企业才会有长久的竞争力。

05
跨越周期，构建新的竞争优势[①]

企业现在遇到了不少困难——不仅要回答"怎么看"，还要回答"怎么办"，也就是得讲讲企业里的方法论，我们到底该怎么去做。

过去这些年，中国企业获得了长足的竞争优势——低成本、全球化。但现在低成本的优势已经不存在了，全球化也发生了重大变化。在这样的情况下，企业该怎么办？有没有别的办法来构筑新的优势？留恋过去其实是没有用的，我们必须放眼未来；而要想放眼未来，我们又必须把眼前的事情做好，要有一个新的开局。

企业的竞争其实归根结底是优势的竞争。企业所有的工作都是围绕如何建立企业的优势展开的，这是我的一个观点。在企业做了40多年，我一直在想企业的优势是什么、如何建立新的优势。今天企业的核心问题也是这个问题。

用持续创新取得技术优势

2009年我到国药集团做董事长时，见到了当时的卫生部部长。他告诉我，IT是高科技，摩尔定律表明每18个月产品技术就会更新换代一次；而在医药领域，阿司匹林是1897年发明的，但到了现在还在用。他的意思是说医药也是高科技，但对应的周期比较长。这话我一直记着。

今天其实各行各业都进入了"摩尔时代"，创新的速度加快了。2023年

[①] 2023年3月24—26日，2023企业家新年大课暨正和岛千企助桂发展行在广西南宁举办。本文选自作者的主题演讲。

▶ 稳健经营

3月25日,我在宜宾参观了一家做智能投影和激光电视的科技企业,是10年前几个年轻人创业做起来的,现在做出了琳琅满目的新产品。我看完以后就想,这可能将是对液晶电视的颠覆。大家可以回想一下,液晶电视的诞生似乎就在昨天,液晶把彩色显像管颠覆了,没想到今天遇到了新的颠覆者。

今天来看,技术不可能使企业拥有一劳永逸的优势,必须持续创新,必须用持续创新来创造动态的技术优势。今天我们谈到优势,已经不敢讲持续性优势,更需要关注瞬时优势、动态优势,无数个动态优势才能构成企业的长期优势。

像液晶显示玻璃,这些年的变化很快,先是面板玻璃做到0.3毫米厚,现在超薄电子触控玻璃能做到仅0.12毫米厚,而柔性触控玻璃能够卷起来、折叠90万次不破损。这就是为什么今天必须持续创新,只有不间断地创新才能创造企业的技术优势,慢一步、慢半拍都不行。

用综合战略取得竞争优势

做企业,如何在市场上获得竞争优势?过去,战略大师迈克尔·波特提出三大通用战略:一是低成本,二是差异化,三是集中化。

中国巨石是做玻璃纤维的,早期就是靠低成本赢得了市场。后来光靠低成本不行了,开始搞差异化,做新的产品,向高端化转型。我问中国巨石的董事长对现在的竞争怎么看。他说,过去用低成本竞争过,后来用差异化竞争过,现在得综合起来,成本要低,产品又得差异化,两者结合起来才有可能获得竞争优势。单纯只靠过去那种低成本竞争,或者只靠差异化竞争,都不行了。这也是目前的最新情况,对过去那些传统竞争理论的认识要发生改变,我们要实事求是,不能简单地只走低成本路线,或者只走差异化路线,而是要用综合战略来创造企业的竞争优势。

用行业细分取得产品优势

今天处于一个过剩时代,过剩了怎么办?很多人说,要转行。但我常跟大家讲，转型不是转行。只要这个行业的市场容量还是很大，只是困于过剩竞争，那就不能简单地转行，因为其他行业也处于激烈竞争中。

在这种时刻，企业要做产品细分，通过技术创新沿着产业链和价值链延伸，在细分领域里争做头部企业。像大连一家企业，2022年的业绩增长100%，因为它的主打产品鸡蛋很有特色，在细分领域里再去细分，把产品做到极致。

这也是今天企业创造优势的一个办法。如果一个行业的专业度已经很高了，那在专业里还得继续细分。比如，法国人的面包出名，原料中的面粉就有100多种；日本的水泥很好，有100多种特种水泥。

用高质量取得价格优势

中国是一个制造大国、产品大国，但我们是怎么走过来的？过去一些企业是靠低质低价，后来是中质低价，到现在肯定是要提高质量，要走一条"质量上上、价格中上"的路线，用质量来提升价格，以此获得价格优势。

北新建材是一家做纸面石膏板的企业，没有太多高科技，但在全国市场

▲ 北新建材的石膏板生产线

> 稳健经营

的占有率达到67%。2022年这个行业的市场营收有所下降，但北新建材做得不错，收入、利润都很稳定，2022年有32亿元的净利润，相当不容易。纸面石膏板只是普通的建材产品，北新建材能做到这么好的原因是一直走"质量上上、价格中上"的路线。

今天，东南亚、非洲等很多国家有更低的要素成本，所以我们的企业必须提高质量，改变过去低质低价、中质低价的路线，用高质中价的质量价格思想来赢得企业的价格优势。

用双循环取得市场优势

双循环指两个市场，一个是国内市场，这个市场规模庞大，还在快速发育。我国有14亿人口，中产阶层的数量在不断增加。这个市场是一个稳定的、长期的市场，必须深耕做好。另一个是国际市场，开发、耕耘了40多年，我们也不能放弃。

这些年国际市场发生了很大的变化，现在是区域性的全球化。贸易摩擦等对于中国企业"走出去"造成了影响，到底要不要"走出去"？还是说只做国内市场？答案是要双循环，国内、国际市场相互促进。

用自主品牌取得经营优势

改革开放以来，我们曾经用市场换资本、用市场换技术，但市场到底是什么呢？现在回过头来发现，市场就是品牌。

过去不少的国产好品牌没有发展起来，我们现在必须要加大自主品牌的建设。为了研究品牌，我专门去了安踏这家公司。安踏是20世纪80年代晋江当地的丁家父子3人创业起家的，最初给跨国公司代工做鞋，到了1994年有了几百万元的收入，确定了"打造自主品牌，开拓国内市场"的发展思路，创造了安踏这个自主品牌。后来越做越大，收购了斐乐等国际品牌。2019年安踏又用360亿元收购了总部在赫尔辛基的亚玛芬。通过40年，父子3人从代工做鞋转变成拥有自主品牌，现在又变成国际品牌商。这样的一个跨越，在西方创业者的书里都很难找到相似的案例。

▲ 在安踏公司参观和了解品牌发展历程

这件事让我感受到，品牌其实并不神秘，中国企业也能做好。过去关于到底能不能做好品牌，我们心里其实是打过鼓的，认为品牌里可能有什么玄而又玄的东西。

日本有人也研究过，日本《朝日新闻》驻苏黎世的站长曾写过一本书，专门讲为什么日本的品牌做不过瑞士的品牌。日本的手表做得很好，过去全世界的石英机芯大多是日本生产的，但日本手表在品牌上还是比不上瑞士手表。2019年我在参加达沃斯论坛期间，曾专门抽时间到瑞士几家大企业进行调研，它们的品牌到底是怎么做的？为什么一个只有800多万人口的山地之国，居然有那么多的国际大品牌？我们得去研究它们。

瑞士人跟我讲，品牌工作不是依赖一个销售员或一个品牌专家，而是"一把手"工程。这句话给我留下了深刻印象。企业的品牌建设要有领导重视，制定品牌战略。品牌工作也是全员工程，要全员参与，从上到下都树立品牌意识，长期推进品牌建设。

过去中国企业愿意投钱在设备、技术上，但可能在广告上投入相对较少。我们坚信东西做好了，自然有人买，自然就能卖出去。其实并不见得，

▶稳健经营

产品要做好,广告也得做好,牌子也得打响了才行,这样才能有更高的附加值。

▲ 受邀参加中小企业协会主办的全球招商节,分享"讲好中国品牌的故事"

我们既要建设制造强国、质量强国,也要建设品牌强国,讲好中国品牌的故事,提高全球市场对中国企业和产品品牌的认知度,才符合高质量发展的要求。

06
迎接中国品牌新时代[①]

一提到东莞我就想起来几个关键词：全球著名制造中心、近万亿 GDP、从制造到智造。今天我们又加上了一个关键词：东莞品牌。我结合品牌的话题，和大家谈三点看法。

中国品牌的发展历程

品牌是经济社会发展的产物，是商业的产物。中国商业发展的历史悠久，古时，大家就有一定的品牌意识，但过去讲得比较多的是字号，像北京的同仁堂、平遥票号等。新中国成立后，其实也有一些不错的品牌：飞鸽自行车、永久自行车、凤凰自行车、上海牌轿车、北京吉普、中华牙膏、美加净等，只不过那时候是计划经济时代。但即使在计划经济时代，我们的日常生活中也有不少品牌。

改革开放以后，我们经历了品牌数量高涨的时代。随着市场的放开、企业的市场化，涌现出春兰空调、牡丹电视机、雪花冰箱等不少品牌。但是后来遇到了两个问题：一是企业在成长中遇到了一些困难；二是外资大规模进入中国市场，包括合资和独资，这使得我们尚未发展成熟的品牌受到压力，有一些品牌选择和外资合资。这也是一段历程。

2001 年中国加入 WTO 后，我们进一步放开市场，用市场换资本、换技

[①] 2021 年 5 月 10 日，主题为"品牌新时代·东莞制造再出发"的东莞品牌高峰论坛召开。本文选自作者所作的主题演讲。

> 稳健经营

术，迎来了中国经济的高速发展。但如果仔细想，这个过程中是否有一些美中不足？其实是有的，就是我们是拿品牌换来了资本。比如街上跑的汽车少有国产品牌，但如果去美国、德国、日本、韩国，会发现街上跑的大部分都是他们自己品牌的汽车。

近年来，我到一汽、北汽、上汽、广汽等几家汽车企业去了解电动汽车的情况，每家企业都有和国外合资的项目。现在我们是制造大国，但离品牌强国还有一定距离。当然也有一些行业把品牌做得不错，比如家电行业，涌现了诸如海尔、美的、格力等品牌。在生活品类中，酒业的品牌也做得不错，如茅台、五粮液、泸州老窖、汾酒等。但我们的茶叶行业只有字号和品种，还缺少有知名度的品牌。

▲ 中上协"走进上市公司"活动到五粮液公司交流

品牌的问题至关重要。2014年5月10日，习近平总书记在河南考察时提出，"推动中国制造向中国创造转变，中国速度向中国质量转变，中国产品向中国品牌转变"。我们看这"三个转变"，从制造到创造、从速度到质量、从产品到品牌，是按照逻辑一层一层提高，最后定位在什么位置上呢？定位在品牌上。5月10日是中国品牌日，东莞举办了首届品牌节。在制造业领域带领企业进入品牌时代，这也是东莞的历史责任和使命。

为什么要打造品牌

有人认为做一个产品，质量好就行了，物美价廉就行了，为什么非要盯着品牌？这是因为在市场经济里，品牌是整个市场的制高点，全球3%的品牌产品市场占有率达40%，甚至在有的行业居然占到90%。从做企业来讲，要特别重视品牌工作，消费者买东西往往是冲着品牌去的。比如买鞋，要考虑买什么牌子的鞋；买汽车，要考虑买什么牌子的汽车。

产业的微笑曲线中，企业究竟在哪里获利？一个是技术端，有好的技术会多赚钱；另一个是市场销售和品牌，如果没有品牌，企业盈利就会受影响。从我国的发展来看，我们是从中间的制造起步的，两端的技术和设计、品牌等开始得比较晚。最初不少企业做代工，销售额虽然很高，但最后获得的利润不高，这就是因为在整个产业结构中处在低端的位置，所以有了品牌才会有高附加值。这是企业要特别重视的事情。

品牌是企业的财富。企业的资产包括有形资产和无形资产，无形资产是重要资产，其中很大一部分是品牌。很多企业没有品牌，所以没有无形资产；而那些有世界知名品牌的企业，无形资产的价值很高。德鲁克说，21世纪的组织只能依靠品牌竞争，因为除此之外它们一无所有。它们就指企业，21世纪的企业除了品牌几乎一无所有。因为所有的技术都可以同质化，所有的产品也都可以同质化，唯独品牌不一样。所以品牌对于企业具有至关重要的价值。

从产品到品牌有一个过程，德国、日本等国家都经历了这样的过程。当年德国的产品在英国是不允许卖的，如果要卖必须标上德国制造的标签，也就是落后产品、质量差产品的象征。日本也经历过这些，当年丰田汽车进入美国市场后，美国的《华尔街日报》刊登了一幅漫画，几个人合力推着一辆丰田车，因为它经常抛锚，上面写着日本制造。所以日本品牌崛起之后，索

> 稳健经营

尼的董事长盛田昭夫写了一本书《日本制造》。

中国也经历过从产品到品牌的过程。20 世纪 80 年代我去美国时，在超市里问服务员："中国的产品在哪儿？"服务员就指了指货架底下的筐，里面是中国的雨伞等小产品，上不了货架。虽然许多产品都由中国制造，但是很多品牌不是中国的。

今天讲到全世界大的品牌的产品，很多在东莞有配套的工厂生产配件，最后组装起来贴上外国品牌标志。这是一个制造业发展必经的过程。现在我们的品牌意识进一步觉醒，认识到了品牌工作必须做上去。

新冠疫情前后我去了多家企业，看了一些制造业的上市公司，包括佛山的美的和海天味业、深圳迈瑞医疗等。我对制造业的工厂情有独钟，也去看了华为的松山湖小镇。我在比较早的时候就开始做制造业，在北新建材做过 10 年销售，其中做了 7 年的副厂长，之后做了 10 年厂长。北新建材的主产品是石膏板，这些年一直做得非常好，现在做到了全国第一。特别是龙牌石膏板超过外资产品的价格，这就是品牌价值。质量是品牌的基础，但是仅仅有质量，不见得有品牌，品牌是在高质量基础上的升华。

▲ 华为松山湖小镇

这么多年来，我做品牌有三点体会。

第一，品牌工作是"一把手"工程。瑞士的手表行业是世界知名的，日本的精工表虽然制作非常精细，质量很好，做到了品质一流，但是卖不上价，不像瑞士过几年就出一个流行的品牌，赚很多钱。

我专门研究过瑞士的品牌，我学到最重要的一句话是：品牌是"一把手"工程，而不只是品牌总监、销售人员的事。企业里的"一把手"必须有品牌意识，否则品牌是做不出来的。城市也一样，城市的品牌也是"一把手"工程，对于城市的宣传、企业的宣传，"一把手"要有定位。

第二，品牌有价值，要走高质中价的路线。质优价廉是很难的，因为高质量是有成本的。2002年我离开北新建材的时候，给年轻同事们留下一段话："质量上上，价格中上，服务至上。"北新建材后来遵循这个原则，一直做得很好。《参考消息》的中缝广告中常能看到北新建材的广告语"北新建材，央企品质"。北新建材的建材产品真材实料，在高端的消费者群体里做长期宣传，能这么下力气做品牌是不简单的。做广告要花钱，钱从哪儿来？我不大赞成打价格战，因为打价格战不利于品牌建设。企业必须有效益，才能把品牌做好，这是一个良性循环，要正着转，而不是倒着转。

第三，全力维护品牌。我刚刚当上北新建材厂长的时候，出口了一批装饰板到韩国，其中一片板上有职工的脚印，韩国客户要退货。有职工觉得对方太小题大做了，我却认为必须同意退货，而且我们要发一个告示，对相应负责人作工资处罚，我被罚一个月的工资500元，主管生产的副厂长被罚250元。这一个脚印踩在了金字招牌上，踩在了经营者的心上，经营者必须带头重视起来。招牌是维护出来的，北新建材这么多年来一直坚持维护自己的金字招牌。

迎接品牌时代，打造品牌强国

现在讲两个词比较多，一个词是"中国造"，另一个词是"国潮"。经过40年的历练，中国造的产品可以做到非常好。东莞的工厂为许多国际大牌企业代工，质量不再是主要矛盾，主要矛盾是什么？是品牌。

▶ 稳健经营

从做质量到做品牌，这是一个跨越。在做质量时，要正确地、一丝不苟地做事；在做品牌时，就要有很多创造力，做正确的事。今天无论是做汽车还是做手机，都要考虑外观设计是否时尚。我去小米调研时，雷军讲小米公司的三条铁律，其中一条是要生产最酷的产品。谁来判别设计是否时尚呢？是消费者。像苹果手机就把握住了消费者的需求，引领了潮流，把奢侈品的销售理念引入手机营销。这样的模式和过去有很大的不同，现在我们已进入品牌时代。

我经常想，进入品牌时代的理由是什么。从宏观来看，理由有三点：一是我国经济进入高质量发展阶段，实现了从追求速度、规模到追求质量、效益的转变；二是制造业从中低端进入中高端；三是要构建双循环新发展格局。这就要求企业在质量和品牌上有所提升，做出最酷、最好、最受消费者喜爱的产品。

从微观来看，我国企业的管理水平、产品质量、服务水准已经达到世界一流或者接近一流。我深入调研过西方很多世界一流企业的工厂，认真比较之后，发现国内很多高端工厂不输给他们。这是我们做品牌的基础。

许多企业已经意识到要从只追求实用转变为还要追求时尚，像格力、美的的产品甚至比德国制造的产品更美观、实用，这说明我们的意识改变了，这是很大的进步。

此外，数字化促进了企业在质量和品牌方面的提升。像上汽有300名设计师在用最新的设计模具做汽车，先用计算机做，再人工做模，做完以后喷漆，然后大家看效果，最后定型组装内部。过去我们做不了，现在通过数字化手段可以实现了。

数字化不仅减少了人工成本，提高了精准度，而且能辅助设计。现在很多设计没有一张纸质图纸，全部在计算机上完成。我们一直在讲弯道超车，数字化在中国的发展超乎想象。我去过丰田、奔驰的工厂，国内车企如广汽的智能化工厂现在远远超过了它们，原因就在于广汽引入了高端、智能化的生产线。过去我们学丰田和本田，但现在，丰田和本田也在引进我国的电动车技术。我感到很欣喜。

▲ 赴广汽调研汽车行业发展情况

要做好品牌，这几项工作非常重要。

第一，认真分析品牌形成的内在含义。品牌到底是怎么形成的？比如奢侈品包袋，相比而言，法国、意大利等地的品牌的销售价格会比较高；比如洁具，有些国家品牌的产品质量很好，但不少五星级饭店用的是欧洲品牌的产品。所以品牌不只是质量问题，我们还要加强品牌研究，里面还有很多其他因素。

第二，增强品牌自信。其实很多国货的产品质量、设计都非常好，但是一些消费者不太认可国产品牌。我们要改变对"国潮"的看法，今天的国产品牌崛起是要建立在正常的消费者思维上，要增加我们的品牌自信，当然前提是我们要把产品做好。想要品牌"走出去"，首先要获得国内消费者的认可。

第三，大力提倡创新精神。我到上汽参观，看到300多名设计人员在设计模型，现场音乐放得很响。上汽的领导告诉我，这是要鼓励和激发员工的创造力，不能像对普通工人那样要求他们。我参观华为的创新基地，那里让人感觉很轻松、自由，能在东莞这样繁华的城市找到如此静谧、美丽的地方，非常适合创新人员工作，相信他们在那里能产生很好的创意。

第四，做好设计和细节。我们的产品质量很好，但还没做到极致，在产

▶稳健经营

品的设计和细节上与世界一流还有差距，在服务的细微处还需要不断完善，精益求精。我们需要有更多的人去做设计，而不是做制造。将来，机器人可以代替基础劳动力，那人去做什么？可以去做创意、设计，这就是我们的未来。

第五，加大品牌的投入。现在酒香也怕巷子深，像茅台、五粮液，在品牌方面都做了很多宣传推广。品牌需要长期投入，还是要继续下功夫，多做宣传推广。

东莞现在已经有不少好品牌，希望东莞不仅在制造业方面领先，今后在品牌方面也能领先，有更多标志性的品牌，带动东莞的发展。

07

怎样做专精特新企业[①]

"专精特新"这个词在2011年由工信部首次提出，之后陆续有文件出台。近几年，"专精特新"成了我国企业发展中的一个非常重要的内容，尤其是党的二十大报告中又专门提到"支持专精特新企业发展"。

发展专精特新企业的意义

◆ 专精特新企业对于建设制造强国和质量强国非常重要

建设制造强国和质量强国到底靠谁来做？靠企业。一方面是要打造世界一流企业。世界一流企业往往指的是大企业，其内涵是产品卓越、品牌卓著、创新领先和治理现代。另一方面是发展专精特新中小企业。专精特新指的是专业化、精细化、特色化和新颖化，是产业的基础。

德国是工业强国，也是制造强国，有很多世界一流企业，如西门子、大众等，更多的是隐形冠军。赫尔曼·西蒙写了一本书叫《隐形冠军》，讲了隐形冠军的两个特点：第一点是专业化的技术，第二点是国际化的市场。德国之所以有这样强大的制造业并不只是因为德国有一些大企业，主要因为有大量隐形冠军。按照他的标准，德国有1300多家隐形冠军企业。

[①] 2023年4月1日，2023"专精特新"企业家论坛暨福州高新区"榕创汇"发布仪式在福州举行。本文选自作者在论坛上所作的演讲。

> 稳健经营

我国要从制造大国迈向制造强国，不仅要有世界一流的大企业，更重要的是要有一批专精特新中小企业。现在我们有超4800万家中小企业，专精特新"小巨人"已经有近万家，专精特新"小巨人"中培育出的单项冠军已经有1100多家。单项冠军指的是特定细分产品销售收入占企业全部业务收入的比重在70%以上，销售收入在4亿元以上的企业。

◆ 专精特新是提高企业竞争力的核心

做企业有四个关键点：一是核心业务，二是核心专长，三是核心市场，四是核心客户，这是做企业的看家本领。这四个关键点里最核心的是核心专长，可以概括成专精特新——要么专，要么精，要么特，要么新，或者兼而有之，这样就可以提高企业的竞争力。其实做企业归根结底是在寻求竞争优势，就是企业到底比其他企业强在什么地方。专精特新给企业指明了一个方向，到底怎样去构建自己的核心竞争力，怎样去构建核心专长，这是非常重要的。

◆ 专精特新企业是产业链和供应链中的关键环节

我们要建设世界一流的大企业，但这类企业可能需要与上千家的中小企业合作，进行产业配套，就像大河和小河的关系，大河有水小河满，大河无水小河干。如果没有这些中小企业，大企业也是做不好的。因此，我们必须把中小企业做好，而中小企业想做好的核心就是要培育专精特新企业。

专精特新企业的特点

◆ 专业化

福州有一家专业做汽车玻璃的企业——福耀集团，它的汽车玻璃在全球的市场占有率超过30%，在中国的市场占有率超过60%，这就是我们讲的专业化，做企业一定要选好主业。关于专业化和多元化，其实这么多年来大家有一些争论。工业化早期，企业大多专业化发展；随着经济的发展、机会的增多，很多企业选择做多元化；但随着竞争的加剧，大家回过头来又开始做专业化。今天做多元化的企业有没有做得好的？有，但少之又少，绝大部分的企业都是专业化的企业。这就是我们讲的为什么要专业化，因为企业也好，企业家也好，精力、财力、物力都是有限的。所以我们要聚焦专业，突出主业，这是至关重要的。

◆ 精细化

精细化不只是指产品，也指管理。宁德时代做动力电池做得好，其制造过程中采用极限制造的方法进行精细管理，把缺陷控制率控制在十亿分之一。因为它的工厂平均每 1.7 秒产出一个电芯，每 20 秒产出一个模组，每 2 分半产出一个汽车电池包，这么大规模的生产，必须确保每一个电芯都不能出问题，所以要做得特别精细。这也是非常重要的。

◆ 特色化

依文集团董事长夏华在贵州深山里把几万名绣娘组织起来开办手工坊，将非遗手工艺制品进行产业化、批量化生产，并推向国际市场。双枪科技利用杭州的竹子做筷子，做成了中国最大的筷子企业，这些都是特色化。

▲ 双枪科技坚持专精特新发展之路

> 稳健经营

◆ 新颖化

做激光投影电视的极米科技，十几位年轻人10年前开始创业，现在做成一家上市公司。过去液晶显示屏替代了传统的彩色显像管，下一步可能就是激光投影取代液晶显示屏，可见创新之快。IT行业有摩尔定律，即18个月产品技术更新换代一次。今天由于大数据、人工智能等新技术的快速发展，各行各业都进入了摩尔时代，都在快速创新。如果企业一天不创新，可能就会被淘汰掉。所以专精特新中的"新"也是非常重要的。

怎样做专精特新企业

◆ 观念要转变

过去这些年，我国经济的发展速度非常快，有人喜欢挣快钱、挣热钱。但是专精特新不是挣快钱和挣热钱，不是百米冲刺，而可能是马拉松。我常跟大家讲，要想把企业做好，没有10年、20年不行；要想做到极致，没有30年、40年不行。如果我们做专精特新，就必须秉持专业主义、长期主义和务实主义。

◆ 要找到技术

专精特新的核心是技术，今天的专精特新企业需要一些好的技术。这就是说我们要产学研结合，把学术研究成果中的技术拿出来让企业和企业家在市场上产品化，把技术和市场嫁接起来。

◆ 培养能动手的人才

我们讲工匠精神，如果连工匠都没有，哪儿来的工匠精神？我们要搞制造业，要搞专精特新，就需要一大批能动手的年轻人。我到德国考察的时候，了解到德国实行的是双轨教育，德国每一座城镇都有一个应用技术大学，相当于我们过去的工学院和大专。我在丰田考察时发现，丰田的工人许多是 30 来岁，这些年轻人不是都读过大学，很多读的是技校，读完技校就去丰田上班。

我们也思考一下现在的教育，一部分人通过高等教育持续进行学习研究，可以向数学家、物理学家、化学家等方向发展，少数大学培养尖子生、研究生，但我们还需要一些培养专业技能的院校，真正提高职业技术水平。现在很多大学都是综合型大学，这些当然好，但是也要面向制造业、面向专精特新培养能动手的人才，也就是工匠，这也是我们应该认真考虑的。

◆ **有政府的政策支持**

政府的政策支持很重要。深圳的模式是主要靠底层创业、草根创业，合肥的模式是靠政府引导、政府引领、政府培植。对于很多后发的城市，其实可以考虑研究合肥的模式。

资本市场怎样支持专精特新企业

今天的创新要靠资本市场支持。2022 年，专精特新的上市公司占新上市公司的 59%，在科创板里占 72%。现在的 A 股上市公司中，有约 1300 家是专精特新企业，占比达 27%。这些数据表明，专精特新已经得到了资本市场的支持。

企业是企业家领导的，所以企业家是创新的领导者。企业家靠什么去创新？资本是企业家创新的杠杆，没有资本，企业家是很难创新的，这就是资本的意义。今天我们要培育专精特新企业，有了技术基础，还需要引入大规模的资本。美国走的是资本支持创新的道路，以直接融资为主。德国是靠银行来支持家族企业。我们是第三种模式，即建设多层次的资本市场，既需要银行来支持中小微企业的发展，也需要多层次的资本市场来支持专精特新企业发展。我国私募股权基金规模约为 20 万亿元，就是用来支持专精特新"小巨人"发展，培养成独角兽企业，再在资本市场上市的。在上市这个层面，过去资本市场有创业板，后来有科创板，现在有北交所。北交所专门支持专

▶稳健经营

精特新"小巨人"上市。

有的企业家说,在资本市场找基金很难,找了上百家也没有人来投资。其实资本是稀缺的资源,这就要求专精特新企业不仅要学会找技术、找市场,还要学会找资本,学会成功获得资本市场支持的方法,学会让资本市场听懂企业的故事,这也是非常重要的。

现在是做专精特新企业最好的时代,希望大家抓住这个机会。

08
打造专精特新"小巨人"[①]

过去我们学习德国赫尔曼·西蒙的著作《隐形冠军》，书中提到隐形冠军的核心有两点：第一，专业化的技术；第二，国际化的市场。也就是"宽一米，深一千米"，隐形冠军可以从两个维度发展，窄而深地专注一个领域，通过高覆盖的市场扩大营业额规模。

美国"创新＋资本"的运营模式，核心是打造一些创新型的独角兽企业，将创新与资本市场高度结合以引领企业快速发展。而德国与日本的重心在制造业，把"技术＋管理"的运营模式作为一种发展方向。

对照前面两面镜子，我们推出了适用于自己的方案，就是专精特新"小巨人"。这里边既有德国、日本制造业的专业化特点，也结合了美国式创新的特色与要素。为什么？因为中国快速发展，市场容量大，企业数量多。过去这些年，我们也为打造专精特新做出不少努力并取得一些成绩。

关于怎么去打造专精特新"小巨人"，我提几点建议。

聚焦主营主业

无论是大企业、中等企业还是小企业，都应该做好主业。担任中国上市公司协会会长以来，我看到一些上市公司出了问题，除了违法乱纪，绝大部

[①] 2021年10月28日，2021中国中小企业发展大会暨第十五届中国中小企业节开幕。本文选自作者在开幕大会上的演讲。

> 稳健经营

分是因为偏离主业盲目扩张。大企业如此，小企业也如此，要有一个非常突出的核心业务。

其实大多数组织和个人的能力、精力、财力都是有限的，所以还是聚焦主营业务才能做好。依靠多元化能将企业做好、做长久的，少之又少。绝大部分做企业都要靠专业化。我本人也是专业主义者，过去在中国建材就做建材，在国药集团就做医药，没有越雷池半步。企业虽然发展快，但是很稳健。反观像国内有的航空公司，过去发展得也很快，做了12个行业，表面看起来营业额很大，但实际上在每个行业里都没有控制力，所以一旦出现问题，它就会倒下。

即使企业只有一个主营业务，我们也要掌握企业的成长节奏。很多人青睐跨越式发展，而我主张稳健式发展，因为我们必须让人才的成长足以支撑企业的成长。如果企业成长速度超过人才成长速度、人力资源扩张的速度，可能会导致衰败。聚焦主营业务，稳健成长，这对做专精特新中小企业而言是非常重要的。

发扬工匠精神

30年前我在日本参加过AOTS（日本海外技术者研修协会）举办的产业教育活动，其中就讲到日本人有匠人文化，喜欢把自己比作匠人；中国人有商人文化，很多人是有经商理念的。我当时心里很有感触，日本人原来对我们有这样的看法。其实我们有鲁班等传奇工匠，也有一丝不苟的工匠精神，日本的很多工匠技术是从中国引进过去的。

现在经常谈起工匠精神，弘扬工匠精神，要先把工匠培育出来。过去我们有很多专科学校，现在大都变成了综合性大学。德国和日本作为制造大国，拥有大量技校。很多年轻人不读大学，高中毕业就进技校学习，这是高素质技术员工的来源。

我们要打造工匠精神，也要从教育体制上下功夫。我们既要培养科学家，也要培养工匠，还要培养企业家。科学家精神、工匠精神、企业家精神都得有。我们要把制造业做好，要把专精特新"小巨人"企业做好，不仅需要企业家，还需要工匠把产品品质做到最好。像日本制造的马桶盖、电饭煲等，德国制造的指甲刀、铅笔等，其实没有什么技术壁垒，那些产品就是质量好，把产品做到极致就要有工匠精神。

在 2012 年 CCTV 第十三届"中国经济年度人物"颁奖盛典上，主持人宣布将全场唯一的"终身成就奖"颁给时年 89 岁的马来西亚华裔商人郭鹤年时，现场嘉宾纷纷起立，会场响起热烈而持久的掌声。郭老先生应邀给年轻一代企业家提了四点希望。

第一点，聚焦，年轻一代的企业家一定要专注和聚焦，实际上就是专业主义。

第二点，要有耐心，做企业是个长期的工作，不是简单地三下五除二就做好了，要有耐心。

第三点，成功是失败之母。过去我们总讲失败是成功之母，其实成功了，有了点小成绩，反而要特别地当心，要不骄不躁、踏踏实实地继续做。

第四点，如果赚了钱，有了财富，就应该回馈社会，越多越好。

这段话讲了有 10 多年了，我仍然难以忘怀，郭老先生集他一生的体会给年轻一代交代了这四点，今天对我们来讲还是非常有意义的。

工匠精神对于做好专精特新企业而言是非常重要的，把产品做好是前提。我前不久到小米去，雷军向我展示了一些产品，提出产品细节一定要精益求精，让客户满意，比如插线板的每一个角都做成圆的，会让人摸着很舒服。将产品本身做好的产出比实际上是最高的，因为不用更多的原料和资源，就能获得更大的回报。我常讲既然有能力做好，为什么不呢？这就是我们一定要扎扎实实培养工匠精神的原因。

我也提倡深度学习、深度思考、深度工作。深度工作是什么意思？就是要花费较长一段时间专注于做一件事，才能出成绩。现在我们大部分人都是肤浅地工作，没有完全静下心来，一会儿需要回复微信，一会儿接个电话。这样的问题需要我们及时关注和解决。

▶稳健经营

精细管理

做企业40多年，有人问我体会是什么。我的体会就是：做正确的事，正确地做事。做正确的事，就是选择好业务。正确地做事，就是要在选择业务后把管理做好，要精细管理。精者质量，细者成本。

日本人的产品做得好，不盲目模仿西方的管理模式，而是研究出许多方法不断对标、不断优化。像丰田汽车做得不错，就得益于两种管理方法。一种是零库存，主要是降低成本。丰田没有备件库，所有备件来了立即在生产线上组装，只停留2小时，所有组装好的汽车都直接出库。另一种是看板管理，保证生产线的安装效率，并提高产品质量。

我在中国建材这么多年也总结了一套三精管理的管理方法，核心是组织精健化、管理精细化、经营精益化。我们企业要好好研究管理中的门道，管理的关键不是从严管理或从宽管理，关键是要有方法、有套路，并持之以恒地践行。

培育长期客户

客户就是企业的江山。企业要做的就是满足客户的要求和创造客户的需求，这是企业生存最根本的东西。

我在北新建材当厂长期间曾问底下的员工：客户为什么要千里迢迢来买我们的东西？如果这个问题想清楚了，企业的目的就想清楚了。那时候我提出来，"没有比客户对企业有信心更重要的事"。

做企业，要以客户为中心。我也是一个客户主义者，围绕培育长期客户、忠诚客户做了大量的工作。企业要为客户增加价值，提供超值服务。这说来好像有点学究气，其实做起来挺简单。我们在饭馆里吃饭，服务员为我们点菜，有的服务员会提前说菜已经点够了，如果不够一会儿再加；而有的服务员习惯从菜单上最贵的菜开始推销，导致最后点了一大桌子菜，却连1/3都没吃完。客户的感受是什么？往往会感谢前者，觉得饭馆的服务有人情味，是在关心自己，这就是最简单的道理。

企业想拥有客户，就要为他们着想。同时，做一些创新，研发一些新产品。一个是满足现有客户的需求，一个是创造新的客户。创新是创造新客户的前提。在马车时代大家是不可能买汽车的，只有有了汽车才可能有使用汽车的客户，同样只有有了电动车才可能有购买电动车的客户。

要与资本市场对接

现在中小企业的难题是什么？融资问题。中国企业以间接融资为主，直接融资为辅。我国的直接融资比重约为12%，而美国直接融资占比接近90%。如果企业都通过银行借款，银行风险可能会增加，所以我们要改变这种现状。

我国企业不仅要间接融资，还要直接融资，"十四五"规划中提出要提高直接融资特别是股权融资比重，这就是我们现在正在做的。当企业缺了资金，不一定立即去贷款，如果有好的项目，可以提高企业估值，可以去找民间投资机构投资。杭州、苏州有挺多这样的机构，通过计算市盈率，对企业进行估值，然后进行股本融资，这些资金可用来支持中小企业发展，支持独角兽企业发展。

2020胡润全球独角兽榜共有上榜企业586家。其中，中国的227家企业主要分布在北京、上海、深圳和杭州。北京、上海、深圳都有证券交易所。杭州的民间资本比较多，一座基金小镇就有四五百家基金聚集，主要进行民间投资。风投可以帮助初创企业解决融资的问题。我曾到苏州一家做生物材料的中小型科创企业调研，这家企业的利润只有1亿多元，刚刚在科创板上市，没想到一上市，市场给了几百倍的市盈率，现在也有280亿元的市值了。

有的地方政府领导跟我说："我们这儿一是缺技术，二是缺资金。"我认为，其实一是缺创新文化，只要有了创新文化，就容易出技术成果；二是缺资本。把资金聚集起来支持企业的发展有两种方式：一是企业通过银行获得贷款，再还本付息；二是通过交易所，投资者直接买卖上市公司的股票，企业直接融资。股票可以交易，就产生了价值。贷款是需要还的，尤其是一些

▶稳健经营

新经济的科创企业刚起步并没有太多的效益，发展其实需要靠资本。

工业时代计算价值相对简单，市盈率倍数就是利润率的倒数。如果利润率是 5%，市盈率就是 20 倍，如果企业有 10 亿元利润，就有 200 亿元市值，要提高价值就要提高利润。但现在价值并不是这样计算的。如今新经济、高科技企业的价值可以提前实现，像特斯拉虽然盈利不丰，市值却曾超过 1 万亿美元，这就是资本市场的新变化。

企业可以先利用市场价值进行发展，例如宁德时代有 1.5 万亿元的市值，为了长期规划，通过定增方式募资几百亿元，就可以建设新的电池厂。如果没有资本市场，这些无法想象。这就是资本市场的作用。资本市场不仅对大的上市公司发展有助力，对于民间的中小企业也是非常重要的。

我们要建立和完善多层次的资本市场，将银行贷款和直接融资有机结合起来，在资金方面助力打造专精特新"小巨人"。

09
用新的增长极带动经济预期[①]

科大讯飞是一家高科技绩优上市公司，也是一个近年来创新创业的成功典范。刘庆峰先生在中科大读书时就创办了科大讯飞，后来成为我国在校生创业上市的第一股。2021年我参观了科大讯飞，了解到科大讯飞在语音数字系统和智能化服务方面的最新进展，也被科大讯飞的团队深深感染。

我过去长期做中央企业的领导，现在做中国上市公司协会和中国企业改革与发展研究会会长。一直以来，无论是中国建材和国药集团在安徽的创新发展，还是上市公司协会在安徽开展的工作，都得到了安徽省和合肥市各级领导的支持和关怀。像中国建材在安徽蚌埠的电子玻璃和大型显示模组产业、铜铟镓硒金属化合物半导体薄膜生产线，在合肥有全球最大的一窑五线的光伏玻璃生产线，也建有世界最先进的大型水泥国际实验室和世界最大的水泥成套装备基地，这些都得益于安徽省和合肥市的大力支持。

结合学习党的二十大精神和安徽省合肥市的发展，以及科大讯飞等企业创新的实践，谈谈我关于"用新的增长极带动经济预期"的一些观点。

党的二十大报告指出：中国共产党的中心任务就是团结带领全国各族人民全面建成社会主义现代化强国、实现第二个百年奋斗目标，以中国式现代化全面推进中华民族伟大复兴。高质量发展是全面建设社会主义现代化国家的首要任务。必须坚持科技是第一生产力、人才是第一资源、创新是第一动

[①] 2022年11月18—20日，第五届世界声博会暨2022科大讯飞全球1024开发者节在安徽合肥召开，本文为作者在活动中所作的主题演讲。

> 稳健经营

力。加快建设制造强国、质量强国、航天强国、交通强国、网络强国、数字中国。党的二十大报告为我们指明了发展方向，提供了基本依循，我们要认真学习和贯彻落实。

我国经济发展有着雄厚的基础和韧性，但也面临着需求收缩、供给冲击、预期转弱的三重压力。我认为三重压力中预期转弱可能是最大的压力，因为预期转弱会引发消费和投资的下降，会影响经济的发展。要转变经济预期，必须形成新的增长极，带动经济发展，提升大家的信心。这是当务之急。

过去像钢铁、化工、建材等重工业，以及房地产、出口加工等行业带动了经济的发展，但现在我们已经进入一个新的时代，不能只靠过去这些传统的产业，而是要用新型的工业带动经济的发展。我们在巩固基础和传统业务的同时，要大力培育战略性新兴产业，构筑新的增长极，创造新的经济活力。

改革开放初期，深圳国贸曾经一天盖一层楼，并且提出"时间就是金钱，效率就是生命"的口号。当时这句口号感召了全国人民，坚定了大家对改革开放的信心。今天我们也必须打造新的增长极，用新的增长极带动经济预期。

▲ 在科大讯飞参观交流

城市发展增长极

2022年我国有24个GDP达到万亿元的城市，57个GDP超过5000亿元的地级以上城市。过去主要是北上广深带动全国发展，现在也需要合肥、重庆、南京等更多的省会城市，和一些发展得快、发展得好的重点城市。

合肥已成为全国经济热点城市，过去10年间，合肥的GDP翻了一番。合肥模式很值得总结，也值得全国一些大中型城市学习。温州模式是大力发展民营经济；苏南模式是发展乡镇企业；浦东模式是中外合资；深圳模式是创新创业；合肥模式我认为是新型工业化，合肥每年都会举办世界制造业大会，在合肥聚集着很多大型的新型工业化项目。合肥模式里有几个核心点。

一是有效市场和有为政府的结合，探索了一条在后发经济城市发展的道路，政府积极主动作为，为企业搭台唱戏。合肥政府对新兴产业的引领和支持是合肥快速发展的关键。

二是充分利用科教优势，重视技术转化，形成创新优势。合肥有中国科学技术大学、中国科学院合肥研究院等大院大所，人才优势显著，培育了大量的科技创新人员，也将一些科技成果迅速转化形成创新优势。

三是建设多层次的资本市场，为创新和创业提供资本保障。目前合肥有70多家上市公司，虽然说安徽的上市公司数量相比有些区域还不够多，但其中一半集中在合肥，我们也希望今后合肥上市公司的数量和质量都有进一步的提升。不仅是上市公司，合肥在私募基金等方面也很有特色，用政府基金引领私募基金进入，培育独角兽企业，然后上市。我曾去合肥几家上市公司、拟上市公司进行调研，做得都非常好。

四是积极融入长三角地区，利用投资洼地效应，迅速集聚企业和资源。

五是建设新兴产业和高端制造业集聚地，进行规模性扩张。合肥是一个新兴产业和高端制造业的集聚地，电动车、光伏新能源等都处于发展领先水平。此外，合肥还有两个特色行业。一是显示行业，以京东方为首，包括中国建材的电子薄玻璃和模组生产线等；二是科大讯飞带领的智能语音行业，打造了"中国声谷"。这也是合肥的一大特征，不是"小打小闹"，而是要"大打大闹"。

▶ 稳健经营

六是发扬徽商文化，弘扬企业家精神。自强不息是安徽企业家的一大优势，大家都知道徽商走遍天下，不要小看这样的文化传统，这其实是创业基因。

这些年合肥发展迅猛，这些因素都起到了非常重要的作用。安徽省委省政府充分利用中国科学技术大学的科教优势，建设科大硅谷，开办科技商学院，又是一盘大棋。人才是第一资源，如果没有人才什么也做不成。中国科学技术大学科技商学院的成立，把科技和商业结合在一起，这也是一项创新，将为合肥的科技人才创新打造新的生态系统。相信合肥模式未来必将带动我国新一轮的城市产业创新发展。

产业发展增长极

要大力培育战略性新兴产业和未来产业，包括新能源汽车、数字产业、半导体、新材料、生物医药、新基建等。据统计，2021年全国新基建领域105家上市公司的总营收达到2.23万亿元。半导体产业产值达10458亿元，光伏产业7500亿元，大数据1.3万亿元，机器人1300亿元，人工智能4041亿元，新能源汽车4529亿元，锂电池全行业总产值突破6000亿元。这些行业的快速发展会带动相关行业的发展。

技术创新增长极

新一轮科技革命和产业变革日趋激烈，像ChatGPT等人工智能技术发展得很快，这些新技术具有非常广阔的发展前景，在不同领域都可能会产生巨大的影响，也能够提升大家的预期。

一流企业增长极

我国有264家制造业企业入围2023年中国企业500强榜单，培育专精特新中小企业7万多家。像华为、比亚迪、宁德时代、科大讯飞等行业龙头的技术创新和业绩增长引领着行业的发展。

重视打造内循环消费增长极

畅通国内大循环有两方面。

一是提高国内产品的质量和品牌知名度来拉动消费。过去我国产品的质量和国外大牌产品的质量确实是有差距的。这些年通过创新发展和强化管理，我国制造业水平快速提升，产品质量也非常好。

这时候，我们要大力地提倡国潮和购买国货，增加内销。比如在消费领域，安踏、李宁等品牌的运动鞋在国内市场的营收超过耐克、阿迪达斯等国外品牌，这是一个转折。过去我们讲得比较多的是"用市场换技术，用市场换资本"，其实市场就是品牌。现在我们不缺技术和资本，我们必须把自己的品牌做起来。

二是做好服务，加大对国内旅游产业的开发力度。我们国家山川秀美。前不久我去了黄山，黄山脚下有一些民俗村落，景色宜人。2022年8月我去了新疆，过去对新疆的印象大多是戈壁滩、沙漠，原来新疆的绿洲也壮阔无比。我到了博尔塔拉，从那儿翻越天山到伊犁，再到那拉提草原，景色非常壮美。路上看到自驾游客排着长长的队，感受到了国内旅游巨大的市场。现在国内很多旅游线上的交通和住宿等硬件条件都不错，但还需要一些更细致的服务，我们要继续把服务做好，把"最后一公里"做好。

总之，最关键的是要用思维创新和方式创新来发现新的增长极，发现新的经济热点，创造新的需求。正所谓"信心比黄金还重要""气可鼓而不可泄"，我们要对未来充满信心。

10
努力建设制造强国[①]

党的二十大报告提出，坚持把发展经济的着力点放在实体经济上，推进新型工业化，加快建设制造强国、质量强国、航天强国、交通强国、网络强国、数字中国。这为我国建设现代化产业体系擘画了蓝图，也为中国制造业的未来发展指明了方向。围绕"加快建设制造强国"，我想谈谈自己的一些思考和观点。

我国制造业的发展优势

◆ 规模巨大

我国是世界最大的制造业国家。2021年，我国制造业增加值达31.4万亿元，占全球比重的近30%。据统计，2022年前三季度，我国制造业增加值同比增长3.2%，占GDP比重的28.1%。制造业还是我们的"根"。这些数字说明我国制造业的规模很大，并且还在快速发展。

◆ 门类齐全

我国目前是全球唯一拥有联合国产业分类中所有工业门类的国家，在500种主要工业产品中，有四成以上产量位居世界第一。相比有些国家，我

[①] 2022年12月29日至30日，由清华大学全球产业研究院、中国工业合作经济学会主办的2022全球产业发展论坛召开，本文根据作者在论坛上的演讲整理而成。

国在工业门类、产业配套等方面都是最齐全的，产业体系也最完整。

◆ **发展迅猛**

这些年，我国新一代信息技术、人工智能、新能源、新材料等战略性新兴产业发展日益加快，技术创新成果涌现，成为新的经济增长极。2022年前三季度，规模以上高技术制造业增加值同比增长8.5%，增速高于全部规模以上工业增加值4.6个百分点。这也说明我国制造业的核心竞争力进一步增强。

◆ **性价比高**

对比印度、越南等国家和地区，我国仍具有综合成本低的优势，产品的性价比在国际上富有竞争力。举例来说，30年前我国的优质水泥装备主要是靠进口，但现在跨国公司也从中国建材购买成套水泥装备，因为质量好、价格低、性价比高。

可以说，这些年中国制造业的综合实力不断提升，积累了发展优势，具备了从制造大国向制造强国迈进的条件。

建设制造强国的重要意义

制造业是我国经济命脉所系，是立国之本、强国之基。制造业实力和国民经济的发展效益息息相关。当年德国的服务业不如美国发达，美国三产约占GDP的80%，但德国三产占比不足70%，在这方面德国也颇受诟病，被指制造业很发达，而服务业却跟不上。对此，德国前总理默克尔曾说过一句意味深长的话："至少我们德国还在造东西。"正是凭着强大的制造业，德国才能度过欧洲债务危机。

习近平总书记指出，中国必须搞实体经济，制造业是实体经济的重要基础。一定要把我国制造业搞上去，把实体经济搞上去[①]。着力发展制造业，有

[①] 2019年9月，习近平总书记在河南考察时强调指出。

> 稳健经营

以下重要意义。

◆ 制造业是我国经济的基础

现代化经济体系的建设离不开制造业的引领和支撑。制造业价值链长、关联性强、带动力大，为农业、服务业提供原料、设备、动力和技术保障，在很大程度上决定现代农业、现代服务业的发展水平。可以说，二产的利润绝大多数源于制造业，二产也是三产的根，如果没有二产、没有制造业，就不存在制造服务业；如果没有二产，三产也会受到很大的打击。因此我们要把制造业做好，中国才有一个强大的经济基础。

◆ 国际贸易平衡的保障

在资源和能源方面，我国的大宗原燃材料不少靠进口，只有拥有强大的制造业和海量的制造产品，不断增强我国出口创汇和外汇储备的能力，才能有助于调节国际收支，保证国际清偿能力。强大的制造业可以有效促进国际贸易平衡，发展制造业也是符合我国实际的根本需要。

◆ 双循环市场的需要

我国有14亿多人口，既是一个消费大国，也是一个出口大国，需求潜力很大。全世界没有一个国家的产品能够完全满足中国的需求，而中国可以为其他国家供应产品。在以国内大循环为主体、国内国际双循环相互促进的新发展格局下，国际市场需要我们的产品，国内市场也需要产品，尤其是高质量的产品。这个市场体系实际上要靠大力发展制造业，提升供给体系质量才能巩固。

◆ 增加就业的保证

制造业是国民经济的主体，创造了大量的就业机会，在发展过程中对稳定就业发挥了重要作用。我国制造业就业人数占比近两成，约为18.1%。另外，我们要看到制造服务业与制造业的产业联动，像交通运输、电信等行业都是由制造业拉动的。从这个层面来讲，制造业的发展也促进了制造服务业等服务业在拓宽就业渠道、满足就业需求等方面的贡献。由此看出，发展制造业是我国增加就业的基础。

如何建设制造强国

◆ 保持制造业的相对稳定

从全球主要经济体和产业演变规律看，全球服务业比重不断上升是经济社会发展的基本趋势。近年来，中国的服务业比重也有了很大提升，但是我们不能忽视了制造业，要让制造业在整个国民经济中占有相对稳定的比例。《中华人民共和国国民经济和社会发展第十四个五年规划和2035年远景目标纲要》强调"保持制造业比重基本稳定"，部分省份明确制造业增加值占GDP的比重保持在30%以上。

中国现在有这样雄厚的基础，下一步还是要把制造业作为重中之重，将制造业比重稳定在合理区间。这并不是片面追求制造业规模上的增长，而是更加注重制造业发展质量上的提升，推动制造业高质量发展。

◆ 加大技术创新和结构调整

中国要发展好制造业，创新是第一动力。随着我国经济和科技的发展，部分领域已经从"跟跑"到"并跑"，甚至"领跑"，不能再简单地靠模仿创新，而要加大自主创新和集成创新。针对目前一些关键核心技术存在"卡脖子"的问题，必须加大自主创新力度，同时推动集成创新，把各种创新要素集成起来，加快创新速度。

自主创新需要基础科学的研究，集成创新需要应用科学的研究。我们要加大实验室的建设，也要强化产学研的合作。像中国建材旗下的凯盛集团这些年相继推出0.12毫米的超薄电子玻璃和能够实现连续90万次弯折不破损的超薄柔性玻璃，打破西方国家的垄断，就得益于它拥有国际一流的玻璃实验室。

▶ 稳健经营

在结构调整上,我们要从中低端迈向中高端,再进入高端。现在部分产业已进入中高端,也有一些产业进入高端。像新能源产业,包括电动车、动力电池,其实已经走在了世界前列。未来我们还要不断优化升级产业结构,加快发展战略性新兴产业。

◆ 加快企业的转型升级

党的二十大报告强调,推动制造业高端化、智能化、绿色化发展。推动现代服务业同先进制造业、现代农业深度融合。这指明了制造业转型的方向,我国制造业企业要加快高端化、智能化、绿色化、服务化的"四化"转型。

推进制造业迈向全球价值链中高端。这几年我们的制造业快速发展,正向着高端挺进。在战略上,要巩固我国制造业在全球制造中心的地位。在战术上,要有效调整产品战略。一方面,加大中高端产品、高端产品的制造数量,不断提升制造水平和产品附加值;另一方面,减少中低端产品、低端产品的比重。

智能化的普及有利于我国制造业进行中高端升级。智能化不仅使企业减少了用工、降低了成本,关键还能提高作业精准度、提升产品质量、优化生产效率,追求"精准、精密、精致"。比如机床加工能力,以前我们讲五轴机床、七轴机床,现在是九轴机床。

绿色化是实现制造业高质量发展的关键环节。我国提出"双碳"目标,将引发各个产业的变革,促进企业转型和结构调整。一方面,我国制造业面临着挑战,现在不少工业生产线是高碳排放源,进行改造需要大量成本;另一方面,我们还要看到变化中潜在的巨大商机。制造业企业首先要从现有的生产入手,推动能源清洁低碳高效利用,做到节能减排,节约能源其实也等于生产能源;其次要进行大量的能源替代,用可再生能源取代化石能源。未来制造业必须走低碳化的发展道路。

服务化是增加服务要素在生产经营活动中的比重,由单纯提供产品和设备,向提供全生命周期管理及系统解决方案转变,实现价值链和商业模式的重构。目前，我国制造业存在产能过剩和恶性竞争的状况，从生产型制造转向服务型制造，是制造业转型升级的重要方向。

制造业强，企业必须强。现在我国有140多家世界500强企业，其中工业企业有70多家。规模以上工业企业资产规模实现翻番，已培育4万多家专精特新中小企业。未来我们要加快建设更多产品卓越、品牌卓著、创新领先、治理现代的世界一流企业和专精特新"小巨人"、单项冠军和隐形冠军企业。

不管是世界一流还是专精特新，都是突出企业的技术、质量、管理、效益，其核心都是专业主义和长期主义。也就是说，要脚踏实地、夯实根基、心无旁骛地做强主业，并且要长期做下去，把企业打造成行业龙头或细分领域里的头部企业。

◆ **强化企业管理**

制造业有几点很关键，一是产品能造出来，二是要能有规模地造，三是合格率要高，四是成本要低。这之中，管理发挥着重要作用。管理是企业永恒的主题，是做企业的基本功。做企业，如果管理做不好，即使有再好的技术和再新的商业模式，产品质量上不去、成本下不来、服务做不好，照样可能会出问题。

好企业都有自己的一套管理方法。潍柴动力是山东潍坊一家做内燃机的企业，其柴油机的热效率超过52%，是全球最高的。再有，它创立了WOS质量管理模式。除了过硬的技术，潍柴动力还非常重视弘扬工匠精神，企业的首席技师就是一名大国工匠。

现在讲大国重器比较多，要做大国重器必须有大国工匠。今天企业要想把产品做到极致，不仅需要一流的技术和智能化设备，还需要一流的管理和工匠精神。只有把管理做好，并依靠一支强大的技术人员和技术工人队伍，才能够把企业做好。

▶ 稳健经营

▲ 在潍柴动力参观，深入了解企业的改革发展

◆ 重视品牌建设

改革开放初期，我们曾用市场换资本、用市场换技术，迎来了经济的快速发展。现在市场的核心是品牌。这些年我国企业在品牌方面做了大量工作，取得了不少成绩，但在国际竞争中还有待进一步提升。酒香也怕巷子深，今天企业必须重视品牌工作，还要在品牌上下大功夫，特别要提倡自主品牌的建设。

近年来，很多国产品牌正在迅速地崛起。家电行业已经基本实现了自主品牌化，如美的、海尔、海信等都做得不错，还有像运动鞋服行业，李宁、安踏等品牌都进入了国际舞台。下一轮在建设制造强国的过程中，我们一定要把自主品牌做起来。我们要树立对国产品牌的自信心，加大自主品牌的投入，积极打造世界一流的品牌，讲好中国企业自己的故事，增强在国际市场的影响力，成为真正的品牌强国。

加快从制造大国向制造强国的转化和迈进，是从事制造业的每个企业和每位员工的一份责任。在党的二十大精神的鼓舞下，我们一定要努力建设制造强国，全力以赴实现制造强国的目标。

第五篇

创新与企业家精神

01　创新的逻辑
02　企业创新的五种模式
03　科技是企业创新的核心要素
04　科技创新的底层逻辑
05　以新质生产力赋能高质量发展
06　企业家和企业家精神
07　企业领导力建设
08　企业家的特质
09　克服焦虑，务实达观
10　拥有好心态、好状态，建设好生态

01
创新的逻辑[①]

20年前，我们讲创新，大家好像知道什么是创新，现在讲得多了，到底什么是创新，有人会觉得一两句话不太容易讲清楚。从广义来讲，创新有社会创新、制度创新、文化创新、思想创新等，这里讲的创新主要指企业创新。

什么是创新

熊彼特在《经济发展理论》中提出了创新的概念，他认为创新指的是生产要素和生产条件的新组合，这种新的组合颠覆了过去的传统模式。比如新能源汽车，它是把电池、电机、电控组合起来。电池也是组合，把正极材料、负极材料组合起来。商业也一样，淘宝网把互联网、商家、消费者、第三方物流组合在一起，就形成了创新。熊彼特讲的创新包括产品的创新、工艺的创新、组织的创新、资源配置的创新，等等。

科学是技术的基础，技术又是创新的基础，但技术只有成为产品的时候才能成为企业创新的一部分，并不能说科学和技术本身就是企业的创新。当然，也有些产品是先于科学和技术产生的。比如17世纪发明了蒸汽机，后来才发现了热力学定律。

高科技能创新，中科技、低科技、零科技也可以创新，据有关方面统计，高科技创新占整个创新贡献的25%。零科技创新指的是商业模式创新，

[①] 2021年5月19日，2021首届湾区科技产业创新（惠州）金山湖峰会在广东省惠州市举行，本文为作者在活动中以"创新的逻辑"为主题分享的关于创新的观点。

> 稳健经营

比如一个平台的建设或一种新的商业模式，创造了很大价值，这也叫创新。创新是质的变化，一万辆马车还是马车，只有马车变成汽车才叫创新。

创新是寻找机遇的过程。创新要有效益，要有目的。科学、技术在这个过程中可以有很多探索、可以有失败，但企业创新有一个硬约束的边界，那就是效益。有效益，创新才能长久做下去。我们允许企业创新有失败，但还是希望企业在创新中认真研究，规避风险。企业创新不是风险投资，尤其实体经济企业、制造业企业，创新的成功率最好要能达到70%才能够去做，最低也不能低于50%。企业家理解的创新和科学家理解的科学探索可能不完全一样，因为企业要有效益。

百度的口号是技术改变世界，多年来从搜索引擎到人工智能、自动驾驶，发展核心始终是技术，遵循的原则是"攀登珠峰，沿途下蛋"，在长期研发投入的过程中也要有结果，有收入，有利润。

▲ 在百度就企业经营管理进行交流

创新文化和资本的作用

创新依靠什么？

第一，依靠文化。文化是创新的土壤。创新是自由之子，如果要创新，必须有一个比较活跃、开放的文化环境。我们要有鼓励创新的价值观，鼓励大家可以大胆地提出问题。同时，创新也是一个自下而上的过程。

2021年春节期间，我到深圳与一些创新创业者进行了交流，可以说这次是倒立着看深圳，被深圳浓郁的创新创业氛围所感染。深圳人讲我们的土特产就是企业家精神。这种创新创业的文化成了大湾区真正的活力和动力。这是非常重要的，文化是创新的基础。

第二，依靠资本。创新源于资本的支持。美国的技术创新靠两点，一是自下而上的草根创新文化，二是资本市场的支持。现在我国资本市场大力支持创新，资本是创新的杠杆，创新没有资本无法变成创业。我跟一些上市公司负责人交流时，有人讲到当年创新创业时，几个合伙人创造了几亿元营收，而从几亿元到几十亿元、几百亿元的过程必须有资本支持。今天企业发展就是这样的逻辑。

我也很关心独角兽企业的发展。2020年胡润全球独角兽榜单中，中美两国独角兽企业数量约占全球独角兽的80%，这说明中美两国是创新大国。中国的独角兽企业主要分布在北京、上海、深圳、杭州，这些城市的资本市场和创新关系很密切，资本和创新高度融合。

有的地方政府领导讲到发展问题时提出，当地一缺技术，二缺资金。我说其实真正缺的是创新创业文化和资本，而不是资金，资金可以通过从银行贷款、发债的方式获得，但要承担较高的利息。资本确实在支持企业创新。科创板支持和鼓励"硬科技"企业上市，在推动创新链产业链资金链人才链深度融合方面发挥了积极作用。

我们要特别重视资本市场。对惠州来讲，不仅要技术融入湾区、创新融入湾区、产业融入湾区，最重要的是资本要融入湾区，要从香港资本市场、深圳资本市场引入大量资本。

创新的模式

我简要归纳了五种创新模式。

▶稳健经营

一是自主创新。自主创新是原始和独立的创新。像中国建材现在做的碳纤维，经过12年时间解决了"卡脖子"问题，已经完全能够独立自主生产。

二是集成创新。集成创新就是既有借鉴的，也有自主的，把各种创新要素集成在一起。

三是持续性创新。这么多年来许多大行业、大企业都在持续创新。比如中国的水泥行业，这么多年来不断进行创新，提高产品品质。

四是颠覆性创新。颠覆性创新就是用新技术完全颠覆传统技术。企业既要做持续性创新，也要做颠覆性创新，如果不重视颠覆性创新就可能被颠覆。

五是商业模式创新。商业模式创新不见得有太多技术，但创造了价值。

企业家是创新的灵魂

创新是新组合，企业就是新组合的产物。过去有一个词叫"破坏性创新"，企业家创新的意义在于打破均衡。无论是互联网，还是新能源汽车，这些"破坏性创新"实际上都是对过去均衡的打破，实现了创新的飞跃。

第一，企业家就是创新者，但创新在人身上不是永恒的。你今天是一个创新者，明天可能变成既得利益的维护者。比如柯达，发明胶卷的时候可能是创新者，但在抵制数码技术的时候就不是创新者。

企业家也不是一劳永逸的，创新的时候就是企业家，如果停滞不前，抵制创新，即使是企业领导，也已经称不上企业家了。企业家最大的特征就是创新性。

第二，企业家不仅要创新，而且要创造财富。比如有的创新者最后破产了，就不能被称为企业家。也就是说，创新成功的才是企业家。企业家应该主动寻找机遇，同时最大限度地规避风险。今天的企业家和一百年前的企业家不太一样，防范风险是我们今天做企业的一大特征。企业家还要有家国情怀，积极回报社会，尽到社会责任。

德鲁克在《创新与企业家精神》中讲到，人类都希望生活在高福利社会，但高福利社会是一个坐食山空的社会，只有企业家社会才能支撑高福利的实现。中国约有 1.3 亿户市场主体，中国的经济需要靠企业家社会来推动。我们要打造一个拥有成千上万企业家的社会，既有顶天立地的大企业家，也有铺天盖地的中小微企业家。

国有企业和民营企业在创新上有所分工。一方面，国家在航空航天等领域的大规模创新大多是由大型国有企业来进行的。这些企业的创新是要解决国家的战略性问题，属于关键性和前瞻性的创新；另一方面，大企业都有自己的主业，它们会更多倾向于主业的持续性创新。炼钢的研究炼钢，做水泥的研究做水泥。而且大企业往往有机制上的问题，船大难掉头。民间创新恰恰可以弥补这种不足，民间创新没有太大的包袱，在市场上成功的就是好的创新。但民间创新通常缺少资本，如果没有资本介入，创新是有一定局限性的。

今天回过头来看，发达国家的创新繁荣实际上是有雄厚的资本市场支持的。我们现在已经认识到这一点。资本市场支持创新解决了草根创新、民间创新的资源从哪里来的问题。资本市场，包括科创板、创业板等发挥了很大的作用，像宁德时代、迈瑞医疗等上市公司在资本市场都有很高的价值。资本市场认同这些创新企业，这些企业从资本市场融资后投入创新，对企业创新起到很好的推动作用。

02
企业创新的五种模式[①]

我们总讲"不创新等死，盲目创新找死"，创新是风险重重的艰难工作，但又意义重大。企业家的任务是什么呢？就是要平抑、减少这些风险，进行有效的、有目的的创新。这也是做企业家和做科学家不一样的地方。科学家的创新是科学发现，并不一定要有短期的经济效益；而企业受到严格的商业约束，如果没有产生利润或市场价值就很难持续。当然创新也要试错，我们要宽容失败，但对每个企业家来讲，都需要能坚持创新的效益导向，认真思考、研究创新，提高创新的质量和效率，节约创新成本，减少盲目、不必要的风险，企业才能赢得持续健康的发展。

创新不是一些人的灵光乍现，也不是异想天开，是可以学习、可以实践的。创新并不神秘，它既有规律可循，也有模式可依。我总结了企业常用的且在现实中行之有效的五种创新模式，包括自主创新、集成创新、持续性创新、颠覆性创新、商业模式创新。企业应根据自身状况和发展阶段，在实践中认真研究，活学活用。

自主创新

我国是发展中国家，长期以来采取的是追赶型经济发展模式。改革开放初期，企业大多是模仿创新，现在想再模仿就比较难了。第一，我们的技术水平提高了，还能模仿的东西已不多。第二，和早期工业化阶段不同，现

[①] 本文选自 2022 年 4 月微信公众号"中国企业家杂志"发布的作者署名文章。

在知识产权法律法规越来越严格,模仿很容易"踩雷"。这就促使企业用自主创新创造更多的财富,而不能简单地通过模仿获得这些技术。第三,随着我国经济的发展,企业有了一定的创新能力和资金实力,在许多领域从跟跑者、并跑者,逐渐变成领跑者。我们现在要转变创新方式,从模仿创新向集成创新、自主创新发展,不能只是简单地模仿,模仿永远做不出最好的产品,模仿创新的企业永远称不上真正的一流企业。

自主创新相对而言比较难,投入大,耗时长。过去在医药行业,一种新药的研发大概需要 10 年的时间、20 多亿美元的投入。据了解,国外的大型制药企业往往不是追求产品品类丰富,而是有几种好药,每种药一年可能有上百亿美元的收入,当然一旦专利到期,技术解禁后收入就会有所下降。自主创新不容易,但在一些关键核心技术上我们必须通过自主创新攻坚克难。

2022 年政府工作报告中强调加大企业创新激励力度。强化企业创新主体地位,持续推进关键核心技术攻关,深化产学研用结合,促进科技成果转移转化。近年来,我们在自主创新方面发展得很快,在不少领域里培育出了一大批国际一流的有自主知识产权的技术。

中国建材的电子薄玻璃就是得益于蚌埠玻璃工业设计研究院(现更名为中建材玻璃新材料研究总院)国家级研究中心长年的研究试制,在彭寿院士

▲ 中国建材自主研制的 30 微米柔性可折叠玻璃

> 稳健经营

团队带领下实现了自主创新突破，填补了我国在高端电子薄玻璃领域的空白。其中，中国建材自主研制的0.15毫米、0.12毫米的超薄玻璃，打破了国外对电子信息显示产业上游关键原材料的长期垄断。自主研制的30微米～70微米厚度的主流规格的、能够实现玻璃连续90万次弯折不破损、弯折半径小于1.5毫米的超薄柔性玻璃，打破了国外垄断，从源头上保障了中国电子信息显示产业链的安全。

此外，中国建材旗下中复神鹰的张国良团队，经过埋头苦干，用了十几年时间攻关，从创业之初年产20吨T300中试线，发展到T700、T800、T1000陆续量产，在国内率先实现了干喷湿纺的关键技术和核心装备自主化，2017年荣获"国家科学技术进步奖一等奖"。2021年9月，中国建材在西宁正式投产的万吨碳纤维生产基地首次实现了单线年产3000吨高性能碳纤维生产线设计和高端成套技术自主可控，打破了国外技术垄断，极大提升了我国碳纤维供应链的自主可控的能力。中复神鹰已正式登陆上交所科创板，成为科创板首家碳纤维企业。

▲ 中复神鹰在西宁的碳纤维生产线

集成创新

20世纪70年代，西方人提出了集成创新的概念，就是把各种创新要素结合起来，既有借鉴的，又有企业自己的，就如同"把做面包的技术用在蒸馒头上"，是介于自主创新和模仿创新之间的一种创新模式，是一个知识重组、技术重组、要素重组的创新过程。

今天很多创新是集成创新。全世界由某个企业单独开发的技术可能是比较少的，各企业在创新过程中互相借鉴、互相学习，寻找资源配置的最佳方式来开发新技术，实现各种要素的有效集成和优化组合。能广泛吸纳国内外资源为我所用，将分散创新的研发效率、大规模创新的协同效应和大规模应用的市场效应高度紧密地结合在一起的企业，才能占据主动权。

在集成创新方面，中国建材多年来大胆迈步，重组国内外高科技企业，积极引入先进技术和高层次人才，牢牢控制了行业制高点，真正做到了在相关领域领先一步。在风电叶片领域，中国建材在2007年收购了德国NOI公司，后来更名为SINOI公司。NOI公司位于德国的北豪森市，鼎盛时期曾是欧洲第二大风电叶片供应商。德国风力发电走入低谷时，由于股东撤资，这家公司当时进入了破产保护程序。中国建材抓住有利时机，成功收购了这家公司，成立了海外研发中心。这次重组开创了中国本土企业收购国外风电设备公司的先河。通过重组，中国建材一跃成为全球兆瓦级风电叶片的领导者。

过去，我们常说我国处于"缺芯少屏"的状态。但现在，全球液晶显示屏55%的生产能力都在中国，其中差不多有一半在京东方。京东方过去是一家电子管厂，后来开始做液晶显示屏，也就是液晶面板业务。当时行业内普遍做的都是CRT（彩色真空显像管）。京东方经过研究后没走这条路线，而是认定未来显示技术一定是TFT-LCD（薄膜晶体管液晶显示器）走得更远，于是依托自身良好的工业基因和专业人才队伍，将目标瞄准了先进的液晶显示技术和半导体显示产业。京东方在1997年上市，之后就一直在谋求更好的新产业发展。

2003年，韩国现代电子受亚洲金融危机的影响选择出售自己的液晶显示器生产线。京东方抓住这个机会，花了3.8亿美元收购了三条生产线，这是非常有魄力的。当时京东方派出了120位年轻技术人员去韩国的三条生产线

> **稳健经营**

学习，他们回来以后建设了中国第一条 5 代 TFT-LCD 面板生产线，解决了我国"缺芯少屏"中"少屏"的问题。目前，京东方成了全球最大的液晶显示屏供应商之一，拥有 8.5 代、10.5 代 TFT-LCD 生产线等，并全部实现了量产。这就是集成创新的例子，通过集成海外企业的技术、市场以及人才，消化、吸收、再创新，从而攻破技术壁垒。

持续性创新

企业中大量的创新属于持续性创新。德鲁克曾说，多数企业家认为 10 年之后企业 90% 的产品会改变，但统计数据显示，10 年之后很多企业 90% 的销售收入还是依靠原有产品获得，只不过是这些产品在不断更新换代。企业要立足于现有产业，在现有的产品基础上不断提升技术，开拓细分市场，深入挖掘创新潜力。

以水泥行业为例，中国的水泥产量是每年约 24 亿吨，约占全球份额的 60%。水泥是一种高性价比的胶凝材料，没有水泥，城市建设和日常生活都是无法想象的。这么多年来，从小立窑生产水泥到湿法水泥再到现在的新型干法水泥，技术水平一直在进步，产品品质不断提高。

新中国成立初期，苏联援建的一个年产 200 万吨的水泥厂需要 12000 人，20 年前中国建材在鲁南的两条日产 2000 吨的水泥生产线需要 2000 人，而今天一条日产 5000 吨的自动化生产线需要 300 人，同样规模的最新的智能化生产线只需要 50 人。中国建材在山东泰安建设的世界首条工业 4.0 水泥工厂，应用 GPS 定位、"互联网+"、大数据处理、生产智能化模拟系统等技术，能效、环保和效益指标均达到世界先进水平，最大限度地接近了"零人员、零排放、零电耗"，被称为"世界水泥的梦工厂"。

颠覆性创新

颠覆性创新是用全新技术颠覆掉传统技术。一般来讲，一个行业 15～20 年发生一次颠覆性创新，但并不是所有企业都能把握住机会，这主要取决于企业的战略以及资金、人才、技术等资源条件。企业在做好持续性创新的同时，也应积极尝试颠覆性创新。很多大型领先企业之所以会失败，就是因为对持续性创新比较坚持，而对颠覆性创新不够敏感。当年柯达发明了数码相机，但柯达因太珍惜胶卷赚取的高额利润，眼睁睁看着别人用数码技术把自己逼得破了产。

现在不少汽车企业既做汽油车，也做电动车，像我去调研过的上汽智己汽车、一汽的高端纯电动轿车新红旗、北汽极狐阿尔法 S 等都是新型的电动车。企业今天对于创新高度敏感，没有人敢掉以轻心，因为大意失荆州。企业可以把进行颠覆性创新的部分独立出来，成立新部门，和原有业务分开，让不同的专家分别进行创新，这样才能把矛和盾都用好。

商业模式创新

对于企业来讲，高科技创新固然重要，但也应注重中科技、低科技和零科技创新。高科技创新对社会的贡献率约占 25%，而中科技、低科技、零科技创新的贡献率约占 75%。什么是零科技创新？就是商业模式创新，看起来没有太多的科技，却创造了很高的商业价值。

麦当劳、肯德基、星巴克等知名企业，都没有什么特别高的技术，而是通过探索新的商业方法、商业组织，创造了惊人的业绩。很多消费互联网企业，如京东、淘宝、滴滴打车在科技方面并没有什么创新，而是应用互联网技术建设了一个平台，就创造了巨大的价值。

企业不是为了创新而创新，而是为了解决客户的问题、为客户创造价值而创新，这是根本理念。做企业要在商业模式上动脑筋，学会在价值链或价值网中思考问题，通过改变商业模式的构成要素或组合方式，用不同以往的方式推出全新的产品和服务，不断提高价值创造能力和盈利水平。例如，通过开展"水泥＋骨料＋商混＋机制砂＋干拌砂浆＋固废处理"的全产业链运营，提高产品的附加值和竞争力，一家中等规模的水泥厂就能创造可观的利润。

03
科技是企业创新的核心要素[①]

现在大家讲创新讲得比较多，但要问什么是创新，有不少人却回答不清楚。创新是什么？熊彼特认为创新是生产要素的新组合。那么这个组合里最核心的要素是什么？实际是科技的创新。

创新的本质

科技创新是什么？

我想，科技创新分三层含义：

第一层是科学发现，目的是发现未知的事情，这是科学家的任务。

第二层是技术发明，新的工艺、装备等都要靠发明，这其实是工程师的任务。

第三层是创新。创新的目的是创造产品，这是企业家的任务。

科学发现是技术发明的基础，技术发明又是企业创新的基础，企业创新的结果实际最终表现为产品。我认为应该是这样一种层层递进的逻辑。比如，气体方程中的节流原理指气体压缩时放热，膨胀时吸热，这就是一种科学原理。但把科学原理应用到技术上是什么？就是两大发明：空调和冰箱。企业把这两大发明做成了能量产的产品，现在海尔、格力、美的等企业都在做相关产品。

[①] 2021 年 7 月 27 日，"开放合作·创见未来"2021 科创中国·科学家企业家创新论坛在北京举行，本文根据作者在活动中所作演讲整理。

现在，我们不仅要加强科学的基础性研究、技术发明的研究，还要加强企业层面的创新研究。创新的过程其实是从科学开始，然后转化成技术，最终做出好产品。这就是科学、技术和企业创新之间的逻辑关系。

资本是创新的杠杆

资本是企业家用于创新的杠杆。如果科技创新只停留在科技层面，不转化成产品的话，创新就会被束之高阁。我们要把科技创新和企业创新之间的通道打通，而打通这个通道很重要的一项就是资本的作用。

美国企业中市值排名前十的多是纳斯达克培育的，我们企业的创新也主要靠资本来支持。科创板坚守"硬科技"定位，创业板服务成长型创新创业企业，北交所则服务创新型中小企业，它们在打通科技—产业—资本的良性循环中发挥了重要作用。创新有了资本支持，才能够深耕，才能够发展。像特锐德、纳微科技这样的上市公司，就可以借助资本市场实现快速的发展。

除了上市，我们也特别重视一级市场，就是私募股权基金的投资。我国有约2万家私募股权基金公司，掌握资金约15万亿元。这些资金用来干什么？用来支持中小型科技企业进行创新发展，把它们培育成独角兽企业。

所以，今天的创新还是要靠资本市场，要把资本市场做好，让大量的资本来支持科技创新和企业创新。

科学家和企业家要发挥各自所长、优势互补

科学家和企业家有一个共同点：创新是灵魂。但他们的任务又有所不同。科学家的创新是有发现和发明，企业家的创新是解决产品的制造和在市场中的推广应用问题。科学家和企业家的侧重有所不同，但在今天的经济社会里，他们也要优势互补、高度融合，也就是科学家和企业家既要融合，又要独立。今天，我们要培养有科学家精神的企业家和有企业家精神的科学家。

这怎么说？今天我们的企业家都讲创新，但创新不是非要冒险。企业家

▶稳健经营

得有科学家的科学态度，准确地去发现和把握机遇。科学家在研究过程中也要和企业家结合，主动了解市场的需求。

当然，科学家和企业家还是有各自的侧重。即使科学家做企业，也应该是做科技企业。创业板刚开市不久的时候，中关村有不少科技企业到深圳创业板上市。我认为科技企业上市后应该依旧是科技企业，不要简单地变成一般性的制造企业；如果变成一般性的制造企业，原来的优势就没有了，发展会很艰难。做科学家很难，做企业家也很难，如果把两个身份都压到一个人身上是很累的。

曾有一所大学的副校长邀请我到学校演讲，他说我上面的观点他们很需要。我们不应该提倡让大学教授和科学家去做一些一般性企业。

我到英国曼彻斯特大学访问时，一家在伦敦上市的市值2亿英镑的科技企业创始人——一位教授找到我说："宋先生，我知道中国建材现在正在做薄膜太阳能电池，我这里有个量子点技术，看看能不能合作。"我就了解了一下这家企业的情况：每年都孵化出来新技术，而且每年都把技术卖给大企业，用收入再去开发新技术。他说，他们的任务不是做产品，而是为大企业提供技术。

过去，一些学校成立了不少企业，但成功的不多，原因是做科学研究和做企业有很大的不同。今天回过头来去想这件事情，我们搞产学研合作，是要发挥每个单位的长处，没有必要一定让"学"去做"产"，也没有必要一定让"产"去做"学"。

我以前在北新建材的时候支持的一家企业是武汉理工大学的。当时姜德生院士研究光纤传感，我们为这个项目提供了支持。后来相关技术专利被转让给了武汉邮电科学研究院，由武汉邮电科学研究院进行了后续的孵化上市。

这个做法值得大家参考。学校研发技术，然后把它交给企业，学校持股或从中变现，这样能有更多的资金用于科研，而不是说自己去做企业。做企业比较难，要负责销售产品、收货款等一大堆工作，不一定是科学家所擅长的。

科学的事情交给科学家，市场的事情交给企业家，科学家和企业家优势互补，大家密切合作，形成的系统才能运转。

04
科技创新的底层逻辑[①]

"科技创新"其实有三层含义：一是科学，科学主要是发现；二是技术，技术主要是发明；三是创新，创新大多诞生于企业，如产品创新，也就是熊彼特讲的新组合。所以，科技创新其实是把科学技术和企业的创新紧密结合。下面主要谈一谈政府、教育、资本、企业、企业家与科技创新的关系。

政府与科技创新的关系

科技创新通常被视为纯粹的市场化活动，但其实科技创新从来都离不开政府的支持和引导。在我国，政府的支持非常重要，科技创新既需要有效的市场，也需要有为的政府。近些年，尤其党的十八大以来，政府进一步加强了对科技创新的支持力度，一些重大的科技创新项目和成果是在政府的支持下诞生的。

纵观世界范围内的发达国家，其政府在创新中都起了重要的指导作用。比如，第二次世界大战之前，美国的很多科学技术来自欧洲；之后，美国在科技创新方面发生了很大变化。范内瓦·布什在写给罗斯福总统的报告中讲到，过去美国很多的科学技术依赖欧洲，但美国必须加强自身的基础科学研究，美国政府应大力支持科技、支持教育。这份报告对美国科技和教育政策产生了重大影响，美国多年来一直坚持的是政府支持和指导型的科技体系。

---
① 2022年10月6日，第十四届华中科技大学企业家论坛开幕。本文选自作者在活动中所作的主题演讲。

▶稳健经营

我去日本出差时了解到日本有经济产业省，过去叫通产省，在整个科技创新的布局、统筹、指导方面做了大量的工作，也就是说日本政府在科技创新方面发挥了非常重要的作用。

德国也是如此，我在中国建材工作时曾推动企业在德国收购了一家高科技公司，我们了解到，德国政府对科技企业进行创新的研发费用补贴比例最高可达100%。

可见，发达国家的政府在大力支持科技创新，包括国有企业（在西方叫公营事业）也在大力发展创新，带动了民营企业的技术创新。

今天，无论从国家层面还是地方层面，我国政府都对科技创新倾注了很大的热情，并大力提供支持。下一步还应继续加大对科技创新的支持力度。

教育与科技创新的关系

现在我国不少高校是综合性学校，我们很好奇，教育到底该如何支持科技创新，它们之间的关系是怎样的？在这个问题上也有两种极端的看法：一种认为，学校其实是进行综合性教育的载体，目的是培养人才，和企业的直接创新没有太大关系；另一种认为，学校应该自己做企业，把技术成果转化成发生在企业内部的创新。这两种看法都有所偏颇。

教育是科技创新的基础，虽然不见得每一门学科都和创新有直接关系，但基础理论的研究最终都会反映在科技创新上。任正非讲，一定要做好数学、物理、化学等基础教育，培养更多基础科学方面的人才。另外，一些人文学科看起来和科技创新没关系，其实也在推动科技创新。今天很多重大的发明并不是简单源于某个专业领域的进步，而是源于科技的整体进步。

我赞成这样的说法，科学的目的是发现，技术的目的是发明，发现对于发明非常重要，一项重大发现会带来无数的发明，这些发明又带动了企业的创新。所以，学校应该是一个倡导学习和研究科学技术的机构，这里会有发明，老师、同学们也可以依托这些发明开办企业。但是，我不大赞成学校自己去创业、做企业，学校还是要先把基础教育做好。

硅谷实际是由斯坦福大学的老师和同学创业发展起来的。我专门去过麻省理工学院，麻省理工学院就是一个科技创新的大熔炉，从这里走出去的毕业生创办了几万家企业，号称"全球第十大经济体"。我当时参观了学校的一个致力于科技、媒体、艺术和设计融合的跨学科研究室，他们在做数字化艺术等前沿领域的研发创新。

可以说，大学对于科技创新发挥了基础性作用，大学培养出来的学生也是创业的源泉。

资本与科技创新的关系

熊彼特认为资本是企业家用于创新的杠杆。美国这些年的创新模式是"创新+资本"，纳斯达克发挥了非常重要的作用。我国的资本市场也是如此，发挥资本的作用来支持创新。30多年来，我国资本市场既支持了国有企业的改革，也支持了民营企业的发展，现在在大力支持科创事业。技术创新需要大量资金，如研发芯片，如果只靠政府资助和原始股东出资，实际上是不够的，要想办法获得资本市场的支持。总体来讲，资本市场在支持科技创新方面确实发挥了非常重要的作用。

企业与科技创新的关系

事实上，创新是生产要素和生产条件的新组合，那谁是新组合的主体？是企业，企业对科技创新至关重要。高校院所等科研机构发明了很多技术，技术要生根，生根在什么地方？如何将技术变成产品？这个环节实际是在企业中完成，所以企业成了创新的沃土。当然，有规模的企业也要建造大型的一流实验室，从事一些应用型的基础研发。像中国建材的电子玻璃等新技术都源于实验室的基础研发。所谓企业是创新的主体，其实就是这样的含义。

企业的创新和高校院所等研究机构的创新不完全一样。高校院所里的很多创新被称为发现，发现不见得有当期的利益企图，但企业创新的利益导向特别明显，它有刚性的约束。也就是说，企业里的创新是要有所选择的，要产生效益，或者是在资本市场具有一定价值。假设既没有效益也没有价值，

> 稳健经营

再好的创新,企业也不会选用。

企业还有另外一个特点——要具备强大的管理能力,不管技术多先进,如果产品没有好的质量、较低的成本,还是可能会失败。我们发现现在的一些独角兽企业,包括有的上市企业,从技术而言确实都很棒,但是管理跟不上。所以,要从两方面理解企业的科技创新:一是企业对于创新的选择,最后还是要看效益;二是任何企业的创新都要和管理结合在一起。科技创新和企业是分不开的,科技创新效果如何,最终要从企业的效益和市场的价值中得到体现。

▲ 深入中国能建了解企业的创新转型发展

企业家与科技创新的关系

企业中谁来领导创新?答案是企业家。企业家是创新的灵魂。创新既包含科技创新,也包含组织创新、市场创新等。但坦率地讲,技术创新是所有创新的核心。尤其是到了今天这样的高科技和新经济时代,科技创新至关重要。即使是传统企业,也得用技术创新助推企业转型,所以今天的企业家必须学习新的科技知识。过去，我们讲企业家做企业家的事，科学家做科学家的事；但今天应该是双方高度融合，我们需要科学家型的企业家，也需要企业家型的科学家。

我去几家企业调研，发现这些企业的创始人要么本身是高科技人员，要么是在某一方面有专长的技术人员，他们开办了企业，企业做得不错。作为科学家型的企业家，一方面有科技的优势，另一方面也要加强市场管理等知识的学习。对于很多传统型企业家，我鼓励大家要学习科技知识，要做懂科技的企业家，这是今天我们倡导企业家具备的能力。目前看来，不少企业家是做得不错的。

讲到企业管理，大家自然会想到学校的商学院。MBA教育实际是教那些已经具备一定科技知识、专业知识的企业人员学习如何更好地做管理。但商学院、管理学院等还要教大家一些科技的知识。我赞成有的地方提出来的建设科技商学院，把科技和商业紧密地结合起来。现在是高科技和新经济快速发展的时代，我们的教育也要跟随时代而动，满足时代发展的需求，培养适应时代进步的企业家。

05
以新质生产力赋能高质量发展[①]

上市公司是我国企业的优秀代表，是实体经济的基本盘，是完善现代企业制度和履行企业社会责任的先锋队，是广大投资者分享经济增长红利的重要渠道。在经济高质量发展和中国式现代化的推进过程中，上市公司和企业家发挥了重要的作用、肩负着重要的使命。

习近平总书记在黑龙江考察调研时指出，"积极培育新能源、新材料、先进制造、电子信息等战略性新兴产业，积极培育未来产业，加快形成新质生产力，增强发展新动能。"其中最关键的战略性新兴产业和未来产业不仅关系着现代化产业体系的建设，还是抢占未来竞争制高点的关键，同时也是一个国家科技创新水平和综合实力的具体体现。因此"新质生产力"既是一个全新的理念，也是对党的二十大精神和习近平总书记一系列重要思想的提炼和总结，与创新驱动发展战略、高质量发展战略、新发展格局等一脉相承。

"新质生产力"适应了当下经济转型升级的需要，为我国产业结构的跃升指明了方向，与上市公司未来的发展也密切相关。下面，我想就"新质生产力"谈几点认识和思考。

应"天时"，"新质生产力"成为打开中国产业跃升之门的一把钥匙

当前我国经济正处于转变发展方式、优化经济结构、转换增长动力的关

[①] 2023年11月11日，激发新质生产力，引领高质量发展——2023中国上市公司企业家年会在深圳召开，本文由作者在会上致辞内容改编而成。

键时刻，最终的目标是通过高质量发展，向形态更高、分工更细、结构更合理的阶段演化。"新质生产力"为我们解答了下一步该如何发展生产力、发展怎样的生产力的问题，可以说，"新质生产力"是我们推进高质量发展、实现中国式现代化的迫切要求，是中国的现实所需，也是未来所向。

加快形成"新质生产力"能够有效推动以数字化、智能化、绿色化为代表的新技术和产业深度融合，促进技术升级和产业升级，这是我国摆脱高耗能、高污染、低附加值的生产方式，打开中国产业整体跃升之门的钥匙，也是实现核心技术自主可控、提升核心竞争力和国际创新地位，打破现有国际竞争格局的利器。

顺"地利"，"新质生产力"有效促进区域协调发展

"新质生产力"的提出不仅立足东北地区转型发展的紧迫性，也为全国区域协调创新发展指明了行动方向。深圳在开放创新的政策环境中营造了独特的创新文化。当前，深圳正在大力发展战略性新兴产业和未来产业，深入实施创新驱动发展战略，提出"加快形成新质生产力，打造具有全球重要影响力的产业科技创新中心"的战略目标。深圳拥有非常浓厚的创新创业氛围，未来产业的发展基础雄厚，既有腾讯、华为、比亚迪等大企业，又有众多专精特新"小巨人"企业释放活力。深圳也是一片投资的热土，深圳市坚持建设"有事服务，无事不扰"的服务型政府，为创新企业和企业家提供了良好的环境。深圳营商环境好，民营经济发达，高新技术产业发展优势明显，具有应用场景丰富、产业体系健全和联通内地广阔市场等综合优势，相信"新质生产力"将为深圳绿色化、智能化、可持续发展注入新动力。

享"人和"，"新质生产力"为企业家和上市公司提供了发光发热的舞台

"新质生产力"的核心在创新，而"创新之道，唯在得人"。在推动形成"新质生产力"的过程中，企业家发挥着重要作用，上市公司是关键的群体。

▶ 稳健经营

近年来,一大批有胆识、勇于创新的企业家茁壮成长,形成了具有鲜明时代特征、民族特色、世界水准的中国企业家队伍。我理解企业家有四个特质:企业家是对成功充满渴望的人,企业家是在困难面前百折不挠的人,企业家是有家国情怀的人,企业家是永远面向正前方的人。有人说深圳的特产是企业家和企业家精神,企业家要有梦想,要有创新,要有坚守,还要有情怀。其实这些特质不仅体现在企业家身上,在每个优秀的人才身上都有体现。

我做中国上市公司协会会长以来,先后同不少上市公司的董事长进行过长谈,还到上海、广东、福建、四川、山东等多地企业进行了实地调研,其中很多公司在规范治理、经营运作和企业责任等方面都做得很好。调研过程中,宁德时代、比亚迪、福耀玻璃、五粮液、格力电器、潍柴动力等上市公司在主业发展、经营业绩、股东回报等方面的表现,都给我留下了深刻的印象。

▲ 2023 中国上市公司企业家年会在深圳召开

上市公司是推动形成"新质生产力"的主力军。一直以来,许多上市公司都在积极布局未来产业,着力抢抓新赛道、培育新动能。据相关数据统计,截至 2023 年 10 月,我国 A 股上市公司总市值 80 多万亿元,约占 GDP

的66%，这其中有1760多家上市公司属于战略性新兴产业，约占全部上市公司家数的1/3，市值约占全部上市公司总市值的1/5。

上市公司数量较多也是深圳的一大特点，有力地推动了深圳经济的发展。就像鱼和水的关系一样，深圳的企业和企业家在资本市场这片活水中，才能活得更好，长得更快，同时游向更大的一片水域。

在资本市场的助力下，上市公司积极整合创新资源，大力布局战略性新兴产业和未来产业，在推动形成"新质生产力"方面已经走在了全国企业的前列，贡献了积极的力量。在推动上市公司高质量发展的新阶段，开辟新发展领域、塑造新发展动能，都需要拥抱"新质生产力"，抢抓产业变革的机遇。

"新质生产力"的提出为我国经济高质量发展提供了新引擎，将推动我国经济朝着更绿色、更智能、更繁荣的方向加速前进。习近平总书记从爱国、创新、诚信、社会责任和国际视野等方面阐述了新时代企业家精神的内涵。上市公司的企业家们更应该积极投身到当前推动形成"新质生产力"的浪潮中，大力弘扬新时代企业家精神，持续创新，带领企业走入新航向，实现从数量到质量的转变、从规模到效益的转变、从要素驱动到创新驱动的转变。

中国上市公司协会将一如既往，与各界上市公司、各位企业家一起，积极构建"事业共同体、发展共同体、利益共同体"，在参与国家创新驱动发展战略中发挥更大作用。

06

企业家和企业家精神[1]

改革开放以来，中国经济社会快速发展有两个重要因素：一是党和国家改革开放的政策和精神；二是一大批企业家带领中国企业成长。企业家是时代造就和培育出来的，也是在不断学习实践的过程中成长起来的。我们要弘扬新时代企业家精神，做符合时代要求的企业家。

关于企业家和企业家精神

◆ 企业家的由来

"企业家"这个词是舶来品。200多年前法国人讲的企业家指的是商人，认为把物品从A地卖到B地，增加了价值的人就是企业家。后来，英国的新古典经济学家马歇尔在其著作《经济学原理》中，讲到了企业家和组织在企业中的作用及企业家要素。但真正明确企业家概念的是熊彼特，他提出了创新的概念。生产要素和生产条件的新组合就是创新，企业家是创新的灵魂，资本是企业家用于创新的杠杆。德鲁克认为企业家和所有制、企业大小等无关，企业家是创新并创造了财富的人。光创新不行，还必须创造财富，这样的人才是企业家。

熊彼特提到，企业家除了创新，还有个特质就是冒险，他认为企业家

---

[1] 本文整理自作者于2021年1月23日在中国大连高级经理学院的讲座内容。

是对成功充满渴望、有冒险精神的人。而德鲁克认为，企业家不是一定要冒险，而是要规避风险、预防风险。到底谁对呢？其实他们讲的都对，熊彼特所在的1912年是工业发展早期，遍地是机会，只要冒险就可能取得财富；但到了1985年，西方工业已经成熟，这时候再冒险不见得能成功。我国也一样，改革开放初期遍地是机会，那时候有胆识、敢于冒险的人或许就能成功。但到了今天，创新的成本高了很多，如果盲目冒险可能就会失败。

做企业成功与否不仅取决于情商、智商，还有一个要素——逆商。情商指的是理解他人的能力，光理解自己不能叫情商高；智商是辩证思考的能力，如果只看到一个方面不叫智商高；逆商是克服困难的能力，不能只习惯于打胜仗。很多成功的企业家在发展过程中遇到过非常大的困难，甚至是灭顶之灾，最后挺过来了。所以逆商非常重要。

我常讲我的困难观，有三条：

第一条，困难是客观的，你困难，他也困难，大家都困难，所以不要怨天尤人。

第二条，最困难的时候也许就意味着困难快要过去了，这是黎明前的黑暗。

第三条，我们要千方百计地克服困难，不要消极地等待。

企业家应该能创新、创造财富，能够面对困难、解决困难，这是企业家的特质。

◆ **中国企业家精神的兴起**

中国企业家精神的产生可以追溯到清朝末年洋务运动时期，一些仁人志士为了改变当时积贫积弱的社会状况，实业救国，开始兴办企业；中华民国初期的民族资产阶级也开展了实业救国，这期间涌现了像张謇这样的企业家；社会主义建设时期也涌现出一批具备企业家精神的人物，比如铁人王进喜就具备企业家精神，进行创新并创造了财富；改革开放之后，企业家辈出，有步鑫生、马胜利、张瑞敏等一批企业家。现在企业家就更多了，包括大家耳熟能详的宁高宁、任正非等一大批企业家。

习近平总书记把企业家的意义系统地提炼出来，真正把企业家放在重

▶ 稳健经营

要的位置，并把企业家的作用上升到经济活动的主体和市场的活力之源的高度。

习近平总书记在福建工作的时候就一直支持和鼓励企业家。2014年7月8日，习近平总书记在给福建企业家的回信中肯定了企业家，鼓励大家继续发扬"敢为天下先、爱拼才会赢"的闯劲，为国家经济社会持续健康发展发挥更大作用。

2014年11月，习近平总书记在亚太经合组织工商领导人峰会开幕式上有一段关于企业家的重要论述："市场活力来自于人，特别是来自于企业家，来自于企业家精神。"这揭示了市场活力和企业家、企业家精神的内在关系，肯定了企业家在经济活动中的作用，对企业家寄予厚望。

2017年9月，《中共中央 国务院关于营造企业家健康成长环境弘扬优秀企业家精神更好发挥企业家作用的意见》（简称《意见》）发布，专门讲了企业家精神，也特别强调了国有企业家的重要性。《意见》的出台对国有企业家是很大的鼓舞。

党的十九大、党的二十大分别提出"激发和保护企业家精神""弘扬企业家精神"，极大地鼓舞了广大企业家干事创业的热情。

总的来看，目前中国的企业家有以下几种来源：一是国有企业的企业家群体，长期奋斗在国有企业一线；二是国有企业转制而成的混合所有制或民营企业的领导者；三是民营企业成长过程中培养出来的一大批企业家。不论企业大小，只要创新创业并创造了财富的就是企业家。

改革开放以来，中国的经济取得了举世瞩目的成就，我国企业家发挥了重要作用。在应对新冠疫情等急难险重任务时，我国企业家进一步发挥积极性和创造性，发扬担当精神，为经济发展助力。越在困难的时候，越是可以看到两点：一是中国人民众志成城；二是中国的企业家特别能战斗。以制作口罩为例，新冠疫情来的时候全球口罩供应极其紧张，这个时刻，中国的企业家发挥了重要作用。2020年7月和8月，我国出口1200亿只口罩，仅出口美国的口罩就有200多亿只。到2020年年底，我国的口罩出口量累计达2242亿只。同时，防护服、呼吸机、试剂盒也大量出口，如华大基因出口试剂盒、迈瑞医疗出口呼吸机。2020年，我国外贸企业面临疫情与中美贸易摩擦的压力，日子很难过，但是 2020 年 11 月进出口贸易顺差达 754 亿美元，创 40 年来单月最高。中国的企业家带领企业冲破重重困难，让人既感慨又感动。

依文集团在疫情防控期间利用服装厂房做防护服，加班加点，成为中国出口量排在前列的大型防护服出口企业。国有企业也一样，中央企业积极参与雷神山医院、火神山医院建设，像北新建材等企业都是第一时间支援建筑材料，做出了巨大贡献；国药集团研发灭活疫苗只用了 98 天，而以前做同样的疫苗要用 3～5 年。这些都是了不起的事情。

企业家在危机时刻有四种力量很重要。

一是应对力。面对困境，企业家要有应对力，有了困难我们得面对，不能困难来了就慌。

二是抗压力。压力面前要有一定的抗压力，新冠疫情是对所有企业进行的压力测试。2020 年，中国建材的净利润有 30% 以上的增长，利润总额增幅也超过 30%，北新建材等上市公司的业绩大幅度提升，这真的不容易。

三是复原力。企业都会有困难，都会遇到问题。新冠疫情初期，我经常问北新建材的情况怎么样，那时候确实各项指标全线下滑，但是复工复产后迅速复原，到了 2020 年年底，各项指标都非常好，这就是复原力。

四是免疫力。企业遇到了困难或失败了要吸取教训，下一次再遇到这种情况就知道该怎么办。聪明人不犯同样的错误，企业也像人一样，应该有免疫力。

◆ 什么是企业家精神

《意见》专门讲到了优秀企业家精神，包括：爱国敬业、遵纪守法、艰苦奋斗、创新发展、专注品质、追求卓越、诚信守约、履行责任、勇于担当、服务社会。

2020 年 7 月 21 日，习近平总书记在企业家座谈会上发表重要讲话，进一步概括了企业家精神，指出："企业家要带领企业战胜当前的困难，走向更辉煌的未来，就要在爱国、创新、诚信、社会责任和国际视野等方面不断提升自己，努力成为新时代构建新发展格局、建设现代化经济体系、推动高质量发展的生力军。"这段话提出了新时代企业家精神的五点内涵：一是增强爱国情怀；二是勇于创新，创新是企业家的核心理念；三是诚信守法；四是承担社会责任；五是拓展国际视野。这是对企业家精神最新的诠释，也是对企业家提出的殷切希望。

习近平总书记在座谈会上还提到要学习清末民初的张謇。张謇既是一位成功的企业家，也是一位有情怀的、爱国的企业家。2020年11月12日，习近平总书记在江苏考察期间，专程前往南通博物苑参观张謇生平介绍展陈，并强调广大民营企业家要学习张謇的精神。

2023年3月6日下午，习近平总书记看望参加全国政协十四届一次会议的民建、工商联界委员时强调，无论是国有企业还是民营企业，都是促进共同富裕的重要力量，都必须担负促进共同富裕的社会责任。民营企业家要继承和弘扬中华民族传统美德，做到富而有责、富而有义、富而有爱。

当代中国的企业家应该是创新、创造财富并回馈社会的企业领导者，应该有社会责任感。中国有很多民营企业家，一些企业家面临着这样的问题：怎样能够传承财富？怎样能使企业可持续发展？作为中国上市公司协会和中国企业改革与发展研究会会长，我一直在研究这些问题。一些企业家做得不错，在履行社会责任方面不断进步，我们提倡更多的企业家来学习。

比如王石。万科集团的股权原来是企业股权。王石等人入股时是企业股，但他们一直没把这些企业股变成自己的股份，而是把股权捐赠给清华大学教育基金。大企业家应该多支持教育，像美国的很多大企业家创造的财富都支持了大学的基金，支撑了教育事业。斯坦福大学校长约翰·汉尼斯在其著作《要领》里主要讲的是领导力，可以看到他16年里的主要活动是让企业家更多地把钱捐给学校，学校用这些钱来扶植教育，保证所有考上斯坦福大学的学生不会因为交不起学费而上不了学，学校发的奖学金由社会企业捐助。我也呼吁我国企业家支持各地的学校，建立一些教育基金，这是财富的好去处。

美的是做家电的企业，过去是乡镇企业、家族企业，1993年在深交所上市，创始人是何享健。2012年，何享健家族把企业委托给职业经理人——以方洪波为核心的高管团队，方洪波担任董事长兼总裁，类似于美国的CEO

制。何享健家族规定家族成员不得参与企业经营，全部交由职业经理人经营。我曾问方洪波："你觉得美的走到今天最重要的是什么？"他说最重要的是现代公司治理和企业家的价值观。何享健捐出其持有的1亿股美的集团股票和20亿元现金注入其担任荣誉主席的广东省和的慈善基金会，用以支持在佛山乃至全省、全国的精准扶贫、教育、医疗、养老、创新创业、文化传承等多个领域的公益慈善事业发展。

企业家精神虽然源于企业家，但是并不局限于企业家这个群体，而应该是全社会的精神，它就是创新精神、奉献精神和担当精神，各行各业和各个岗位上的干部都应该学习和发扬企业家精神，创造企业家社会。

◆ 企业家社会

康德拉季耶夫周期理论认为，经济发展每50～60年是一个周期。1945—1965年，美国和欧洲都经历了快速成长，经济持续增长；但1965年之后的20年，欧洲经济开始出现衰退，美国经济却出现了繁荣。德鲁克就疑惑到底怎么回事，是康德拉季耶夫周期理论不对，还是其他原因导致的？最后经过研究发现，1965—1985年，美国用创新型经济或企业家经济取代了管制型经济，创新使美国获得了发展，美国就业人数从7000万增加到1.1亿。反观我国的发展历程，如果把1992年邓小平南方谈话作为中国社会主义市场经济的开始，1992—2012年我国也经历了20年的快速增长期，2012年出现了新常态。新常态就是经济周期的一个阶段，我们的经济不可能一直向上，不可能长期保持两位数增长。我们应对新常态的办法是什么？就是创新创业，这是有逻辑依据的。

德鲁克在《创新与企业家精神》中提出，创新和企业家精神可以让任何社会、经济、产业、机构保持高度灵活性与自我更新能力。他还叮嘱后人，应保护和发扬创新精神，用企业家社会取代福利社会，没有创新做基础的福利社会必然会引发危机，甚至会造就懒惰社会。北欧一些国家是高福利社会，如果没有企业家创造财富，福利就是空中楼阁。2012年欧洲出现的主权债务危机印证了这一观点。政府过度借贷，主要是做两件事：一是公共开支，用于基础建设等；二是福利，一个人从摇篮到坟墓的花费几乎都是由国家承

> 稳健经营

担的。这恰恰说明德鲁克的忠告是对的，我们要迎接一个企业家社会，让更多的人去创造财富，只有大家都创造财富，社会才可能有高福利。如果大家只求福利，不创造财富，最后一定会坐吃山空。到底是把饼做大还是去分好饼，两者都很重要，首先得有饼，企业家把饼做大，社会再把饼分好，也就是处理好效率和公平的关系。

企业家社会有四个特点：第一，创新创业成为社会的主流意识，我们现在已经有了这样的意识；第二，造就浩浩荡荡的企业家队伍，大企业家顶天立地，中小微企业家铺天盖地；第三，企业家时代是一个创造财富的时代；第四，越来越多的企业家关心社会发展，这都是密切联系在一起的。

如何做好国有企业家

我们既然提出了国有企业家，就好好研究一下国有企业家的课题。先说到底需不需要国有企业。在2016年10月10日召开的全国国有企业党的建设工作会议上，习近平总书记回答了这个问题：国有企业是中国特色社会主义的重要物质基础和政治基础，是我们党执政兴国的重要支柱和依靠力量。这句话强调了国有企业的重要意义，我们国家以公有制为主体，多种所有制经济共同发展，必须毫不动摇巩固和发展公有制经济，毫不动摇鼓励、支持、引导非公有制经济发展，这是我们的基本经济制度，也决定了国有企业必须做强做优做大。

国有企业和民营企业是什么关系？可以说是孪生兄弟的关系，国有企业的发展也支持了民营企业的发展。《国企改革三年行动方案（2020—2022年）》中提到，国有企业要在提升产业链供应链水平上发挥引领作用。习近平总书记也强调国有企业要带动上下游各类企业共渡难关。国有企业和民营企业是大河和小河的关系，大河有水小河满，大河无水小河干，不应该把它们割裂开来。国有企业主要在关乎国家安全、国民经济命脉和国计民生的重要行业和关键领域作为支柱力量，同时带动民营企业进行发展，所以国有企业必须做强做优做大，不能削弱。这么多年来，国有企业和民营企业两者共同发展，实现了"国民共进"。

既然有国有企业，就有国有企业家，《意见》里专门提出了"国有企业家"的概念。我认为国有企业家应该有三大特征：一是改革创新，二是建功立业，三是勇于担当。如果一个企业领导者不愿意创新也不愿意承担责任，可能只是企业负责人、管理者，不一定是企业家。但如果一个国有企业领导者有创新意识，并勇于承担责任，他就是企业家。

《苏世民：我的经验与教训》中讲道：学习可以使一个人成为经营者，学习也可以使一个人成为领导者，但学习不能使一个人成为企业家。这段话讲得比较深刻，企业家有自身特质，国有企业家也一样，国有企业有经营者、领导者，但可能不是人人都是企业家。我们常说要弘扬企业家精神，指的是大家都要学习企业家创新创业的精神。

习近平总书记在全国国有企业党建工作会上，对国有企业领导人员提出了五条要求，这五条就是国有企业家的标准：第一条是对党忠诚；第二条是勇于创新，创新也是国有企业家的灵魂；第三条是治企有方，要懂经营、会管理；第四条是兴企有为，要能把企业发展壮大；第五条是清正廉洁，能做到廉洁自律。

谭旭光就是一位国有企业家，有企业家精神。他参与了中国汽车及装备制造产业核心技术迭代升级的艰难历程。谭旭光很有冲劲，敢作敢为，大刀阔斧地改革，受到了职工的拥护和领导的表扬。与其说他是一名企业家，不如说他是"产业科学家"，他带领山东重工通过技术引进吸收和自主创新，掌握了高端装备、现代农业、新能源汽车等领域影响未来发展的关键技术。

我常讲国有企业有三大法宝。

第一个法宝是党的领导。党的领导是国有企业独特的政治优势。一个组织必须得有文化，什么叫企业文化？就是企业的核心价值观。企业所有人都应该认同并遵循企业的核心价值观。西方的跨国公司如果没有统一的文化，也发展不好。我国企业倡导努力建设企业文化。国有企业的党建文化是重要的一部分，传承了红色基因，形成一种独特的文化。

中国建材在埃及建设了6条大规模的水泥生产线，施工人数最多的时候有12000人，中方员工有2000人，当地员工有10000人。在施工现场，遇到苦、脏、累、险的工作或者抢工期的时候，党员都带头干。即使在国外，

> 稳健经营

党员干部队伍建设也确实发挥了作用。在抗击新冠疫情和复工复产期间,国有企业的基层党组织发挥了重要作用,这是国有企业独特的优势所在。国有企业的企业文化是以党建文化为基础的企业文化。这里谈谈党建工作的几项重点。

一是企业党委(党组)要切实发挥"把方向、管大局、保落实"的作用,对企业生产经营发展的重大决策把关。

二是党建工作要与企业经营、规范治理、企业文化、廉洁从业等相结合,一定要落地。党建工作与企业经营发展同力同向,才会更有凝聚力。

三是党建文化、企业文化、绿色文化和廉洁文化要相融合,形成一个整体的文化,同时建立亲清文化。随着公司的改革发展,混合所有制企业会逐渐增多,体制内外的干部必须要做到"亲"和"清",工作关系上要亲密合作,但利益关系上清清白白。这一点上必须把话说清楚,把窗户纸捅破。

▲ 中国建材在埃及建设的 GOE6 条日产 6000 吨项目

第二个法宝是企业家精神。 企业家是稀缺资源,可遇而不可求。国有企业确实有一大批企业家,我们要发现、培育、爱护企业家,让他们能够健康地成长。

第三个法宝是经营机制。 国有企业改革的核心是什么?是调动员工的积极性。谁能找到调动员工积极性的方法，谁就找到了经营企业的真谛。方法是什么？归结下来就是经营机制。什么叫机制？就是企业的效益和员工利益之间的正相关关系，有这个关系就有机制，没这个关系就没有机制。

2018年，我专门到华为调研，和任正非交流。华为的发展靠两点，一个是企业家精神，另一个就是机制。华为是财散人聚的机制，任正非本人在公司只有不到1%的股权，所以全体员工才有了积极性。

其实国有企业也有机制。山东万华是国有企业，1978年引进了合成革生产线，从1万吨产能开始做起，1997年开启国企改革之路，现在已成为全球最大的聚氨酯原料MDI供应商。过去企业做员工持股时一般把股份直接分给员工，遇到股价高的时候，员工可能就一次性抛出。但万华没有直接分给员工，而是以员工持股平台代持员工的10%股份，后来又增加了10%，员工持股20%，烟台国资委持股21.6%，加起来做一致行动人。万华还有科技分红机制，如果谁进行了科技创新并有成果转化，可以分创造出的效益的15%。因为这些机制，诞生了尼龙12等很多新产品，企业效益很好。

国企改革很多工作是围绕机制的，机制有了，干部员工就有了活力。习近平总书记在视察万华的时候有一段精彩论述："谁说国企搞不好？要搞好就一定要改革，抱残守缺不行，改革能成功，就能变成现代企业。"什么叫残、什么叫缺？就是那些传统的条条框框，需要通过改革来破除。改革能成功，国有企业就能变成现代企业。万华虽然是一个地方国有企业，但能发展成"中国的巴斯夫"，值得我们深思，值得我们学习。

07
企业领导力建设[①]

实现中国式现代化，国有企业要承担重任。中国的基本经济制度是以公有制为主体，多种所有制经济共同发展，要坚持两个毫不动摇，国有企业的做强做优做大非常重要。

国有企业做强做优做大，就要提高国有企业的核心竞争力，必须有出色和一流的企业带头人和优秀的企业干部。企业归根结底是靠人做的，而人里边领导又是关键，研究领导力就有特别强的现实意义。

习近平总书记认为，强大的领导力取决于正确的战略方向选择，也取决于领导团队强大的行动力。毛主席有句名言：政治路线确定之后，干部就是决定的因素。从这点来讲，我们研究怎么做好领导、学习领导力的知识是至关重要的。

领导力的重要性

◆ 什么是领导力

列宁说，保持领导力不是靠权力，而是靠威信、毅力、丰富的经验、多方面的工作以及卓越的能力。他指出，领导要有领导力，而不是只靠权力，把领导力和权力做了一个区分。

[①] 本文选自2023年7月31日作者在宝武集团分享交流内容。

到底什么是领导力？根据多年的企业实践，我把领导力归纳为领导通过自身的影响力带领组织达成目标的能力。领导力的核心实际上是影响力，领导力的目的是带领一个组织达成目标。

有的人会问，领导力是学习能学来的吗，还是天生就有的？我之前在英国学习时，老师做了个实验，打开一个房间，房间里全是积木。老师说，我们现在要盖一所房子，开始吧。大多数同学都选择抱积木，只有个别同学在想要盖什么房子。这时候，老师说游戏已经结束了。这个实验说明做领导和做普通人是不同的，做领导要考虑整体的目标，做部下就是听从命令，执行好任务。

西方有一种理论认为，领导力有先天的一面，也有后天学习的一面。先天的东西不能否认，但是后天的学习和锻炼确实能够提高领导力。我们不否认领导力是先天的，不是人人都能培养成领导。但是也必须承认，如果我们有一定的领导素质，经过培养就有可能变成杰出的领导者。

◆ **领导和领导力的关系**

领导是不是一定有领导力？领导力其实和职务不同，领导力不见得依赖职务存在，但是需要有做领导的平台，才能锤炼和发挥领导力，所以这两者之间是辩证的。

在过去的实践中，我们可以看到企业里一些中层干部没有太大的责任心，不愿意负责任，但有的干部就很愿意负责任。最后我们会发现权力就会向着有责任感的干部集中。在企业有职务并不代表一定有领导力，这就是领导和领导力的关系。

◆ **领导者和管理者的区别**

企业不仅要有领导者，还得有管理者，领导者和管理者有什么区别？领导者往往是经营者，是看方向、定战略、做决策的；管理者往往是眼睛向内，处理好人机物料，是讲究效率的。对企业来讲，我们既要有领导者抬头看路，也要有管理者埋头拉车，两者要配合好。

不少企业有管理者，却缺少领导者，原因是什么？是因为很多企业领导

▶ 稳健经营

是从基层岗位逐步成长起来的，像我也做过技术员，做过车间主任，是一步一步走上企业领导岗位的。我们会发现不少企业领导都有管理的偏好，喜欢管人管事，其实成为企业领导者之后，更重要的是为企业去把握好方向、做好战略决策。

六大领导力

实际上，领导力也是一系列的领导行为的体现，我把这些行为分类，归纳为六大领导力。

◆ 学习力

学习力是领导最重要的一种能力，做企业只靠经验不行，还是要学习别人的经验。只实践不学习的人做不好，只学习不实践的人也做不好，既学习又实践才能做好。所以做企业一定是又学习又实践的过程，是知行合一的过程。

第一，深度学习，深度思考，深度工作。

什么叫深度学习？就是不受打扰的情况下认真地、持续性地学习。卡尔·纽波特所著的《深度工作》对深度工作的概念和如何做到深度工作进行了深入浅出的论述。

现在手机对我们的工作生活影响很大，大家没事就习惯看手机。通过手机获得信息很快，但是想系统地学习知识，还得靠认真读书。我每天晚上都要读两小时的书，读书变成了一种习惯。深度学习要在别人不打扰的情况下完成，晚上9点之后是我静下心来读书的时间。

我去国药集团任职后的第一个国庆假期，专心读了8本给投行写的关于医药方面的书。后来我又和医药公司的3位院士聊了很长时间，然后又去集团旗下的企业和工厂进行了调研，尽快熟悉行业和企业的情况。

韩国现代的原董事长写过一本书，其中讲到公司每年从学校招收一些优秀的学生，到企业3年左右的时间，有的人表现得特别优秀，有的人就一般。他分析为什么会分化，发现表现好的、有能力的、职位晋升的，大部分是学习能力很强的人，他们特别重视 8 小时以外的学习，而没有晋升、能力一般的这些人，除了工作的 8 小时，没有认真利用业余时间去学习。

深度思考非常有意义。深度思考能够唤起潜意识的一些东西。因为我们有潜意识，也有显意识。所谓思想的火花从哪里来？来自潜意识，只有通过深度思考才能获得深层次的东西。碎片式的思考不可能想出比较深邃的东西。所以我建议大家每天深度思考一会儿，每个月深度思考一天，每年深度思考一周。深度思考是一个很好的习惯，像静思、面壁、禅修等都是深度思考的方式。

工作时也要深度工作，没有打扰的情况下认认真真地工作才出成绩。深度学习、深度思考、深度工作是出成绩和出成效的；相反，肤浅地学习、肤浅地思考、肤浅地工作是不可能出成绩的。

学习不只是读书，其实归纳、总结和互动也是学习。美国著名记者史沫特莱曾问毛主席，觉得自己比彭德怀他们究竟强在什么地方。毛主席想了想说，比他们更能总结和归纳。所以做领导，归纳、总结的能力非常重要。集思广益是首先能听清楚大家讲的话，然后归纳、总结，这也很重要。

第二，构筑学习型组织。

学习型组织是彼得·圣吉提出来的很重要的一个理论。他的著作《第五项修炼》有很多版本，2018 年由中信出版社出版的《第五项修炼》是我写的序。这本书里讲到学习型组织要进行五项修炼：建立共同愿景、加强团队学习、实现自我超越、改变心智模式、进行系统思考。其中很重要的就是团队学习，进行深入互动。

读书是学习的一种方式，互动式学习也是一种重要的学习方式。比如一个培训班的学员来自各个企业，平时很少见面，这其实就是一个学习型组织。大家除了听老师们讲课，还会一起讨论工作中遇到的问题，互相学习。我们老讲教学相长，其实学学也相长，互相学习也很重要，这就是团队学习。

如何让组织有动力，就是靠互动式学习和深度会谈、深度交流。什么叫深度会谈？就是大家坐在一起认真地谈一谈，把一些事情说清楚。工作上开会和讨论就很重要，大家反复讨论后形成共识。

▶稳健经营

在北新建材任厂长时，我提出"像办学校一样办企业""像办商场一样办工厂"。我提倡一个组织要有学习精神，而工厂的员工要像商场的售货员一样好好地为客户服务，所以学习很重要。在中国建材集团，我常对大家说的一句话就是"把时间用在学习上，把心思用在工作上"，学习和工作是最重要的。这么多年我是这么要求别人，自己也是这么做的。对企业领导来说，越困难越忙越要学习，学习和工作是不矛盾的，只有学习了，才能做好工作，也就是磨刀不误砍柴工。

我在北新建材当厂长的时候，就经常受邀利用周末时间在清华大学和北京大学授课，那时候北京大企业不多，我既是厂长又读过 MBA，就被请去授课。清华大学 1991 年开始办 MBA 教育，1994 年请我去当实践老师；北京大学 1994 年成立光华管理学院，厉以宁教授是首任院长，也请我去讲课。

我刚当厂长的时候发现中层干部年纪都偏大，都是工人型干部，开会没办法用一些管理术语。我提出让年轻干部在管理岗位上早些锻炼，但当时这些年轻干部大部分学的是理工科，于是我又建议符合条件的年轻干部到学校去系统学习工商管理专业知识。这些对干部和企业的发展都有非常大的帮助。2002 年我到中国建材以后发现很多干部没有接受过专业管理培训，所以就在国家行政学院、厦门大学办 CEO 班、CFO 班，培训干部。实践证明，团队学习在企业中真的特别重要。

中国建材集团每个月都有月度会，集团中层干部以上负责人、二级和重要骨干企业负责人都参加。每次月度会先由各个部门的领导汇报经营关键指标，然后总经理做总结和安排工作，最后由董事长给大家讲讲。那时我会讲形势的变化、企业的战略思路、经营思路以及对干部们的要求。领导者既是老师，也是布道者，要常给干部们讲讲，让大家明白企业的战略，有利于统一全体干部的思想，把大家凝聚起来。大家有了明确的战略、清晰的文化，也就有了很好的执行力。

GE 的克劳顿维尔被《财富》杂志誉为"美国企业界的哈佛"，它实际上是学习培训中心。杰克·韦尔奇曾经每个月去克劳顿维尔 1～2 次，在其任职的 21 年里，与将近 1.8 万名学员进行了直接的沟通。他认为，干部选拔、员工培训和人才队伍建设在企业里确实非常重要。

◆ 创新力

企业是创新的主体，如果没有创新力，企业就没有生命力。企业只有不断创新才能掌握主动。创新要着重打造新的增长点，包括新业务、新产品等。

企业家是创新的组织者。企业家创新应该是理性专业的、有定力的。很多人一听到创新就坐不住了，项目不了解清楚就立马干起来，这种盲目创新的例子并不少见。从纳米热、石墨烯热，到区块链热、元宇宙热，现在 ChatGPT 热，热是正常的，但是不能只是炒概念，一定要有一个长期的战略目标。在创新上不能做冲动派，不能做盲从者，而是要有方向、有风险意识，有的放矢、谋定而动。

企业家创新通常需要对一个行业有着深刻的了解，不是多年积累的内行，对于风险点和路径往往无从判断，盲目跨界十有八九会出问题。如果确定要跨界且条件具备，也要有熟门熟路的盈利点作为支撑。

企业家对创新是要有选择的，得掌握火候。任正非说早走三步是烈士，早走半步是英雄。提前干可能就成了劣势。比如新能源汽车，这两年做可以，十年以前不见得能做得起来，不是这个时间点，就很难盈利。外界环境的发展、各种技术的成熟都很关键，当然很多新能源汽车企业现在还没有盈利。

◆ 决策力

制定战略是领导者的首要责任。我在中国建材和国药集团关注的三项重点工作，一是制定战略，二是选人用人，三是文化布道。我把制定战略放在第一位，因为企业的战略决策最后还是要领导者下定决心。虽然有战略决策部门、规划部门，也有董事会，但是最后的决策是在领导者的方寸之间完成的，领导者要为之负责。尤其是战略上的决策关乎企业的命运，战略赢是大赢，战略输是大输。战术错了调整后还来得及，战略错了就是一生一世的错误，所以做企业一定要做好战略决策。

中国建材、国药集团为什么能由小做到大？它们的崛起实际上是战略驱

◆ 稳健经营

动的，就是所谓的"种瓜得瓜，种豆得豆"，种的瓜不可能长成豆子，种的豆子也不可能长成瓜，这就是战略选择的结果。

其实做决策是不容易的，如果是简单的、轻率的决策往往会出问题。领导者做决策既要千思万想，也不能优柔寡断，该决策就得决策，企业必须向前迈出一步。讨论来讨论去把一个好的发展理念讨论没了，这就是不决策的后果。

管理的事可以下移，决策的事没有人可以替代，所以做领导要有决策力和决断力。联想集团的领导曾讲过管理的三要素：搭班子、定战略、带队伍。搭班子就是选人用人；定战略实际是方向决策、战略决策。

◆ 影响力

第一，企业领导者应高度重视企业文化。

影响力是领导者的核心能力之一。企业领导者应是企业文化的创造者、传播者和践行者。在企业里，大家信奉什么、反对什么，弘扬什么、摒弃什么，公司的文化导向是什么，企业领导者必须清晰地告诉大家并反复强调，使全体员工凝聚在企业共同的价值观之下。"言传"之外，还要"身教"。行为专家认为，语言对人的影响只有25%，75%的影响源于行为。所以，领导者的一言一行都必须符合企业文化。否则，说一套做一套，没有人会信服，而且还会对企业的理念制度造成破坏。

中国建材有20万名员工，企业文化类似移民文化，大家从不同背景、不同地方加入，而且在开放包容的状态下，不断有新的成员进入。我在企业提出了以融合为特质的"三宽三力"文化，即待人宽厚、处事宽容、环境宽松，向心力、亲和力、凝聚力。

这种文化就是中国建材重组的包容文化。2016年8月两材重组，双方规模都很大，我们要考虑如何让大家真正融为一体。作为合并后的新中国建材的董事长，我懂得一个道理，就是企业重组能不能做好，关键取决于"一把手"的胸怀和包容。因而，我对自己的要求是，处理重大事项时必须做到"一碗水端平"。

两材重组非常和谐顺利，得到了国资委的表扬。国资委领导在国务院总理常务办公会上做中央企业重组情况汇报时三次提到两材重组,并把两材重组的文化融合作为重点进行汇报。

第二,领导者要讲好企业的故事。

IBM前总裁曾说,IBM实际上是由一连串的故事组成的,如果想研究IBM,研究IBM的故事就好了。所以企业领导者要会讲故事,要把很多的道理讲得生动,让员工能够记住。

广东省国资委曾邀请我参加一次交流会,会上一个资本运营公司的董事长对北新建材很感兴趣,问到北新建材这家企业并没什么太高的技术,但是产品做得一贯的好,业绩一贯的好,在资本市场表现也很好,这是怎么做到的。我说这些得益于"质量一贯的好,服务一贯的好"。

北新建材除了石膏板产品,还有配套的轻钢龙骨,这个产品的销量和效益一直很好。轻钢龙骨销售的秘密武器之一就是五位女发货员。这五位女同志有开叉车的、有开票的、有发货的,共同的特点就是为人热情。发货员的工作以客户的提货时间为准,加班加点是家常便饭,面对远道而来的客户,她们总是以最快的速度认真负责地把货装好,并回报以最灿烂的微笑。装车时,她们会给客户泡上一杯茶水,到了中午用餐时间,她们会把打好的饭端到客户面前,许多客户被她们的热情所感动,成为北新建材的忠诚客户。我称这五位女发货员是北新建材的"五朵金花",并号召全厂向她们学习,整个工厂为客户服务的意识逐渐深入人心。五位女同志都已是孩子的妈妈,有自己的家庭需要照顾,她们都能做到,为什么大家不能做到呢?其实我们老讲做好服务,客户是上帝,但是喊一天口号不如讲一个小故事。

那时候我在北新建材出了一本书《北新的故事》,专门收录了干部员工们的故事,指导大家的思想。几千多人的工厂里有不识字的工人,也有博士,这么多的人要把他们团结起来其实不容易。所以讲好故事很重要。

上市公司更得会讲故事。中国建材上市之后经常需要去路演。路演实际上就是要把企业故事"讲好、讲通、讲准确"。"讲好"指的是讲完之后投资者就下单;"讲通"就是不要互相矛盾,上次讲的和这次讲的要一致,需要提前做好功课;"讲准确"就是要用数字说话,把数字搞清楚再去讲,不能乱讲。上市公司要通过讲故事和投资者、客户进行有效的沟通。

第三，做企业要创造思想。

做企业不仅是做产品，还要创造一流的思想，有思想才有影响力。我们看到国外企业家做到一定的程度后会出书，实际上是在总结思想，用思想去影响大家。像GE的杰克·韦尔奇、京瓷的稻盛和夫都出书讲故事，感召大家。日本在20世纪90年代泡沫经济之后，企业压力很大。稻盛和夫先生就出书，给年轻一代讲该怎么做，这并不是功利主义，而是企业家影响力的正面表现。今天不少中国企业也有压力，老一辈的企业家应该给年轻一代讲讲道理，给中小企业一些鼓励。过去中国人讲"立功、立德、立言"，讲的也是思想的重要性。企业、企业家有思想才会被尊重。

◆ **组织力**

21世纪的竞争是组织质量的竞争，是一个组织和另一个组织之间质量的竞争，所以怎样提高组织的质量，发挥其最大的效能，这是做领导重要的一项工作。

第一，知人善任。

再好的战略也得靠人执行。我主张先人后事，而不是先事后人，一件事如果找不到合适的人就不能做。所以选人和用对人非常重要。我选人用人的核心标准主要有两点。

一是德才兼备，以德为先，以才为主。明朝思想家吕新吾在《呻吟语》中讲："深沉厚重是第一等资质，磊落豪雄是第二等资质，聪明才辩是第三等资质。"三个资质依次对应的是人格、勇气和能力。其实这三者都很重要，相对而言人格厚重是第一位。做企业尤其是"一把手"，人格的力量是最重要的力量。小胜靠智，大胜靠德。

二是以才为主。选用那些精通于专业、对专业有深刻理解的痴迷者。这些痴迷者对于自己的工作能够专心致志、孜孜不倦，一心一意做企业、做事情，干一行、爱一行、精一行，早晨睁开眼睛就想业务和工作的事，半夜醒来还是想业务和工作的事。企业干部关键要把自己的一亩三分地种好、把自己的工作都做好。

在中国建材的队伍里，有一大批能征善战的痴迷者，他们能吃苦、肯钻研，让中国建材在石膏板、玻璃纤维、碳纤维、风电叶片、新能源等新业务领域闯过一个又一个难关，让中国创造的光芒绽放在世界舞台上。

第二，加强干部的素养。

我对干部有一套"四精五有"的要求，希望大家在职业素养方面逐步提高自己。

"四精"，即精心做人、精心做事、精心用权、精心交友。精心交友特别重要，要交益友，不要交损友，交友不慎容易出问题。孔子说："益者三友，损者三友。友直，友谅，友多闻，益矣。友便辟，友善柔，友便佞，损矣。"也就是说，要和正直的人、讲诚信的人、知识广博的人交朋友，择善而交，不能交那些走邪门歪道的人、谄媚奉迎的人、花言巧语的人。我们要能够有定力，管住自己。

"五有"，即有学习能力、有市场意识、有敬业精神、有专业水准、有思想境界。所谓思想境界，有以下几点：一是战胜自我，处理好多和少、大和小、得和失、进和退等方面的关系。二是理解他人。人有趋利避害的本能，但要能站在他人的立场上替别人着想，照顾他人。所谓情商，我的理解就是能否最大限度地理解他人。三是胸怀大局，领导干部要有大局观，全力维护企业的整体形象和利益，堂堂正正做人，规规矩矩做事，清清白白经营。四是目标长远，想问题不能只看眼前、局部和个人利益，要对企业的未来有清晰的认识，做到近期目标和长远目标相结合。五是凝聚正能量，包括要有积极健康的心态，坚定的意志；心胸开阔，容人让人，不嫉贤妒能，时刻把员工利益放在第一位；能以出色的业绩回报企业，对企业无比忠诚，不仅能与企业"同富贵"，还能与企业"共患难"。

第三，要发挥企业经营机制作用。

国有企业做好有三大法宝：党的领导、企业家精神、经营机制。党的领导是国有企业独特的政治优势，具有企业家精神的企业带头人是企业的领头雁，经营机制是广大员工的活力之源。这三者都很重要，缺一不可。

国有企业改革始终围绕着如何能够有一个让员工有积极性、创造性的机制而展开。机制活了，人的潜能释放出来了，企业会更有竞争力，才有利于实现高质量发展。所谓机制就是调动企业各要素向企业目标前进的内在过

> 稳健经营

程，指的是企业效益与员工利益之间的正相关关系。企业效益增加，员工的收入就增加。像"房子年年盖，工资年年涨"就是机制，机制调动了员工积极性。

◆ 担当力

领导作为企业的负责人，要有担当精神，要以身作则。时任美国总统艾森豪威尔讲过一句话，"有功劳给部下，有责任自己扛"。要有这样的一种担当精神，不能有问题就将责任推诿给部下，有好处留给自己。这样的领导是不会被尊重的。

其实做企业是苦差事，做领导也是苦差事，要有责任感。我做企业这么多年一切源于责任。当年我看到北新建材的产品卖不出去，决定去做推销员是责任；全厂发不出工资时，我当厂长也是责任；债主临门时，我去中国建材当董事长把企业从资不抵债做到行业领军企业也是责任；后来同时做中国建材和国药集团的董事长，把两家企业带入世界500强，也是责任。总之，责任和担当很重要，是干事创业的驱动力。

08
企业家的特质[①]

改革开放以来，我国经济发展取得举世瞩目的成就，同广大企业家创新创业、艰苦奋斗的精神是分不开的。面对新形势，继续大力弘扬企业家精神，充分调动企业家的主动性和创造性，更好发挥企业家作用，具有十分重要的意义。

当前我们处于一个关键时刻。一方面，我们面临需求收缩、供给冲击、预期转弱的三重压力；另一方面，新冠疫情压力仍然存在，国际上的风云变幻带来更多的不确定性，但我们也要看到机会、看到希望。

在党的二十大精神的正确指引、中央经济工作会议相关政策，包括疫情防控措施优化等一系列利好下，我国经济有望总体回升。在既有挑战也有机遇，既有困难也有希望的这样一个时刻，大家把目光又投向了企业家，对企业家寄予厚望。企业解决问题、摆脱困局，要靠广大企业家带领，渡过难关，迎来新的辉煌。

企业家是那种对成功充满渴望的人，企业家是那种在困难中百折不挠的人，企业家是那种胸中有家国情怀的人，企业家是那种永远面向正前方的人。这是我一直以来对企业家的认识。我把企业家的特质归纳为6个字：创新、坚守、责任。

[①] 2022年12月29—30日，由凤凰网主办、凤凰网财经承办的2022凤凰网财经云峰会召开。本文由作者以"企业家的特质"为主题所作闭幕演讲整理而成。

▶稳健经营

创新

党的二十大报告提出创新是第一动力。解决经济周期性问题和企业面临的困难，必须靠创新。创新是生产要素和生产条件的一种新组合。那么谁来创新？企业是创新的主体。在企业里谁来领导创新？是企业家，企业家的核心特质就是创新。企业家用什么创新？资本是企业家用于创新的杠杆。从这样的逻辑来看，创新的引领者是企业家。企业家是创新这场"新组合"的灵魂。

◆ **企业家的创新和科学家的创新有所不同**

科学家的创新是解决未知、是发现，不见得一定要有当期利益企图。而企业家的创新有所不同，做企业有一个硬性约束，即企业必须有经济效益或市场价值。假定这些都没有，那再好的创新也不能轻易用，这就是企业家的两难。企业家在创新的过程中，还得选择有效益、有市场价值的技术创新。

创新是一项风险活动，企业家要承担一定的风险。但企业家也不必然甘冒风险，企业家的创新不仅要有胆量，还要特别理性。企业家要敢吃螃蟹，还得会吃螃蟹。也就是说，企业家确实要创新，但还得会创新，要遵循市场的规律，要遵循科学的规律，要有效益、有目的、有质量地进行创新。创新实际是一个寻求机遇的过程，企业家不仅要敢于创新，还要善于创新。

◆ **企业要重视各种创新**

企业创新既要重视高科技，也要重视中科技、低科技和商业模式的创新。商业模式的创新，看起来好像没有太多技术，但也可以创造巨大价值。

◆ **创新还要重视资本市场**

如果没有资本，再好的创新也不容易做成。这几年，我国科创板、创业板相继试点注册制，深化新三板改革、设立北交所等资本市场的制度创新，为很多科技企业提供了宝贵的创业资金。

◆ 创新也需要重视管理

现在有不少企业，包括一些独角兽、科创板企业，技术都很先进，但管理也要跟上。企业一方面要重视"创新＋资本"，另一方面也要重视"技术＋管理"，实现双螺旋式的成长。我们要更加全面地理解创新，"创新＋资本"能加快创新，"技术＋管理"能让创新的产品做到极致，提高核心竞争力。对企业家也是这样，企业家是创新的灵魂，企业家也要是企业管理的行家里手。

坚守

做企业是个长期过程，不是百米冲刺的短跑，而是马拉松式的长跑，需要一直坚持跑下去。企业家要树立终身做企业的信念。

◆ 要秉持长期主义

做企业不是一朝一夕的。我常讲，做好一个企业，需要 10～20 年的时间；要想做到极致，那可能需要三四十年；要想做成伟大的企业，那可能需要 50 年以上时间的考验。

有人问这是怎么算出来的，我说这不是算出来的，是做出来的。像中国建材旗下的北新建材、中国巨石，这些做得比较好的企业都历经了 40 多年。北大光华管理学院的刘俏院长在《从大到伟大》一书中讲到，一家伟大的企业，不仅要有良好的效益，还得经历 50 年以上时间的考验。也就是说，做企业必须坚持长期主义。

◆ 要恪守专业主义

我们看今天成功的企业，绝大多数是突出主业、坚持专业主义的。我本人也是专业主义者，过去我做中国建材集团的董事长 18 年，做国药集团的董事长 5 年，中国建材和国药集团的业务平台都是专业化的，没敢越雷池一步。

▶稳健经营

　　企业家要做专业的痴迷者，做企业时要心无旁骛、扎扎实实把主业做好。其实做企业和做其他事情是一个道理，就是要深度学习、深度思考、深度工作，才能做出成绩，不能心猿意马，不能浅尝辄止。

◆ **做企业必须勇于面对困难**

　　现在我们面临的三重压力、新冠疫情等就是困难。其实过去那些年，我们也遇到过金融危机、SARS等不少困难。可以说，做企业、做企业家，我们的任务就是要解决困难。或者说，没有困难的话，要我们企业家干什么。

　　遇到困难怎么办？企业家只能去克服困难，不能被困难吓倒。《易经》里讲"否极泰来"，最困难的时候，可能困难就快过去了。这就是辩证法的思想，不可能一直困难下去，总会有解决困难的时机和办法。关键是要积极发挥主观能动性，千方百计来解决困难。这恰恰也是企业家的特质。

　　纵观一些企业的成长史和企业家的人生，在遭遇困难的时候，可能往往是企业和企业家成长进步最快的时候；在顺利的时候，反而不太容易进步。有时候大家问我，为什么中国建材和国药集团率先进行了改革，我说很简单，就是因为它们困难才去改革。也有人问我是怎么过来的，我说从一开始我面对的就是困难，困难逼迫我去学习、思考、开创事业。

　　面对不确定的市场环境和各种经营困难，企业家还是要坚定信心、埋头苦干。面对困难，既不能悲观失望，也不能盲目乐观。我主张企业家应该务实达观些，就是战略上藐视困难，战术上重视困难，既要有平常心，不浮躁、不慌乱，又要有进取心，千方百计解决和克服困难。

　　企业家需要社会的关心和关怀，也需要社会的支持和包容，但企业大多是在逆境中成长和发展起来的，愈挫愈勇也是企业家的一大特质。从这个意义上讲，企业家总是在各种处境中寻找机遇甚至绝处逢生。在充满不确定性的经营环境下，企业家必须有耐心、有韧性，企业家要有应变力、抗压力、复原力和免疫力。

◆ **企业家要做好传承**

　　企业家不仅要培养队伍，还要培养接班人。

我调研过一些企业，每次见到企业家，包括一些大企业家，我都会问企业传承的问题。

这方面，企业家不能光顾着自己埋头苦干，还要重视传帮带，把新一代培养好，这也很重要。能不能选好接班人，这是对每位企业家的终极拷问。企业家即使把企业经营得很好，如果没有选好接班人，可能就是还没做到位，这也是企业家需要认真思考的事情。

责任

企业是一个有责任的组织，除了盈利的基本目标，最重要的是要有高度的社会责任感。企业家也是这样，企业家可能比普通人更会赚钱、拥有更多的财富，但也应承担更多的社会责任，要展现更强烈的家国情怀。

◆ 要树立以人为本的企业观

归根结底，企业的一切是靠人创造的，企业的目的是为人服务。做企业不能只看到厂房、土地、设备、产品、现金等，最重要的是要看到活生生的人。

我过去在企业一直倡导"企业是人，企业为人，企业靠人，企业爱人"。我们所做的一切都是为了人，不能只看树木、不见森林，不能忘了做企业的初心和本质。我们应该把企业建成社会大众、客户、投资者、员工等利益相关者共享的平台，让企业成为实现共同富裕的理想基石。

◆ 要做有品格的企业，站在道德高地做企业

企业品格是指企业在经营活动和社会交往中体现的品质、格局和作风。优秀的企业品格，是把满足社会大众需求和利他主义融入核心价值观，把责任担当的意识、悲天悯人的情怀融于自身追求。要做有品格的企业，要做有品格的企业家，要站在道德高地做企业。

一是企业要把保护环境放在首位。保护环境要作为衡量我们每家企业、每位企业家的重要因素。中国建材按照环保、安全、质量、技术、成本这样

▶稳健经营

的顺序排列要素,把与效益直接挂钩的成本要素放在最后。如果环保做不好,宁肯把工厂关掉,因为很多环境的问题是不可逆的。企业不能为了一点蝇头小利,去破坏子孙后代赖以生存的环境。

二是企业要热心公益事业。过去我国企业勇担时代责任,为脱贫攻坚工作做出很大贡献,在助力乡村振兴方面还要持续发挥作用。企业家是有能力的一批人,是创造财富的一批人,社会上有一些弱势群体,企业家要关心和帮助他们。

三是企业要建成员工乐生的平台。企业的目的是让社会更美好,企业要让员工能够共享企业发展的成果,让大家都有获得感和幸福感。

四是企业要做世界公民。企业在"走出去"过程中,要尊重当地的风俗传统,要和当地人民融为一体,要为当地经济做贡献,要和当地企业合作,要为当地人民做好事,让全世界都欢迎我们中国企业。

◆ 要有家国情怀

企业营销没有国界,但企业家有祖国。我国企业家是有爱国传统的。近代我国实业救国的代表人物张謇,一生创办20多家企业、370多所学校,是真正具有企业家精神的人。著名的爱国企业家卢作孚,抗日战争期间组织企业把大量物资、工厂设备运到大后方,保存了中国民族工业的命脉。改革开放以来,社会上涌现出一大批具有家国情怀的企业家,他们的事迹也十分感人。

做企业确实要有盈利、要赚钱,这也是企业家应有的本领。关键是企业家赚钱后,必须清楚财富为何所用,要积极回馈社会,多承担社会责任。作为企业家,不仅要创造财富,更要热爱祖国、回报社会,做受人尊重的企业家。

在当下经济遭受三重压力和新冠疫情超预期冲击的时候,我们企业家更要勇于担当,坚定信心,勇往直前。

若干年后,我们回过头来看今天,或许大家会说,那时候中国的企业家是中国经济的顶梁柱。中国企业家率领中国企业、中国经济走出了那一轮困局。希望这是历史给我们企业家的评价。

09

克服焦虑，务实达观[①]

过去做企业我们讲得比较多的是情商、智商，这几年讲得多的是逆商，就是大家应对困难和克服困难的能力。做企业不会像"过五关斩六将"那样顺利。说是"马到成功"，其实马到了也不一定成功，往往需要艰苦困难的工作才能最终取胜。对每个做企业的人来说，如何保持务实达观的心态、积极正面地看问题至关重要。

正视困难，坚定信心

有人问我过去是否遇到过困难，我说经常会遇到困难。我在北新建材当厂长时就遇到过不小的挫折，主营的石膏板产品面临与跨国公司竞争的压力，价格从每平方米12元降到6元，拦腰一斩，很多产品积压在库里。那段时间我经常凌晨4点多就醒了，压力很大。后来，市场发生了积极的变化，北新建材的产品因为质量好，非常适合中国的施工单位，在市场竞争中就把跨国公司打败了。这个故事告诉我们，在困难的时候要坚持，坚持到最后关头，可能情况就会发生变化。正如毛主席说的"有利的情况和主动的恢复，产生于再坚持一下的努力之中"。

2008年金融危机时，中国建材在香港的股价从40港元掉到1.4港元，我当时任中国建材的董事长，压力很大。我知道当时企业的利润很高，只是市

[①] 2022年9月27日，作者与长江商学院副院长张晓萌在中信出版直播间进行了一次"构建韧性：个人和企业如何持续小赢"的主题对话，本文根据对话内容改编而成。

> 稳健经营

场上有些机构卖空,企业本身没有做得不好的地方。我鼓励大家坚定信心,共渡难关。金融危机过后,企业的股价又有了回升。这几段经历给我启发很大,我们的企业是一路克服困难才走到今天的。因此,困难并不可怕,关键是我们的态度,我们既要正视困难,又要坚定信心,信心比黄金还重要。

解决困难得靠我们自身努力。这也是企业家的本能和企业家的精神所在。谁都不愿意有困难,但又要珍惜困难,既然困难来了,我们就不能当"鸵鸟"回避,而是要积极面对、思考。这样一来,企业解决困难的过程也可能变成一段很有意义的经历。

疾风知劲草,企业需韧性

我大学毕业后到北京工作,不久被提拔为工厂的实验室主任。我当时很年轻,还没有很多工作经验。虽然自己对工作有冲劲、有干劲,但没有太大的耐心。领导看到这一点,就给我写了一个"韧"字,这个字指导了我大半生。我对"韧"字是很有感触的,对年轻一代企业家来讲,这个字确实也非常重要。我们现在越来越多地听到"韧性"这个词,比如产业链、供应链讲韧性,资本市场也讲韧性,我们常讲要打造"有韧性的资本市场"。

几年前,我写过一篇文章《企业的格局和能力》,其中能力是指企业特殊的能力,并不是指普通的经营能力。因为企业在整个发展过程中,往往会遇到一些特别艰难的时刻,这时需要一些特殊的能力。企业的能力分为四种,分别是应对力、抗压力、复原力和免疫力,也就是企业能不能对抗风险,能对抗多大的风险,困难过去后企业多久能恢复,能不能总结经验预防下一次危机。

记得东南亚金融危机的时候,格林斯潘讲过一段话,像这样的危机要经历很多次才能有一个成熟的金融市场。当时大家听后觉得似乎有点耸人听闻,今天回过头来看,他的话有一定的道理。后来我们又遇到了 SARS、汶川大地震等多次危机,现在正面对新冠疫情带来的影响。危机是不确定性下确定的事情。做企业的道路一定不是平坦的,必然会碰到危机。虽然危机是我们不愿意看到的事情,但它既然发生了,我们就要把它当成重要的课堂。

在应对过程中，我们要争取总结、学习更多的经验。其实，每次危机来临时，有一些企业倒下了，但也有一些大企业的崛起，正是由于某一次危机中它们胜出了。因此，企业家要在这些不确定性中找到确定，锻炼好自己的心力，也就是韧性。

有句俗话说，"弯的扁担不容易断"，我也建议我们企业家成为这种"弯的扁担"，增强自身韧性，提高对社会和经济发展的适应性。企业家肩上承载的担子很重，要始终为企业负责，所以无论遇到多大的挫折和困难，都要挺过去。这种意念上的坚持，也是我韧性的出发点。我们常说"疾风知劲草"，我想这个"劲草"是有韧性的草：一是它根基牢；二是它不脆弱，风刮几下也没关系，但有的草，风一刮它就倒了、断了。我们要做经得住刮的"劲草"，要做有韧性的企业，实际上就是去强化我们包容、容纳以及抗风险的能力。

要打造劲草式企业，企业领导者要先从自身做起，在精神层面需要具备韧性。对于企业家来讲，情商、智商至关重要，但逆商往往对成功起到决定性作用，也就是我们在逆境中抗风险和复原的能力。成为有韧性的"劲草式"企业家，才能带领自己的企业生存下去。

做企业需要一点一点地积累。哪怕这个世界上你觉得最弱的人，其实都是强者，因为他在生存竞争中胜出了。企业也是如此，对于企业来说，能生存下来就已经是强者。但如果还想要长期存在，就需要持续不断地增加组织韧性，就如同滴水穿石的故事一样。我们的成绩不可能一步登天，但如果坚持一步步地强化组织韧性，就能真正成为吹不倒的"劲草式"企业，实现基业长青。

克服焦虑，务实达观

解决企业家的焦虑，用盲目乐观的方法行不通。如果仅仅是简单喊口号，有些人觉得这种乐观毫无根据，可能会变得更悲观。现代生活中，人们有接受负面信息的偏好，喜欢听悲观经济学家讲故事，就如同孩童时怕鬼但又愿意听鬼故事。我赞成积极正面地去看问题，不宜过度传播悲观情

> 稳健经营

绪。我主张大家应该务实达观，不能过度悲观和盲目乐观，要学习辩证地看问题。

务实主义是中华文化的传统。什么叫务实？务实就是把心放平，扎实工作，一步一个脚印，不好高骛远，没有侥幸心理，一分汗水，一分收获。做企业其实就是要扎实地做事，一步一步地探索，逐渐找到规律。达观意味着我们要在直面困难的同时，以积极的心态去解决问题。今天对企业家来讲，如果过度悲观，就可能失去很多机会。困难是客观存在的，如果别人在做你不做，机会就很容易失去了。

我们老一代企业家过去经历过磨难，应该多给年轻企业家一些支持，抚慰他们的心灵，指导他们怎么来看待困难、怎么来渡过困难。我在北新建材做厂长的时候，即使那时企业面临困境，但我每天出门上班前都会对着镜子笑一笑，鼓励自己，就是希望自己站在职工面前或走过他们身边时，也能给他们一些鼓励，共同度过最困难的时光。

近期我在企业调研时，经常会问企业家们几个问题："你公司的业务状况怎样？你当前的主要困难是什么？你有什么好的解决方案？你对前景怎么看？"我常常得到不同的回答。我在和西安一位企业家交流时，他提到经济有好有坏，自己所在行业还可以，企业经营得也不错。大家处在不同行业，可能真的会有不同的感受，目前看来，像一些高科技行业、新能源行业发展得不错，大企业、上市公司的情况好一些，中小微企业遇到的困难可能相对多一些。在这种情况下，企业过度悲观也无济于事，还是要振作起来，越艰难的时候，我们越要看到光明，鼓起勇气。弘扬这种不认输、不轻易言败的企业家精神非常重要，这是我们做企业家应有的本能。那些总是能够东山再起的企业、企业家，他们最明显的特质是什么呢？就是虽然眼前失败了，但是他们心理上没有放弃，始终坚定信念。虽然眼前遇到了困难，但还想着再赢回来一局，愈挫愈勇，这就是心理上的韧性。

压力再大，也要秉持积极乐观的心态

当前国内经济面临需求收缩、供给冲击、预期转弱的三重压力。预期减弱大家应更多关注,因为预期减弱,人们的消费和投资意愿就没有以前强了。那如何提升预期呢?我们可以对两方面进行研究:一是打造新的增长极,如新能源、电动车、半导体、生物医药等新的产业增长极;二是打造新的热点,比如近期合肥的投资兴业就搞得热火朝天,西安发展得也不错。

当年深圳改革开放时,提出"时间就是金钱,效率就是生命",曾鼓舞来自全国各地心怀创业梦想的人。深圳的崛起为什么带动全国?就是因为提升了大家的心理预期。今天这个时刻,同样也需要新的增长极和新的区域热点来提升大家的心理预期,从而进一步提振经济。

主动调整心理预期,对企业和个人都非常重要。以前我读过一篇文章,里面提到戴蓝眼镜者一切皆蓝,戴绿眼镜者一切皆绿,一切皆蓝乎,一切皆绿乎?实际上不是的,是因为人们戴上了有色眼镜,这个眼镜就是我们的心境。由此看出,人的心境是非常重要的。即使现状再难,我们也要秉持积极乐观的心态,通过持续的努力,带领企业克服焦虑,增强韧性。

在与企业新员工的座谈会上,我经常和刚毕业的大学生们进行交流。我跟他们讲,你们读完大学毕业了,可能觉得这个社会繁花似锦,应该拥抱你们。恰恰相反,进入社会必须做好直面拒绝的准备,如何让社会从拒绝你们到接纳你们,这个过程是功夫,必须历练,尤其是心理上的历练。

这也和我自己的经历有关系。我大学毕业后,被分配到北新建材做技术员,那时候单位周边还是一片荒地,没有厂房,我有些失望。当天晚上我都没有打开铺盖卷,想着第二天回学校申请重新分配。但第二天遇到一位老同志,他带我去了颐和园。我从万寿山佛香阁的智慧海上看昆明湖,我想,来了北京我怎么能就这么回去呢?从万寿山下来,我就把心态调整好,准备在这儿大干一场。我经常跟年轻人讲,如果有想不开、烦闷的时候,就不要憋在小屋里自己待着,应该走出去,到一些宽阔的地方看看,和大自然交融,这样往往能改变自己的心情和心境。

克里斯坦森在《你要如何衡量你的人生》中讲到,人的一生有三件事很重要:一是有一份好的工作;二是有一个好的生活;三是有善始善终的一生。什么叫好工作呢?如果觉得自己不是在工作,那就是你喜欢的工作;如果觉得工作很累,那就不是你喜欢的工作。我们要锻炼自己,从被动适应工作变

> 稳健经营

成热爱工作，对待困难不再惧怕、不再躲避，客观地面对它、接纳它，最后解决困难，成为困难的朋友，这样心态就会完全不同。

困难中更需要企业家精神

习近平总书记指出，市场活力来自于人，特别是来自于企业家，来自于企业家精神。企业家要带领企业战胜当前的困难，走向更辉煌的未来，就要弘扬企业家精神，在爱国、创新、诚信、社会责任和国际视野等方面不断提升自己，努力成为新时代构建新发展格局、建设现代化经济体系、推动高质量发展的生力军。

企业家领导企业不是靠情绪化的表达，而是靠润物细无声的引导和教育。好的企业领导者如何影响员工？靠的就是文化的穿透力，传导正确的信念。做企业这么多年，我并不觉得领导团队有多么困难，就是自己先做好，始终朝着正确的方向做，大家自然就愿意跟着做事。作为企业的领导者，必须以身作则，坚持自己的理念，将其传导给员工，最终打造企业文化。

▲ 在大庆油田参观交流，大庆精神、铁人精神一代代传承

面对当前国内外复杂形势和经济下行压力，我们特别需要弘扬企业家精

神，以企业家精神引领开新局。企业家作为带头人，要带领整个企业界，带领各种经济体一起克服困难。我总结了企业家精神的三个特质。

一是创新，这是企业家的共性。企业是创新的主体，企业家要做创新发展的探索者、组织者和引领者，选择合适的创新模式，进行有效的、有目的的、有质量的创新。

二是坚守，企业家要长期坚守。伟大的企业都是经得起时间考验的。做一个企业可能没有10年、20年不行，要做到极致，没有三四十年不行。大家经常问，宋总你怎么算出来的？我说不是算出来，是做出来的。北新建材、中国巨石等都是做了40多年才做成不错的企业。

三是责任，企业家承担巨大的责任。作为企业家，我们可能有很多困苦，但有时不得不埋在心底。毕竟员工的心理素质可能不如自己强，而企业家的责任就是知晓把什么传递给同事、员工，什么要自己消化。当然这并不是说企业家只能表达乐观，而是说困难的时候不能向团队传递焦虑，更不能吓住大家，要把握好这个度。

企业家可遇不可求。做企业是一项高风险活动，对成功的企业家，我们要表扬；对一些失败的企业家，不能墙倒众人推，因为企业家是人并不是神，我们要能宽容失败，给予关心和关怀，支持他们总结经验教训，东山再起。做企业家是不容易的，我们要保护、爱护企业家。

处在今天的变革时代，我们比任何时候更需要企业家和企业家精神，更渴望拥抱企业家精神。我们要为企业家干事创业创造良好的环境，让企业家成为引领企业创新转型、推动中国经济腾飞的重要动力。

10
拥有好心态、好状态，建设好生态[①]

2023年，我们取得了沉甸甸的收获，展望2024年，我们有更多期待，对未来充满信心。2023年中央经济工作会议强调"稳中求进、以进促稳、先立后破"，其中的两个关键词就是稳和进。在这个迎新的时刻，我想给企业家们说说我最近思考的三个关键词：心态、状态、生态，和大家讨论。

心态

发展经济与做企业的心态很重要，心态既来源于对形势的判断，也来源于企业家思考问题的方式和方法。我们要拥有三种心态。

◆ 我们应有一颗平常心

10年前，我国进入新常态，当时提出要适应新常态，保持战略上的平常心态。因为新常态首先表现为经济发展增速由高速变为中高速，大家要适应这场变化。但坦率来讲，不少企业家这么多年并没有做好这种心理调适，还是留恋过去两位数的增长，对增速的下降十分焦虑。其实，这个问题当年日本也经历过。记得若干年前三菱商社的领导人对我说，日本年轻人十分怀念日本工业化时代，那时日本发展速度很快，但那时由于环境污染，日

[①] 本文2024年1月1日在微信公众号"中国企业家杂志"刊登，有改动。

本到处都是臭水沟，东京湾都没有鱼了，在东京大街上人人都戴着口罩。今天日本经济虽然发展速度慢了些，但天蓝了，水绿了，山青了，人民生活的质量变好了。经济是有周期的，有时候会发展得快一些，有时则要调整一下，这也是常识。经济增速的曲线不可能一直向上，因而拥有一颗平常心很重要。

◆ 我们应有一颗进取心

进取，就是做事要有积极正面且不断上进的心态，尤其是当我们遇到一些困难时，更要多看光明，多看成绩，鼓舞士气。那些总是唱衰经济的人喜欢把正着的事情倒着讲，听他们一场演讲，往往把大家吓得不轻。其实应该中道看经济讲道理，我既不赞成悲观失望，也不赞成盲目乐观，我喜欢务实达观。所谓务实达观，就是实事求是，看得开一些。做企业，不是百米冲刺而是马拉松，是长跑，做企业还是要坚持务实主义、专业主义、长期主义和人本主义。悲观经济学家讲今年是最困难的一年，但会是今后最好的一年，这么讲其实也并没有什么根据。盲目乐观的经济学家讲未来多少年我国经济还会高速增长，但其实我国的经济增速在5%左右是比较合理的，是高基数上的中高速增长，体现了质和量的有机统一。对于企业的增长，大家要定个切实可行的目标，无论是从配置资源的可行性，还是从稳定预期方面来讲，进取心都至关重要。

◆ 我们应有一颗同理心

在社会越来越多元的情况下，要不断加深社会各个层面之间的理解。我们应该进行系统辩证的思考，珍惜我们的市场，多提有意义的、有建设性的建议和意见，也要注重发声的整体效果，以维护大局的稳定，以发展为重。我是个中庸的人，喜欢考虑各方面的情况。我希望自媒体能更加理性和成熟，也希望大家把自媒体当作一个学习和交流的平台，不去宣泄情绪，恶意诋毁，应该己所不欲，勿施于人，互相尊重，达己达人。我把这叫作同理心，就是能站在对方角度上换位思考，做事不宜过于偏激。

> 稳健经营

状态

记得国资委刚成立时，要求中央企业领导者要"在状态"。状态，就是人对工作投入的表现，在状态就是全身心投入工作。企业家还是要聚焦企业的一亩三分地，精耕细作，心无旁骛地做好主业。在目前充满挑战和困难的时刻，只有企业干部在状态才能渡过难关。在状态，我认为以下三个方面很重要。

◆ **决不能躺平**

躺平就是人悲观失望，不再进取的一种状态。现在一些人在困难面前选择了躺平，也有人为躺平找了不少理由。但我并不赞成躺平，当一个社会遇到困难时正是需要精英们带领大家冲锋陷阵的时候，尤其是企业家，就更不能躺平，企业家的使命就是解决困难，如果没有困难要企业家干什么？企业家从躺平那一刻起就不再是企业家了。企业家是那种对成功充满渴望的人，是那种在困难中百折不挠的人，是那种胸中有家国情怀的人，是那种永远面向正前方的人。其实，做企业遇到困难时也是企业家进步最快的时候。我做企业领导者35年，常被大家问到这么多年遇到过困难没有，我说，我是一路从困难中走过来的，每年几个小困难，几年有个大困难，但我觉得做企业家应该越挫越勇，从来没抱怨和躺平过。做企业，好年头多赚点，差年头少赚点，碰到极差的年头少赔点，不能动不动就甩手不干，不能动不动就躺平，实际上，你若躺平，很快就会有人跨过你走过去。

◆ **稳健成长**

我前些日子带着北京大学光华管理学院DBA去日本访学，其间举办了一次与日本企业家的交流会，主要是讨论日本过去30年的教训。日本企业讲到，日本泡沫经济后，日本企业过于谨慎，不愿承担任何风险，不贷款、不投资，有利润就还银行贷款，这使得日本银行只有存款而没有贷款，直接导致了日本存款的负利率。日本现在40岁以下的人很多是没有见过银行利息的，日本的物价指数也长期低迷。日本央行希望实现2%的稳定通胀的目标。2023 年，日本核心 CPI 同比上涨约 3%，物价涨了，企业有利润了，就业也改善了，据报道，日本应届大学生就业率达到 97.3%，不过这是经过失去的 30 年后才发生的变化。

我讲这些，是希望我国企业家能发扬企业家精神，敢于逆势而上，把高质量发展放在第一位，高质量发展才是硬道理。其实，企业永远是处于风险和发展的两难之间，不重视风险只重视发展可能轰然倒下，但只重视风险而忽视发展会止步不前。以前大家搞跨越式、高歌猛进式的发展时，我们提示大家注意风险，而今天大家过于谨慎小心时，我们却要给大家鼓劲儿，胆子可以大一点。

▲ 在白银有色参观交流

◆ 打造新的增长极，改善预期

需求收缩、供给冲击、预期转弱这三重压力中最大的压力是预期转弱，因为预期不好企业就不敢投资，居民就不敢消费，所以改善预期才是当务之急。

改善预期就是让大家看到新希望、新亮点，也就是新增长极。改革开放初期，深圳的"时间就是金钱，效率就是生命"感召了全国各地，浦东开

> 稳健经营

发开放也引发了中国新一轮改革开放的高潮，这些都是当年我国经济的增长极。今天我们要改善预期，我觉得要重点打造四方面的增长极。一是城市增长极。2022 年，我国 GDP 超过万亿元的城市有 24 个，超过 5000 亿元的有 57 个，这些城市中像合肥、重庆、西安、常州、宁波等，都发展迅速，应该成为带动我国城市发展的新增长极。二是产业增长极。像新能源汽车、动力电池、光伏风电、人工智能、绿色低碳产业等，这些快速发展的产业会带动我国经济发展。三是技术增长极。像生物技术、工业互联网、智能化大模型等，这些是有助于形成新质生产力的新技术增长极。四是企业增长极。我国正在形成世界一流的大企业和专精特新的"小巨人"群体，这也是重要的增长极，像华为、比亚迪、宁德时代、隆基绿能等，一大批世界一流的企业会对我国企业的发展起到重大带动作用。

生态

我国的制造业客观上讲有配套齐全、性价比高的优势，而且有双循环市场的优势，但是，我国部分行业在市场组织和竞争理念上产生了严重的内卷，有些行业市场秩序混乱、企业恶性竞争，这种不良的行业生态，致使行业严重过剩，行业和企业的效益低下。我们该如何改变这种行业生态呢？我有几点建议。

◆ 制定好产业政策

一方面是在供给侧，严格限制同质化的重复建设。比如隆基绿能的方针是不创新不扩产。尤其要制止地方以招商和发展战略性新兴产业为名参与过剩产业的投资，政府下市会严重扭曲市场信号，最后形成巨量的资源损失。

另一方面是加大需求端的发力，加大过剩产能的消纳力度。在产业政策上消减过剩，就是要在供给侧堵、需求侧拉。

◆ 加大行业的联合重组，增加集中度

我国一些行业处于多、散、乱的无序状态，未来需要开展行业的联合重

组，形成大企业之间的良性竞争。在行业中要进行良性竞争，就是要改变低价中标和低过成本的不正当竞争，让竞争有序化和健康化。同时引导企业走高端化和品牌化的道路，从低质低价提升到高质高价。

◆ **加大"一带一路"上的产能合作**

我们要加大国内国际两个市场的开拓，对海外市场要当仁不让，必须维持我们的出口量来保证外汇储备和国际收支平衡。无论企业是从国内走向全球，还是从全球走向区域，我们都必须坚定地"走出去"。

"走出去"主要是加大"一带一路"上的产能合作。一方面，沿线国家大多在持续推进城镇化、工业化进程，我们可以在这些成长中的市场获益；另一方面，可以借此进入美欧市场，因为从这些市场进入美欧市场往往是零关税，还可以拉动国内的产业链和供应链。像苹果公司在越南建厂，周围都是中国的配套企业；像特斯拉公司在墨西哥建厂，周围也都是中国的供应商。

我们今天的"走出去"，从长远来看也会是好事，通过 10～20 年的时间，完成从"中国是世界的工厂"到"世界是中国的工厂"的转变。我们既要重视 GDP，也要重视 GNP。

2024 年充满希望与期待，让我们一起拥有好心态、好状态，建设好生态！